湖北美術學院 HUBEI INSTITUTE OF FINE ARTS 主编

高等美术院校综合理论系列教材

美学导论

刘茂平 李珊 编著

長江出版傳媒 湖北美術出版社

策　　划：王开元
责任编辑：刘　姗
技术编辑：李国新
封面设计：龚　黎

图书在版编目（CIP）数据

美学导论 / 刘茂平, 李珊编著.
-- 武汉 : 湖北美术出版社, 2014.6
高等美术院校综合理论系列教材
ISBN 978-7-5394-6955-3
Ⅰ. ①美…
Ⅱ. ①刘… ②李…
Ⅲ. ①美学 - 高等学校 - 教材
Ⅳ. ①B83
中国版本图书馆CIP数据核字(2014)第132766号

出版发行：湖北美术出版社
地　　址：武汉市洪山区雄楚大街268号
　　　　　湖北出版文化城B座
电　　话：(027)87679520 87679521 87679522
传　　真：(027)87679523
邮政编码：430070
h t t p ：//www.hbapress.com.cn
E-mail：hbapress@vip.sina.com
制　　版：甲子工作室
印　　刷：武汉邮科印务有限公司
开　　本：889mm×1194mm　1/16
印　　张：10.5
版　　次：2014年6月第1版　2014年6月第1次印刷
定　　价：55.00元

教材认定：湖北省高等学校美术教学指导委员会

序

当今，中国高等教育已经进入大众化教育阶段，许多有志艺术的学子受惠其中。尤其是艺术学作为学科的独立门类，已经开始在中国文化发展与艺术教育中，发挥出它特有的学术能量。艺术教育的课程内容自然也十分活跃地在传递着多样化的学术信息。

教材，作为传播知识的载体，随着时代对学生知识结构的要求，悄然开始发生着变化。作为学院教材建设的重要项目，我院美术学系的教师在湖北美术出版社的支持下，默默地做着这件极有意义的工作。在教学实践中，他们意识到：高等艺术教育教材编著的规范化和系统性与否，将直接影响并作用于学生获取知识的效能。这套陆续出版的教材，以令人耳目一新的整体面貌，反映出当下美术学专业课程体系的特点和作者应持有的学术态度。

教材，无论是以何种形式出现，或纸质，或电子版，或其他什么样式，其自身规范、系统地传递学术信息的载体特性是不会改变的——让学生在严谨的学术描述与分析中，积累知识，探究未知，启迪智性，学以致用。

在这套系列教材中，细心的读者会看到，教材科目的类别上增设了一些以前不曾有过的内容，这将会对学生新知识结构的认知与形成产生积极的作用。

相信这套教材在蓬勃发展的高等美术教育中，能提供助力——尽管这股作用力的形成仅仅是开始。

教育部艺术类教学指导委员会美术教学分委员会副主任
湖北省高校美术教学指导委员会主任
湖北美术学院院长、教授、博士生导师

2012年8月

目 录

绪论
什么是美学

美是什么？我们常说："爱美之心，人皆有之。"爱美是人的一种天性，甚至是人的最高追求。人们处在一种关于美的事物的经验之中，人们在体验和感受美。那么，这也就设定了美的事物的存在是我们感受美的前提。美作为一种语言的、经验的和存在的现象为美学的思考提供了一个基础。人们都有自己的审美标准，但并非每个人都了解美学。美学不仅是对于审美现象的思考，而且是作为一种专门化的哲学形态或者是思想形态存在的。那么，什么是美学？

一、西方美学学科的诞生及汉语"美学"的引进

（一）美学学科的诞生

中西方古代就有丰富的美学思想，但美学作为一门独立的学科却是近代的事，它是近代科学发展的产物。最早使用美学这个术语作为一门学科名称的是德国哲学家亚历山大·戈特利布·鲍姆嘉通，他被后人誉为"美学之父"。

鲍姆嘉通是18世纪初的德国唯理主义哲学家。当时，莱布尼兹、沃尔夫等人已经建立了一个庞大的唯理主义哲学体系。他们认为认识包括高级部分与低级部分，即思维与感觉。思维或理性认识能引导我们的认识达到完善，但感觉或感性认识不能清楚地分辨事物各部分及其相互关系，不能明确地说出这种具有生动印象的事物的足够特征，只能笼统地把握事物的情状以获得生动的印象，它只是达到理性认识的阶梯，因此，被称为"混乱的认识"或"低级认识"。诗和其他艺术属于感性认识的范畴，因此，被唯理主义哲学家轻视。鲍姆嘉通在审视莱布尼茨、沃尔夫的哲学体系时，认为感性认识并不应该受到轻视，"诗"也能导出明确的理性原则，应该给艺术一个恰当的位置，由此需要创立一门新学科来弥补体系的缺陷。

鲍姆嘉通在1735年所写的博士论文《关于诗的哲学默想录》中首次提出建立一门学科来研究感性认识，这门学科称为"Aesthetics"，这个词来源于希腊语"aisthetikos"，它最初的意思是"感受"（aisthesis），相当于英文的"sensation"。1750年，他的《美学（Aesthetica)》一书的出版标志着美学作为一门独立学科的产生。这部书原文以拉丁文写成，分为理论美学和实践美学两大部分，中译本只选其理论美学，但基本概括了他的美学主张，并初步形成了美、美感、艺术三个主要部分的理论。他的美学观点主要包括两个方面：

1. 美学是研究感性认识的科学。这本书开宗明义："美学作为自由艺术的理论、低级认识论、美的思维艺术和与理性类似的思维艺术是感性认识的科学。"他的感性认识包括情感、直觉、想象、记忆。

2. 美学的目的就它本身来说是感性知识的完善。鲍姆嘉通说："美学的对象就是感性认识的完善，这就是美；与此相反的就是感性认识的不完善，这就是丑。"鲍姆嘉通从主观、客观两方面分析审美与审美对象间的对应关系，认为美的本质是感官认识到的美，在承认美的客观性的同时，主张美是不能离开审美主体的审美活动。他认为美的完善性在于审美对象具备的五个素质和主体的审美能力的完善结合，他以"丰富"、"光辉"、"伟大"、"真"和"似有理"五要素，

揭示了美的自律性和完整性。“丰富”用来说明个性的、明了的美；“光辉”用来表现生动明晰的艺术活力；“伟大”即道德性，被他认为是艺术中必不可少的因素，伟大即善；“真”用来表示艺术作品的又一特征，但他区分了此岸的“真”和彼岸的“真”，给艺术创作留下了余地；“似有理”，即美的“明了”和“真”使审美主体产生了“似真”的审美体验。感性认识的完善可以概括为两个方面：一方面是指寓杂多于整一，整体与部分协调一致；另一方面，是指意象的明晰生动。鲍姆加登认为美学的使命在于通过具体艺术作品和艺术形式揭示艺术创作的一般规律。他认为：“美，指教导怎样以美的方式去思维，是作为研究低级认识方式的科学，即作为低级认识论的美学的任务。”美学除了要研究美之外，还以艺术研究为主要内容。

在康德、黑格尔美学著作中沿用了“Aesthetics”这一术语。但黑格尔说：“‘Aesthetic’这个名称实在是不完全恰当的，因为‘Aesthetic’比较精确的意义是研究感觉和情感的科学。因为名称本身对我们无关宏旨，而且这个名称既已为一般语言所采用，就无妨保留。”“Aesthetic”只说出了它与感觉之间的关联，因此在此之前关于这门学科还有“philosophy of beauty”，“philosophy of art”的称呼，而“aesthetic”仍然是最通用的说法。

（二） 汉语美学的引进

美学在现代汉语中是哲学下面的一个学科分支，但在古代汉语中却并不如此。中国古代思想中有着丰富和深刻的美学理论，在古代汉语中也有“美”和“学”两个字，但没有“美学”这个词。中国古代思想中没有形成一门独立的美学学科，这意味着：一方面美的问题没有专题化；另一方面关于美的思想并没有系统化。美学作为一个独立的语词在汉语中出现是由西文“Aesthetic”翻译而来的。有关它的翻译过程，学术界大致有四种说法：第一种，日本学者中江肇民1883年和1884年翻译出版法国人维隆的《维氏美学》上下册，用了汉语“美学”一词；第二种，由来华德国传教士花之安（Ernst Faber）先创，传入日本后复传入中国；第三种，在1866年，英国来华传教士罗存德所编的《英华词典》（第一册）里，Aesthetics对应的词译为“佳美之理”和“审美之理”，“审美”一词传到日本并对日本创译新名词产生影响；第四种，传教士、中国人、日本人各自独立地创译该词。这四种说法都各自具有一定的说服力，但又不能完全证实自身的独一性，因此，偏执于某一种说法都只是臆断和猜想。但必须承认的是，从美学学科的东渐角度看，中国对美学这门学科的接受更多受到同时代日本的横向影响，日本是中国与西方美学联系的纽带。此外，日本近代美学的产生和发展与中国近代美学有着相似的历史背景。美学进入日本正值日本明治维新时期，这一时期，在社会文化方面提倡学习西方社会文化及习惯，翻译西方著作。随着对西方美学了解的进一步丰富和深入，并结合本国传统的思想和艺术观念，理论逐步成熟，日本学者自己动手编撰美学专门书籍，进行理论的消化、阐释和创造，并由此实现“美学”在日本向“日本美学”的转换。这一点也正是中国近代美学的一个显著的特点，只是中国近代美学学科得以正式建立比日本晚了近三十年。

当然，对于将“aesthetic”翻译为“美学”，学术界也有争论。朱光潜在《文艺心理学》一书中指出：“‘美学’在西方原文为‘aesthetic’，这个名词译为‘美学’还不如译为‘直觉学’，因为中文‘美’字是指事物的一种特质，而‘aesthetic’在西文中是指心知物的一种最单纯、最原始的活动，其意义与‘intuitive’极相似。”朱光潜的说法不无道理，单就“美学”二字而言不足以表达“aesthetic”这一学科的完整意义，我们往往容易将“美学”理解为“研究美的学问”，甚至有人将它作为“美术学”的简称。显然，美学不仅研究一般意义上美的事物，还研究丑、艺术以及审美心理等问题。我们在此采取与黑格尔一致的态度，名称并无关宏旨，我们最需要了解和揭示的是“美学”到底是一门研究什么问题的学科，即美学的研究对象和范围。

二、美学研究的对象和范围

尽管鲍姆嘉通在历史上第一次明确了美学的研究对象，但他的意见并没有在学术界获得一致响应。鲍姆嘉通之后，“美学究竟研究什么”一直是一个具有热烈争议的问题。迄今为止有关美学研究对象的讨论大致有三种倾向：

第一，美学的研究对象就是美本身。在持有这种意见的人看来，美学要讨论的问题不是具体的美的事物，而是所有美的事物所共同具有的那个美本身，那个使一切美的事物之所以美的根本原因。这个观点最早可追溯到古希腊时期的柏拉图，他问“美是什么？”这一提问导致西方美学的产生。而事实上，凡是问“什么是什么”，就是在探究事物的本质，探究事物的本质就是一种哲学思考。西方第一哲学为形而上学，英文为“meta-physical”，“meta”意为“在…之后”，还有“超越”的意思；“physical”意为“身体的”、“物质的”、“物理的”，那么“meta-physical”的意思即为“物质之后”、“超越于物质、物理、身体”，也就是研究事物背后的原因的一门学问。柏拉图认为美学要讨论的问题不是具体的美的事物，而是所有美的事物共同具有的那个“美本身”（理式）。他主张“从各种美的学问知识一直到只以美本身为对象的那种学问，彻悟美的本体。”[1] 美的认识从个别的感性对象开始（个别），然后从个别感性事物中找出共同概念和规律（一般），最后上升到全体事物的总概念（理式），即美本身。

第二，美学的研究对象是艺术（及艺术理论）。持有这种观点的以黑格尔为代表，他说“美学的对象就是广大的美的领域，说得更精确一点，它的范围就是艺术，或者说，就是美的艺术。”[2] 他认为美学的正当名称是“艺术哲学”，或者更加确切地说是“美的艺术的哲学”。这样就将自然美排除在美学研究的领域之外。但是在黑格尔美学中仍有对自然美的研究，这是因为他认为：心灵和它的艺术美高于自然，自然美属于心灵的那种美的反映，它所反映的只是一种不完全、不完善的形态，也就是说自然美是心灵美的反映形态，是为了更好地了解心灵美。当代的国际美学研究更倾向于艺术研究，沿用了将美学称作艺术哲学的提法，因为对当代的艺术进行研究或阐释，是验证当代美学的有效性标志之一，但是当代艺术的形形色色已经完全不是传统美学含义所能定义。“美”已不是当代美学的核心概念，这是美学需要注意的，否则将会把有生机的美学研究引向文字游戏。

第三，美学研究人的美感经验。他们侧重于研究在美感经验中我们的心理活动是什么样的。他们认为美学最为重要的任务在于分析美感经验。这是近代心理学美学的主要研究对象。19 世纪以后，西方美学更是强调美学中的审美体验和心理功能等问题（移情说、心理距离说），以致现当代西方美学主要呈心理学美学的趋势。

总之，以上关于美学研究对象的各种意见虽都有其一定的道理，但也有各自的缺陷，因而都难以取得学术界的公认。我们认为，以美本身作为美学的研究对象历来是比较符合美学学科

1.［古希腊］柏拉图著，朱光潜译．文艺对话集．人民文学出版社，1963 年版，第 273 页。
2.［德］黑格尔著，朱光潜译．美学（第一卷）．商务印书馆，1996 年版，第 1 页。

的性质；而且无论是艺术还是审美经验的解释，都有赖于美本身的解释。但传统思辨美学把对美本身的研究置于主客对峙的思维模式中，套用技术理性的方法，这是我们所不能赞同的。其最终结果只会像现代西方美学那样导致美学学科本身的危机和消解。美学研究的主要内容应该包括以下几个方面：第一，美的问题，包括美的本质、美的主客观性、美与真、善的关系等。第二，审美意识和审美感受问题。第三，艺术问题，这包括两方面：一是对艺术的本质、创作、欣赏批评做全面的研究，即艺术的一般规律；二是侧重于研究艺术美的问题。艺术研究还包括对各个部门的艺术美学进行研究，如音乐美学、绘画美学、书法美学、舞蹈美学等。此外，面对当代美学的新态势而言，美学还要超越上述问题，应涵盖日常生活、感知态度、传媒文化，以及审美和反审美体验的矛盾等问题。

三、美学学科的性质

（一） 美学是一门人文学科

美学属于人文学科。人文学科的研究对象是人的“生活世界”。这个“生活世界”指的是一个具体的、历史的现实世界，是活的世界，而不是死寂的世界，这个“生活世界”是一个有“意义”和“价值”的世界，这个“意义”和“价值”，并不是纯精神性的，而是具体的、实际的，是“生活世界”本身具有的，是“生活世界”本身向人显现出来的。因此，人文学科研究的对象是人的意义世界和价值世界。

李凯尔指出，精神科学的对象是“价值”而非“事实”，是一种“意义性”。他说：“价值绝不是现实，既不是物理的现实，也不是心理的现实。价值的实质在于它的有意义性，而不在于它的实际的事实性。”[3]美学属于人文学科，它的研究对象是人的生活世界，是人的意义世界和价值世界。从这里引出美学的两个特点：第一，美学与人生有着密切的关联。美学的各个部分的研究，都不能离开人生，不能离开人生的意义和价值。美学研究的全部内容，最后归结起来，就是引导人们去追求一种更有意义、更有价值和更有情趣的人生，也就是引导去努力提升自己的人生境界。第二，美学和各个民族的文化传统有着十分密切的关联。美学的研究注重各个民族文化传统的差异。我们一方面要注意到中西文化的共同性，另一方面也要注意到它们之间的差异性。

20 世纪的西方，由于分析哲学的影响，在相当一部分哲学家和美学家中出现了一种忽视和离开人生的倾向。他们将全部哲学和美学问题都归结为语义分析。这种研究具有一定的价值，它用逻辑和思辨的方式解读概念，但具有片面性。美学问题归根到底是人的意义世界和价值世界的问题，是人的存在问题。

（二）美学是一门理论学科

朱光潜说：“美学在西方一开始就是哲学的一个部门。”[4]美学是哲学的分支，从西方美学史看，它与哲学有一种天然的联系。自柏拉图以来一直到今天，可以说美学仍然没有超出柏拉图的发问，所改变的只是提问的形式和思维方法。美学的学科框架、理论范式以及思维方式等都打上了那个时代的哲学印记。鲍姆嘉通也将“美学”作为哲学的一个部分提出来，而且明确了它固有的

3. 李凯尔特著，涂纪亮译．文化科学和自然科学，商务印书馆，1986 年版，第 78 页。
4. 朱光潜著．西方美学史．人民文学出版社，1979 年版，上册，第 31 页。

对象领域，奠定了美学的学科基础。他认为人类的心理活动可以分成知、情、意三个方面。“知”是居于理论认识，其对应的学科为逻辑学；“情”属于情感作用，源于感性认识，其对应的学科为美学；“意”即为意志，其对应的学科为伦理学。美学与艺术密切相关，但美学不是艺术，美学不是美术。美学是哲学。美学不属于形象思维，美学属于理论思维，哲学思维。

美学是一门哲学学科的传统观念，从19世纪中叶以来受到一些学者的挑战。这种挑战主要是心理学，这种影响一直延续到20世纪。之所以能构成这种挑战是源于所有的审美活动都伴随有人的心理如直觉、想象、心境、情感、联想等活动。刘勰说：“登山则情满于山，观海则意溢于海。”从某种意义上看，美的发生本就离不开人心理因素的参与，因为审美是一种需要人用心去参与的活动。当然，在考察美学与心理学的关系时，我们也注意到，审美心理活动不同于一般的心理活动。因此对审美经验的心理学描述无论怎样细微，也不可能揭示审美活动作为人生体验的本性。心理学的描述或心理实验不能回答人生体验的本性的问题，不能回答人的意义世界和价值世界的问题。对这些问题的回答只能靠哲学。

（三）美学是一门交叉学科

美学与许多学科有着密切的关系，在一定意义上说，美学是一门交叉学科。

美学与艺术密切关联。美学的研究对象不是艺术，但美学和艺术、艺术史等学科有紧密的联系。艺术是人类审美活动的一个重要领域。美学基本理论的研究离不开艺术。无论在西方或在中国，有许多重要的美学理论都是通过对艺术的研究而提出的。在西方，从亚里士多德到巴赫金，在中国，从谢赫到叶燮、石涛，都是如此。

美学和心理学密切相关。我们不赞同用心理学美学代替美学，但对美感的分析却需要借助心理学的研究成果。在我国古代美学和文艺理论中，对审美心理就有十分细致的分析。在西方，从古希腊美学始，美学在探求美的本质的同时，也讨论审美快感、艺术创造与欣赏的心理等问题。如亚里士多德在他的《伦理学》中谈到审美经验的特征。

美学和语言学有密切的关系。这一点随着20世纪西方美学的发展表现得越来越明显。克罗齐就提出普通语言学就是美学，因为它们都是研究表现的科学。卡西尔的符号学理论，海德格尔的“语言是存在的家园”的理论，维特根斯坦的“全部哲学就是‘语言批判’”[5]的理论，巴赫金的“对话理论”，从索绪尔发端而以罗兰•巴特为代表的结构主义和以福柯、德里达为代表的后结构主义，伽达默尔的解释学，所有这些理论对美学都产生了巨大的影响。这就是现代西方哲学和美学的所谓“语言学转向”。从这里可以看出美学和语言学的密切关系。

美学和社会学、民俗学、文化史、风俗史有密切的关系。审美活动是人的一种社会文化活动，它必然要受到社会、历史、文化环境的制约，这些学科的研究成果对美学研究也有重要的参考价值。

因此，美学是一门交叉学科，它与艺术、心理学、语言学、人类学、社会学等学科有着密切的联系。在美学学习和研究中，一方面要坚持哲学的思考，另一方面要有多学科、跨学科的视野。

（四）美学是一门不断发展的学科

美学所要体现的是其所处时代的精神，不同历史时期和不同文化背景下会生成不同的美学

5. [英] 维特根斯坦著，郭英译．逻辑哲学论．商务印书馆，1985年版，第38页。

体系。因此，美学是一门不断发展的学科。20 世纪以来，西方美学的新流派层出不穷。但在这众多流派中，我们至今还找不到一个成熟的、现代形态的美学体系。所谓现代形态的美学体系，就是要体现我们所处时代的精神。这种时代精神就是文化的大综合、大融合。它主要指的是东西方文化的大综合。当代西方的各种美学流派、美学体系，基本上是属于西方文化的范围，并不包括中国文化（以及整个东方文化）。这样的美学是片面的，不是真正的国际性的学科。体现时代精神的、真正称得上是现代形态的美学体系，还有待于我们去建设、去创造。美学是一门还在发展中的学科，而且它将不断跟随时代的步伐前进。

图 1《骷髅幻戏图》

四、为什么要学习美学

为什么要学习美学？简而言之，为了生活得更美好、更幸福。当代人在呼唤着美学，在发展着美学，在把美学变成一门与人类幸福有着密切关系的科学。为什么这么说呢？

第一，美学是一门锻炼我们的逻辑思维，给我们提供思考问题、研究问题的视角、方法和手段的学科。我们学习美学除了掌握美学自身的基本理论和历史之外，还要研究一般的哲学问题，此外，也得熟知一般的艺术和艺术理论。通过哲学的学习，我们可以为美学获得一种分析问题的方法，也就是批判。批判是区分事物的边界。一种哲学的批判主要分为三个方面：第一是语言批判，它区分有意义和无意义的语言，并揭示语言中说出的和未说出的。第二是思想批判，它检查一个思想结构和道路是否完整。第三是现实批判，它拷问现实的问题。

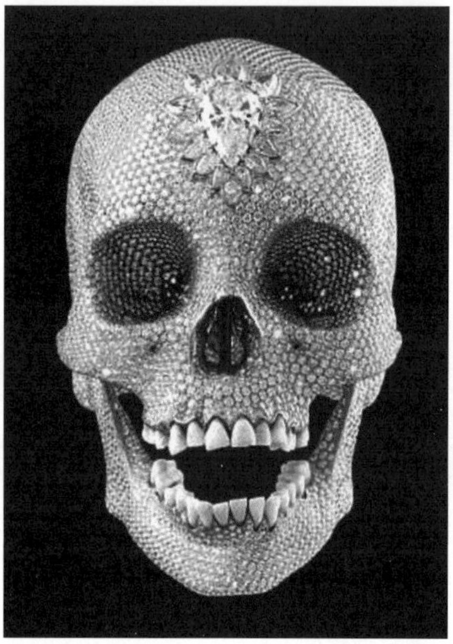
图2 献给上帝之爱

第二，美学始终关涉到艺术现象，也就是艺术作品的分析鉴赏和批评。这就要求美学的学习者了解艺术的各种门类及其发展的历史。与此同时，美学的学习将有利于对艺术理论的理解，有利于对艺术作品和现象的分析和批判。骷髅在现实生活中是给人不适感，然而某些艺术作品中的骷髅给人带来的却是美感的体验。如李嵩的《骷髅幻戏图》（图 1）描绘一大骷髅席地而坐，用悬丝在操纵着一个小骷髅。这是宋代市井木偶表演形式的一种——悬丝傀儡演出。以骷髅为主角的寓意大约是反映了人生命运的虚幻、无常，倏忽幻灭之意。英国前卫艺术家达明安•赫斯特制作出这尊名为《献给上帝之爱》（图 2）的“白金钻石骷髅”。这件作品以真人骷髅为“模具”，真人骷髅属于一位 35 岁的 18 世纪欧洲男子。骷髅头用 2156 克白金铸造而成，上面镶嵌有 8601 颗重达 1106.18 克拉的 VVS 级高纯度钻石，就连两个眼窝和鼻子处都镶满了数百颗钻石，光是钻石部分就价值 1200 万英镑（约合人民币 1.83 亿元）。赫斯特的这一惊人“艺术”却在艺术界引起了巨大的争议，许多艺术批评家称，这个“钻石头盖骨”只是赫斯特以“艺术的名义”哗众取宠、刻意制造惊人效果而已，它根本就谈不上是艺术。《英国艺术杂志》主编罗宾•西蒙说：“赫斯特的所有创作都是哗众取宠的表演，而这一创作只不过更加昂贵而已。它空洞无物，没有任何意义。它甚至不是由赫斯特本人制造的，他只不过想出这个主意，然后让自己的技师们完成了它。作为一个工艺品它也许很不错，但作为艺术品它非常乏味。” 然而也有人认为，赫斯特的这一艺术品是对死亡的深刻声明，赫斯特也宣称，“钻石头盖骨”是对死亡的挑战和庆祝。因此，面对当前此类具有争议性的作品，我们该如何评判？这就需要美学的指引。

第三，将美学的学习和自身人性的修养升华结合起来。学习美学不仅是为了获得美学知识，而且也是为了创造美好的人生。这就是说，我们不仅要成为一个美学的学习者和研究者，而且也要成为一个审美的人。学习美学，掌握审美活动规律，能够提高审美欣赏和审美创造的能力。审美能力是指人在审美活动中发现、感受、判断、评价和欣赏美的能力。主要包括审美感受能力、审美想象能力、审美理解能力、审美鉴别能力、审美欣赏能力和审美创造能力等。学习美学能够使我们树立正确的审美观。只有树立正确的审美观，才能确立正确的审美标准，养成健康的审美情趣，胸怀崇高的审美理想，明辨美丑善恶的界限，实现崇高的人生理想和人生价值。

第四，有利于各科学生的专业学习和专业工作。法国著名作家福楼拜说：“越往前进，艺术越要科学化，同时科学也要艺术化，二者从基底分手，回头又在塔尖结合。”在美学史上，有一个有趣的也是值得人们深思的现象，就是第一批提出什么是美的问题的人很多既是哲学家，又是自然科学家。古希腊美学思想的萌芽，可以追溯到公元前6世纪，这是荷马史诗定本的时代，也是毕达哥拉斯学派盛行的时代。毕达哥拉斯和他的学生多数是数学家，部分是物理学家和天文学家。他们用自然科学的观点来考察美学问题，认为美就是和谐；这种和谐是由一定数量关系构成的。他们把数看作是世界万物的本源，并把数与和谐的原则用于艺术，认为艺术也必须借助于数的关系。一件艺术品是美的，必然要体现一定数量的比例关系。之后，“美是数的和谐”的观点得到了延续，成为形式美的主要法则，而且成为人们进行科学发现的法则。许多的科学发现都是首先由科学家根据和谐对称等原则提出大胆推断，之后才反复求证得出的。德国天文学家开普勒还曾描述天体运行规律中数的和谐，并将其谱成了一首乐曲。宇航之父T·C·季托夫认为，不懂艺术的工程师是蹩脚的工程师；一个缺乏音乐感和不懂诗意的学者，不过是欺世盗名之徒。虽然这种说法过于极端，但是也表达了一位科学家对于文学艺术的重视。由此可见，学习美学，认识美学规律，对任何人的学习和工作都是有益的。

对于当代青年而言，学习美学主要有两个目的：一是完善自身的人格修养，提升自己的人生境界，具体而言，就是通过学习美学增强审美的自觉性，更自觉地通过审美活动去追求一种更有意义、更有价值和更有情趣的人生；二是完善自身的理论修养、思维方式和知识结构，具体来说，就是通过学习美学培养自己做纯理论思考的兴趣和能力，也就是对于人生，对于生命，对于存在，对于真、善、美，对于这样一些根本问题进行理论思考的兴趣和能力，从而使自己在获得各种具体学科的知识之外，更能获得一种人生的智慧。对于艺术类院校的学生而言，还可以提高自己的艺术创造和艺术欣赏能力，提高自己的审美能力。

第一章 美的本质

在日常生活中我们可以看到诸多美的现象，美人、美食、美景等是对美的现象和体验的描述，这些都还只是一些表象。在这些表象性的事物中，为何这些千差万别的事物都可以以“美”冠之，它们之间是否存在某种共性？也就是回答“美是什么？美的本质是什么？”。

第一节 中西方美学史上对美的本质的探讨

柏拉图借苏格拉底之口说出：“美是难的。”尽管如此，在中西方美学史上，美学家们仍在不断追问“美的本质”。中国古代如孔子、老子、墨子、孟子、庄子、荀子等，西方如赫拉克利特、毕达哥拉斯、德谟克利特、苏格拉底等，都或多或少、直接或间接地谈到美，涉及到美的本质。美的本质是美学中最为基本的理论问题，也是一个非常抽象的问题。

一、西方传统美学史上对美的本质的探讨

西人重思辩，西方对美的本质的探索一开始就表现出思辩的特点，而且一般是在哲学领域中进行探索。西方不同派别的哲学家、美学家提出了各种不同的美的本质理论，例如，古希腊的毕达哥拉斯早就提出“美是和谐”的观念，毕达哥拉斯学派首先触及并掌握了“黄金分割”；苏格拉底则提出“美是有用”即美是善的观点。其后，柏拉图、亚里士多德直至康德、黑格尔等等，都对美的本质发表了意见。在此我们仅介绍其中最具代表性的有关观点。

美是什么？这一问题的正式提出和探讨，始于柏拉图。他在《大希庇阿斯篇》中借苏格拉底和希庇阿斯的问答，否定“美”就是美的事物、事物的特质、物质或精神上的满足、恰当、有用、有益或视觉和听觉引起的快感等。他认为美的本质在于美的理式，在于美本身。他认为现实中的一切事物的美的根源在于美的理式，即美本身。他说：“将这美本身，附加到任何一件事物上面，就使那件事物成为美，不管它是一块石头，一块木头，一个人，一个神，一个动作，还是一门学问。”他认为理式是客观世界的根源，客观世界并不是真实世界，而理式世界才是真实世界。如桌子有三种，第一种决定桌子之所以为桌子的那个桌子的理式；第二种木工依据桌子的理式所制造的现实的桌子；第三种是画家模仿个别的桌子所画的桌子。美的理式是先于美的事物而存在的，是美的创造者，而它本身“是永恒的，无始无终，不生不灭，不增不减的”，是绝对的；现实事物的美来源于美的理式，是理式的影子，艺术创作只是影子的影子。

柏拉图否认美的客观现实的根源和基础，分裂一般与个别的关系，美本身是脱离个别美的事物而存在的。但我们必须意识到的是，普遍性寓于特殊性之中，没有个别也就无所谓一般以及共性。因此，柏拉图所说的“美的理式”只是一个空洞而抽象的概念。但他在研究美的本质这一问题时，给我们两点启示：第一，他区分了“什么是美的”和“美是什么”这两个问题，他试图回答“美是什么”这一问题，来寻找美的普遍性。这一提问就是追问美本身，直接将“美”的问题提升为一个哲学问题。第二，他讨论了各种美的定义，提出美不是恰当，不是善，不是有用，不是视觉、听觉上产生的快感。

亚里士多德批判了柏拉图的唯心主义观点。他指出柏拉图的“理念说”丝毫不能说明“理念”

为什么和如何创造具体事物的问题，永恒不变的“理念”如何与运动变化着的具体事物相联系呢？亚里士多德指出，一般不能离开个别而独立存在，认为美的本质就在感性事物本身，主要在事物的“秩序、匀称与明确”的形式方面，主要靠事物的“体积与安排”。美的事物的体积大小要合适，要有一定的安排，要见出它的“整一性”，也就是在各部分之间要有一定的比例关系。这种朴素唯物主义观点对当时的艺术实践产生了很大影响，从中世纪、文艺复兴到17、18世纪，一直为许多美学家、艺术家所信奉。

恩格斯指出：“在法国发生政治革命的同时，德国发生了哲学革命。这个革命是由康德开始的。”康德不仅是德国古典哲学的开创者，而且也是古典美学的奠基人。他的美学思想被许多人推崇备至。康德认为审美是一种趣味判断或鉴赏判断，他的《判断力批判》讲的就是审美判断力的批判。他在《判断力批判》一书中从质、量、关系和方式等四方面规定美的本质，以调和理性主义和经验主义的矛盾。

1．从质的方面看。他认为审美判断是以情感为内容的，从审美判断中我们所得到的不是一种知识而是一种感觉，但它不同于单纯的快感。因为一般的快感只是欲念的满足，主体对满足欲念的东西只关心其存在而较少关心它的形式，而作为审美活动不是欲念的满足，不能涉及利害的计较，对象以它的形式而不是以存在来产生美感。所以美感不等于一般快感。美是不涉及利害和概念的纯形式。如，判断一朵花的美，并不需要弄清楚花的概念，也不需要知道它的用途，但花的形式足以引起主观认识功能的和谐自由活动。美也不等于善，善是意志所向往的目的，要涉及利害计较的实践活动。美感是一种不计较利害的自由的快感，所谓“自由”就是审美活动不受欲念或利害计较的强迫，完全自发。欲念的对象涉及利害关系，逻辑判断的对象涉及概念，而趣味判断的对象即是美。

由上可知，审美判断是不涉及概念和利害计较以及美与感官的愉快和善，因此，康德就审美判断的质的方面对美下如下定义：“审美趣味是一种不凭任何利害计较而单凭快感或不快感来对一个对象或一种形象显现方式进行判断的能力”。这样一种快感的对象就是美。

2．从量的方面看。审美对象都是个别事物或个别形象显现，所以审美判断在量上是单称判断，但仍可假定带有普遍性。这种普遍性不是客观的，而是主观的，因此，这种普遍可传达的不是认识的对象，而是审美判断中的心境。这种普遍可传达性是根据人类具有“共同感觉力”的假定，即所谓“人同此心，心同此理”，有了这种“共同感觉力”，一切人对认识功能的和谐自由活动的感觉就会是共同的，因此，虽然我对某种形象显现产生这种感觉，这种感觉虽然是个人的、主观的，但仍可假定旁人也有此种感觉。康德把这种同一感觉的共享性称为“主观的普遍可传达性”，这是审美判断中快感的来源。审美快感的来源并不是单纯的感官满足，而是对审美心境的普遍可传达性的估计。因此，从审美判断的量方面看，康德给美下如下定义：“美是不涉及概念而普遍地使人愉快的”。

3．从关系方面看审美判断。美是无目的的合目的性。“无目的”指的是不考虑对象的性质和用途，与概念、利害无关；“合目的性”是因为对象的形式适合于主体的想象力和知解力的自由活动与和谐合作，即符合主观的想象力和理解力，并引起它们的和谐的、自由的活动。从关系方面看审美判断，提出“纯粹美”与“依存美”的区别，“纯粹美”是纯然形式的美，纯粹的美或自由的美，“依存美”是涉及概念、利害计较和目的。在康德看来，“纯粹美”是极少的，大量存在的是“依存美”。并且他认为“依存美”并不低于“纯粹美”，相反，美的理想不在“纯粹美”而在“依存美”。康德把审美看作是连接认识和道德的桥梁，是形成文化——道德的人的手段，因此他不能不把理想的美看作“依存美”。从关系的方面，他为审美判断下的定义如下：“美是一个对象的符合目的性的形式，但感觉到这形式美时并不凭对于某一目的的表现”。

4. 从方式方面看审美判断。判断的方式指的是判断带有可然性、实然性或必然性。美的东西产生快感是必然的。他说：“一切人对于被看作某种无法指明的普遍规则之实例的判断加以赞同的必然性。”[6]这种判断就是审美判断，它用范例所显示的普遍规律就是上文所说的美的形式引起知解力和想象力的自由活动与和谐合作那种“主观的符合目的性。”从审美判断的方式看，康德为审美判断作如下定义：“凡是不凭概念而被认为必然产生快感的对象就是美的”。康德有关美的分析是建立在主观唯心主义的基础之上的。他一方面从主观方面来把握美的本质，将它归结为审美形式的特征；另一方面，用神学残余的目的论来规范美的本质。尽管如此，从近代和现代形形色色的西方美学理论来看，差不多都和康德有着千丝万缕的联系，他有关美的分析对之后的美学走向产生了深远影响。

黑格尔摆脱康德偏重审美分析的缺点，提出“美就是理念的感性显现。”[7]他认为美的根源在于理念、绝对精神，而感性内容的实在是由理性生发出来的，是作为理念的客观现象。这与柏拉图的“美是理式”在本质上是一样的，但黑格尔所说的理念是概念与实在的统一，理念“显现”于现象，成为具体的统一体，才能有美。因此，在他看来，美是感性与理性、形式与内容的统一，在这统一中，感性形式从属于理性内容，是理性内容的显现。这种统一只有经过艺术家心灵创造的艺术美才能真正达到。在艺术美中所谓的“理念的感性显现”就是指作品的“意蕴”的显现。一切造型、色彩、线条、音调的运用，都是为了显示出一种内在精神，也就是“意蕴”。他很赞赏歌德在论述古代艺术时的一句话：“古人的最高原则是意蕴，而成功的艺术处理的最高成就就是美。”

二、中国传统美学史上对美的本质的探讨

早在我国先秦时期，对美的本质就有诸多探讨。但那时对美的研究大都与善（功利）密不可分，甚至混同使用。先秦诸子的诸多著作，都有关于美的言论。虽然对美的提法有种种不同，但从中也可以看出美与善的内在关联。

孔子认为美与善密切相关，甚至是同义的。《论语·尧曰》中记载：“子曰：‘尊五美，屏四恶，斯可以从政矣。’子张曰：‘何谓五美？’子曰：‘君子惠而不费，劳而不怨，欲而不贪，泰而不骄，威而不猛。’”可见，他所说的“五美”实际上都是善，是统治者从事政治的五种“美德”。他又说：“恶衣服而致美乎黻冕。”（《论语·泰伯》）“黻冕”的美在于它是祭祀时所穿戴的礼服礼帽。“有美玉于斯。”玉之所以美不仅在于一定的色泽，而且主要在于君子以玉比德。玉代表着君子仁、智、义、勇、情等美德。孔子除了认识到美与善的同一性外，也意识到美与善的区别。孔子说：“子谓《韶》：‘尽美也，又尽善也’。谓《武》：‘尽美矣，未尽善也。’”（《论语·八佾》）《韶》是韶乐，舜乐也。《武》是周武王的音乐。在这里，美与善是分开使用的，而且代表着不同的内容。汉代

6.［德］康德著，邓晓芒译．判断力批判．人民出版社，2002 年版，第 73 页。
7.［德］黑格尔著，朱光潜译．美学．第一卷，商务印书馆，1996 年版，第 142 页。

郑玄注解认为《韶》是："美舜自以德禅于尧；又尽善，谓太平也。"《武》是"美武王以此功定天下；未尽善，谓未致太平也。"可见，在他看来孔子所谓"尽善"与"未尽善"的区别在于是否致天下"太平"。舜帝以德禅于尧，是"善"，而周武王以武力征服，是"未尽善"。因此，美与善既有联系又有区别。

孟子继承了孔子的思想，并发展了孔子的"仁"，变孔子的"修身"为"养性"，突出了"人性"的作用。他提出人性本善，指出"仁义礼智，非由外铄我也，我固有之也。"（《孟子·告子上》）善的实现是个体自身的自我肯定，而不是使自己屈从或牺牲于某个外在的目的。美的本质就是人的自我实现、自我肯定，当善的实现表现为人的自我肯定时，善同时就是美。善是人本性所固有的，但人若不认识他所固有的善性，就会远离善而陷于恶，所以他强调善的实现是个体自觉努力的结果，提出"养吾浩然之气"。他所说的"浩然之气"是个体的情感意志同个体所追求的伦理道德目标交融统一所产生出来的一种精神状态。可见，他已经意识到人格美就是社会的伦理道德不外在于个体的情感意志的东西，而是渗透在个体的情感意志之中，被个体视为他的生命的意义和价值所在。这种精神状态通过人的外部形体表现出来，人格美是内在精神与外在形体的统一。他将人格美概括为："充实之谓美"，这里的"充实"指的是个体通过自觉的努力，把他所固有的仁义等善的本性"扩而充之"，使之贯注满盈于人的形体之中。"使之不虚，是为美人，美德之人也。"焦循在《孟子正义》中说："充满其所有，以茂好于外，故容貌硕大而为美。美指其容也。"这里指出美包括两个方面，一是要有充实的内容，即良好的品德；二是有良好的外在形象。在孟子的美学思想中，美已经包含着善，美就是善在和它自身相统一的外在感性形式中的完满的实现，美与善具有内在一致性。

荀子主张"人性恶"。他认为美不是先天的，而是经过后天的学习和教育的结果。他说："性者，本始材朴也；伪者，文理隆盛也。无性则伪之无所加，无伪则性不能自美。"（《荀子·礼论》）"伪"就是人为的意思，也就是后天学习礼仪、道德教育。人的本性是一种原始的质朴的材料，它不能单靠它自身而成为美。美是后天学习和教育的结果，是和社会环境、伦理道德密切相关的，在这里，美和善也是密切联系的。荀子又说："君子知夫不全不粹之不足以为美也。"（《荀子·劝学篇》）什么是"全"与"粹"呢？就是学习道德与礼义，而"德操"则是"全"与"粹"的结晶。这句话的意思就是只有从事学习，掌握"全"和"粹"的知识与修养才是美的。

中国从先秦以后，哲学上系统研究美的著作很少，而结合艺术创作、艺术鉴赏来谈美的论著却十分丰富。秦代的陶俑，汉代的帛画、雕刻，特别是到了魏晋六朝产生的诗歌、绘画，唐诗、宋词、元曲、明清小说等，在长期的艺术实践上，形成了中国古代的美学思想，但对美的本质的讨论就相对少了。

三、中国当代美学家的解答

这种从"美是什么"的角度来理解、探讨美的本质问题的做法，在现代西方美学中已基本消失了。但由于它在前苏联的美学研究中影响极大，而当代中国美学又主要是借鉴前苏联美学来讨论这个问题的，因此，我们在当代中国美学中不难发现很多关于"美"的定义。20世纪50年代，在中国全国范围内展开了一场美学问题的大讨论，中心议题就是"美的本质"。对这一问题的不同看法构成了我国当代美学的基本学派，至今都对美学理论的构成有重要影响。

（一）吕荧、高尔泰：美是主观的

主观说的代表人物是吕荧和高尔泰。吕荧在《美学问题》(1953 年《文艺报》第 16 期)一文中提出:“美是人的一种观念。”他说:“美,是人人都知道的,但是对于美的看法,并不是所有的人都相同的。同是一个东西,有的人会认为美,有的人却认为不美;甚至于同一个人,他对美的看法在生活过程中也会发生变化,原先认为美的,后来会认为不美;原先认为不美的,后来会认为美。所以美是物在人的主观中的反映,是一种观念。”他认为自然界的事物或现象本身无所谓美丑,它们美或不美,是人给它们的评价。

高尔泰认为客观的美并不存在,美是主观的,人的心灵是美的源泉。他认为美是人的观念,不是物的属性,客观的美并不存在。美,只要人感到它,它就存在,不被人感到,它就不存在。他也承认美感的产生要有一定的对象(物象)。但这个对象之所以成为美感的条件,是因为它被“人化”了。这个“人化”根源于主体的心理感受,在于主体的情趣。他在论述他的观点时强调美与美感的同一性。他明确提出美是自由的象征,自由是有限与无限的统一、个体和整体的统一、存在和本质的统一,那么同样可以说,美是有限和无限、个体和整体、存在和本质的统一。自由是一种体验,一种经验形态,一种快乐和幸福。在当时的讨论中,由于高尔泰的观点被简单地归结为主张“美是主观的”,也由于当时人们的理论眼光的局限性,没有注意到他的论述中包含了某些合理之处。

(二)蔡仪:美是客观的

蔡仪认为美是客观的,不是主观的。美的事物之所以美,是在于事物本身,不在于我们的意识作用。物的形象是不依赖于鉴赏的人而存在的,物的形象的美也是不依赖于鉴赏的人而存在的。如,一株梅花的美,就在梅花本身,和人没有关系。他说:“美在于客观的现实事物,现实事物的美是美感的根源,也就是艺术美的根源。”[8]客观事物的美是美的观念的根源,它是独立于主体的意识之外的。那么,物的什么特性使物成为美的呢?他认为美的东西就是典型的东西,就是个别之中显现着一般的东西;美的本质就是事物的典型性,就是个别之中显现着种类的一般。所谓典型,是具有突出的、生动的形象并能充分表现出本质和普遍性的个别事物。他认为美的事物就是典型的事物,就是种类的普遍性、必然性的显现者。所以,蔡仪的美的理论被概括为“美是典型”的理论。

(三)朱光潜:美是主客观的统一

朱光潜在《文艺心理学》中提出:“美不仅在物,亦不仅在心,它在心与物的关系上面。但这种关系并不如康德和一般人所想象的,在物为刺激,在心为感受;它是心借物象来表现情趣,世间并没有天生、俯拾即是的美,凡美都是经过心灵的创造。”[9]主观是指不带意志和抽象思考的心理活动,客观是“物理”,是使人觉得美的可能性。客观自然的物是“物甲”,是形成“物的形象”的条件;美感的对象是“物的形象”而不是“物”本身。物的形象是物在人的主观条件的影响下反映于人的主观成分的物,可称为“物乙”。物乙也是物,是知识形式的物,夹杂着人的主观成分的物,只有物乙才存在美不美的问题。因为物乙的产生需要自然物的客观条件加上人的主观条件影响两因素,所以是主客观的统一。他借用苏东坡的《琴诗》来解释:“若言琴上有琴声,

8. 蔡仪 . 新美学 . 群益出版社 ,1949 年版 , 第 17 页。
9. 朱光潜著 . 文艺心理学 . 1996 年版 , 第 148 页。

放在匣中何不鸣？若言声在指头上，何不于君指上听？”琴声的发生既要有琴，又要有弹琴的手指。美是主观与客观统一。朱光潜的主客观统一说是从审美与艺术活动本身提出的，符合审美与艺术活动的事实，对后来的美学研究很有启发。

（四）李泽厚：美是客观性和社会性的统一

李泽厚首先肯定美是客观的，但不等于蔡仪所说的客观性。美不是一种自然属性或自然现象、自然规律，美的客观性是指“美的不依赖于被反映被感知的个人主观的客观存在性质。”美的社会性强调“美依存于人类社会生活，是这生活本身，而不是指美依存于人的主观条件的意识形态、情趣。”美是一种人类社会生活的属性、形象、规律。它客观地存在于人类社会生活之中，是人类社会生活的产物。美既然属于社会存在的范畴，而社会存在是客观的，所以美是客观性与社会性的统一。还是以一株梅花为例，在李泽厚看来梅花的美并不在梅花的自然性，而在于梅花的社会性。所谓社会性，在他看来“不仅是指美不能脱离人类社会而存在，而且还指美包含着日益展开着的丰富具体的无限存在，这存在就是社会发展的本质规律和理想。”[10]

在20世纪50年代的大讨论后，80年代中国进入改革开放的新的历史时期，整个社会掀起一场“文化热”，其中也包含有“美学热”，这次被称为第二次“美学热”。其中一些人继续关心美的本质的问题，其中影响最大的是李泽厚。他对他20世纪50年代提出的观点进行了修正，他认为美的本质或美的本源是“自然的人化”。人通过制造工具和使用工具的物质实践，改造了自然，获得了自由。这种自由是真与善的统一，合规律性与合目的性的统一。由此，他提出美是“自由的形式”，他说：“我把美看作自由的形式，而不看作是什么自由的象征。因为‘象征’是种符号性的、意识观念的标志或活动，而自由的形式恰恰首先指的是掌握或符合客观规律的物质现实性的活动或活动力量。”他所指的自由是指符合和掌握客观规律的主体实践；形式是指主动造型的力量——改造对象的力量。在客观行动上驾驭了普遍客观规律的主体实践所达到的自由的形式即美，它是人类实践的历史成果。

到20世纪80年代后期和90年代，学术界开始审视50年代的这场美学大讨论，并发现其中存在很多问题。其中最大的问题就是把美学问题纳入认识论的框架，用主客二分的思维模式来分析审美活动，同时把哲学领域的唯物论和唯心论的斗争搬到美学领域，结果造成了理论上的混乱。

第二节　美是人的本质力量的感性显现

美必须依赖人类社会而存在。在人类出现以前，宇宙太空的万事万物，无所谓美，也无所谓丑，就如无所谓真、无所谓伪，无所谓善、无所谓恶一样。尽管那时，日月星辰，山水花鸟都早已存在，并按照自身的规律发展着、变化着，但那只是一些纯粹的自然的存在物而已，还未取得美所必须具备的社会属性与价值。美必须以事物的自然属性作为物质基础，但美之所以为美，关键还在于这些自然属性同人类社会生活的联系。因此，美是一种社会现象，是社会历史发展的产物，它必然受到人类社会生活的制约，并且随着社会历史的发展而不断丰富和发展起来。美的本质和人的本质有着密切的联系。

10. 李泽厚．论美感、美的艺术——兼论朱光潜的唯心主义美学思想：美学论集．上海文艺出版社，1980年版，第30页。

一、人的本质力量与社会实践

离开了人，离开了对人的本质的把握，就无法对美的本质做出科学的论述。那么，人的本质是什么？人与动物的根本区别又是什么呢？人是从动物进化而来的，动物的生命活动虽然是人的生命活动不容否认的生物性基础，但是，人的生命活动既已形成，就与动物的生命活动具有了本质的差异。人的生命活动的本质特点究竟是如何形成的呢？这主要根源于人所独有的以制造和使用工具为突出标志的物质生产劳动。这主要因为：①工具的出现，彻底打破了人原有的生物性肢体、器官和能力的狭隘性与固定性。工具的运用，进一步巩固和确立了人的直立行走、手脚分工等形态特征，这对人体全部机构和骨骼系统的发展以及人脑的最终形成都产生了极大的影响。②工具不仅包括物质性的劳动手段，而且也包括人所独有的运用语言符号的能力。③人类只是通过运用工具的劳动，越来越广泛、深入地学会认识自己，形成人的意识。随着人类认识与改造自然能力的实际增强，人也就作为一种与自然相区别的主体力量而从自然中站立起来。④工具作为人的智力的一种物化形式，它既是人所创造的一种物质产品，又是人借以实际地改造自然的一种物质手段。⑤人类使用工具的劳动活动，不仅造成外在自然的人化，而且也同时造成人本身内在自然的人化。马克思说："站立的姿势是把双手从各种移动的约束中解放出来的决定性因素。……站立姿势解放了双手，而手的操作解放了颌骨；直立和颌骨的解放又把脑颅从过去承受的机械应力中解放出来，这样脑颅就变得适于扩大以便包含更大的'内存物'。"[11]由于环境的突变而导致的直立行走、手脚分工等形态特征的变化，为意识的形成提供了某种生理上的基础，对于真正人类意识的产生具有决定性作用，人类将自己与动物相区分，开始把动物性的本能需要提升为一种观念形式，从而最终使人的活动具有了自觉的目的性特征，它是人类意识发生的根本条件和显著标志。

在从猿到人的进程中，劳动起了决定的作用，劳动创造了人本身。劳动使人从自然界分离出来，从而有了主、客体的区分。马克思说："人的类性恰恰是自由自觉的活动"。人能通过自己的实践活动，逐步地摆脱蒙昧、野蛮的状态，慢慢地熟悉和掌握客观世界的必然性，从而获得某种程度上与自然相协调的自由。随着社会实践活动的发展，人类摆脱动物界的程度愈来愈高，对于自然的认识也愈来愈深，人类向文明世界前进的历史就是不断从必然王国走向自由王国的历史。动物的活动是盲目的，是在本能的支配下进行的。只有人的活动是自觉地，是按照自身的各种需要有目的、有计划地进行的。人的活动是有目的、有意识的活动。人的生产劳动是一种自觉的有意识有目的的活动；人类生产表现为一种有意识有目的的自觉活动时，随着社会实践的发展，人类对自然规律了解的增长，在生产中的目的性、自觉性也不断发展。

正是由于生产劳动和各种社会实践，人类才不断地认识和改造客观世界，使自然界和人类社会不断向符合人类生存需要的方向发展；与此同时，人类也不断地改造自身，使自身的本质力量不断充实、丰富和提高，不断向更高层次发展。并且，由于在生产劳动实践中，人类给自然界和周围环境打上了自己的印记，使人的本质力量在活动过程及其成果中显现出来，这就给人类在他所创造的世界中直观、肯定自身提供了可能。

---

11. 中共中央马克思恩格斯列宁斯大林著作编译局编．马克思恩格斯选集（第4卷）．人民出版社，1995年版，第221页。

原始人类在漫长的生产劳动实践中，通过成千上万次劳动过程的重复，对各种客观事物逐渐有所认识和评价，具有了审美的意识。从对具体的美的事物的欣赏到成为一种较为抽象的美的观念，经历了一段漫长的发展过程。美的事物之所以能引起人们的喜悦虽然离不开一定的感性形式，但这种喜悦的根源并不在于感性形式本身，而在于里面包含着人类一种最珍贵的特性——实践中的自由创造。我们从以下几个例子进一步论证美的产生与实践中的自由创造的关系。

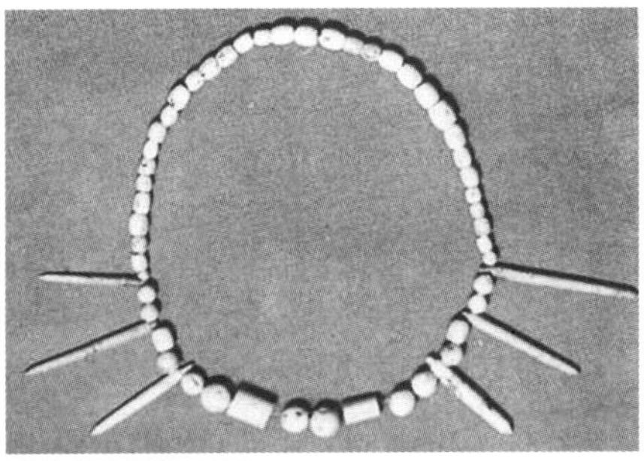
图 1.1 原始饰点

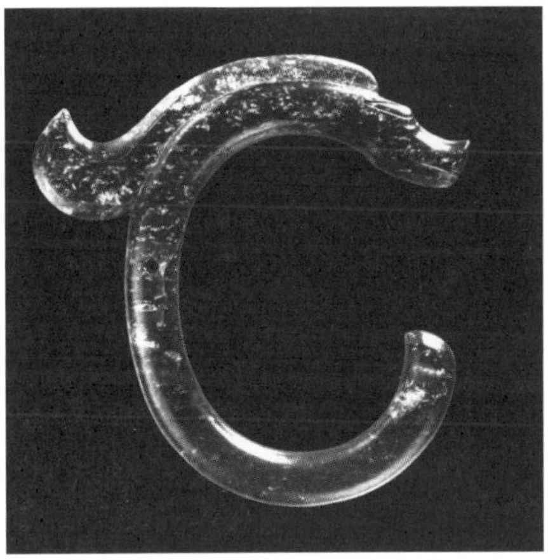
图 1.2 玉龙

（一）第一个例证：从石器造型的改变看

旧石器时代早期，原始先民们使用石器进行生产和防卫，起初主要是着眼于它的实用功利价值，是为了满足生存的需要。他们使用的打制石器很粗糙，没有定型，在外型上和天然石块的差别虽然不是很明显，但已经留下人的意志的烙印。从材料的选择到加工方法上都体现了人类自觉地有意识、有目的的创造活动，它标志着人类脱离了动物性。旧石器中期，随着生产力的发展，人类征服自然，满足肉体需要的能力的提高，在不断地人化自然的过程中，原始人逐步注意到了对称、均衡、光滑、按比例制造的劳动工具便于使用，而这些恰恰是简单形式美的特征。如砍砸器、厚尖状器、球状器，既尖锐又坚实，在造型上从实用出发注意均衡对称。

旧石器时代晚期，有两个十分重要的现象出现。一是钻孔和磨制技术的发现，最有代表性的是骨针；一是装饰品的出现，装饰品中有石珠、兽牙等。这些器物反映了原始人在解决物质生活需要的基础上，审美要求的发展。旧石器时代晚期的山顶洞人，通过各种装饰达到自我修饰与美化的效果。原始民族的人体装饰可分为固定的和活动的。固定装饰，指的是原始人通过刻痕、刺纹、凿齿、穿耳、穿鼻、穿唇等手段局部地永久地改变自身的自然形态，达到某种观念、目的的装饰活动。刻痕文身，是原始社会中普遍存在的一种人体装饰。原始人还利用某种天然的或经过人工制成的物品，如石珠、兽牙、海蚶壳等染上红、黄、绿等各种不同的颜色佩带在身上（图 1.1），从而达到美化自身的目的。我国旧石器时代的人体装饰品，按质地大致可分为石、牙、骨、贝（蚌）、蛋壳五种。

到新石器时代，出现了玉石和陶制装饰品。新石器时代，磨制石器从最早的刃部磨光，发展到通体磨光，同时还出现了锯、割等先进技术。不仅提高了实用效能，而且在造型上美的特征也更明显。如红山文化出土的玉龙（图 1.2）。墨绿色，体蜷曲，平面形状如字母“C”，龙体横截面为椭圆形，直径 2.3 ~ 2.9 厘米。龙首较短小，吻前伸，略上撅，嘴紧闭，鼻端截平，端面近椭圆形，以对称的两个圆洞作为鼻孔。龙眼突起呈梭形，前面圆而起棱，眼尾细长上翘。颈背有一长鬣，弯曲上卷，长 21 厘米，占龙体三分之一以上，与内曲的躯体相合，造成一种飞腾的效果。鬣扁薄，并磨出不显著的浅凹槽，边缘打磨锐利。龙身大部分光素无纹，只在额及颚底刻以细密的方格网状纹，网格突起作规整的小菱形。整个龙体恰如一条即将出水的巨龙，正翻腾而起，气势雄浑。这件作品代表了新石器晚期高超的磨制技术。

从上述历史过程可以看出，人类用自己的劳动先创造了实用价值，而后才创造了美。人类劳动是从制造工具开始，从石器造型的演变充分体现人类自由创造的特性，并具体地说明了美的产生是实用价值先于审美价值。

（二）第二个例证：从古代的“美”字的含义看

汉语“美”的原始语义是“羊大为美”，最早为东汉许慎提出，他在《说文解字》中说：“美，甘也。从羊，从大。羊在六畜主给膳也。美与善同意。”徐铉注解说：“羊大则美，故从大。”羊是人们食用的主要食物，可以满足人们的生理需求，由此羊肥大意味着甘美。日本学者笠原仲二根据许氏的说法得出结论：“中国人最原初的美意识，就起源于‘肥羊肉的味—甘’这种古代人们的味的感受性。”[12]在中国古代汉语中，“膳”与“善”本是一个字，“善”后来独立出来，表示高尚的德行，成为伦理学的中心概念。“善”字也是“羊”字头，它的下部为祭台。古代最大的善是敬神。羊是祭祀的重要祭品，《左传·文公二年》说：“祀，国之大事也。”又说：“羊，祥也。”羊是吉祥之物，凡属较为隆重的祀典，则须用特殊饲养的牛羊，否则的话，甚至宁愿取消祀典。在殷人那里，用肥羊敬祖事天，祈求祖先和上天的保佑，使之风调雨顺，人畜两旺，以满足人们的精神需要。从礼仪的角度看，“羊大为美”有重要的道德意义，可以满足人们的精神需要，引起心理的愉悦。从生活角度看，羊在祭祀之后可作食用，其皮革可以作裘、作盾、作鼓，骨可以占卜或制作骨器。

无论是生理需要的满足还是精神需要的满足，都反映出古代先民重视生命与现实的原初心态，人类审美意识最初对与实用价值和道德价值不同的美的感受，是与味、色、声所引起的感官的快感分不开的。特别是味觉的快感同人类审美意识的产生和发展的关系非常密切，其原因在于味觉快感中已经包含了美感的萌芽，显示了美感所具有的一些不同于科学认识或道德判断的重要特征，特别是味觉快感具有直接的或直觉的而非理智思考的特点。这也表明美感从以官能享受为主逐渐过渡到精神愉悦为主的过程。

有关“美”的另一种解释是“羊人为美”。对于“羊人为美”的说法有两种理解。一种说法认为美字的上部是羊角；下是人，全字为头上戴着羊角的巫人形象。“羊人为美”中的人是祭司，羊指祭祀时的面具或头饰，是说古人认为祭司是天人沟通的媒介，祭司是按照人们心目中最美的天神来打扮的。人与羊合一，也就是与神合一。另一说法认为美字上部是羽毛的装饰物，下是人。身披兽皮、头戴兽角、拖着兽尾手舞足蹈，这在原始舞蹈中本是最早也最为普遍的表演形式，它们或为狩猎舞，或为图腾舞，都与氏族的生产和繁衍息息相关。而这种载歌载舞，无疑是时人最为激动人心的审美活动，那跳得最好的舞者，也就是时人心目中最美的形象。如果说“羊大为美”偏重于美的生理性和自然性意义的话，那么，“羊人为美”则凸显了美的宗教性和社会性意义。

12.［日］笠原仲二著，魏常海译．古代中国人的美意识．北京大学出版社，1987年版，第2页。

（三）第三个例证：从彩陶造型和纹饰看

彩陶的造型和纹饰体现了人类进一步自觉地美化产品。在陶器发明之前，人类对自然的改造是改变材料的形状，没有改变材料的性质。而陶器的产生却标志着对事物材料性质的改变。陶器首先要考虑实用，是实用性和艺术性的结合。在这个时期出土的彩陶，它的造型和纹饰体现了人类进一步自觉地美化产品。新石器时代的陶器之美表现在：①陶器的造型和装饰具有更多的自由和想象的成分，体现人的精神特征；②比较自觉地娴熟地运用形式美的法则，图案的对称、调和、对比、变化、多样统一等。巧妙运用不同的线条、色彩，运用重复、交错的方法，既显得丰富多样，又不杂乱无章。线条的粗细变化随瓮的体形变化。这些美妙的图案奏出一曲美妙的交响乐。此外，不少彩陶的图案已经能熟练地运用二方连续和四方连续。这些图案组织方法是在长期的审美活动中对事物的形式特征提炼概括的结果。

总之，人类活动从实用到审美的过渡，观念形态起着重要的作用。在审美活动发生的过程中显示出人的本质——自由创造的力量。自由是对必然性的认识与把握，自由创造是按照人类认识到的客观必然性，不受必然性的约束，也就是按照客观规律去改造世界，以实现人类的目的和要求的物质活动。自由创造是合目的性和合规律性的统一。人类在对象世界中直观自身，直观自身即看到了人类的自由的创造劳动，看到人类的目的、理想，与人类的力量、智慧和才能的实现，因而在对象中感到自由创造是珍贵的，引起人的喜悦。

二、人的本质力量与感性显现的统一

肯定美的本源来自社会实践，肯定美的内涵在于它代表了人在社会实践中的能动因素，即合规律性与合目的性相统一的创造理想，体现了人在创造活动中焕发出来的聪明、智慧、才能、技巧、情感和理想，美的内涵必须以可感的存在形态显现出来，必须具有感性形式方面的规定性。我们必须把人的本质力量同它的感性显现两个方面统一起来，才能从内容与形式结合上说明美的本质特征。

首先，人的本质力量是在认识世界、改造世界的实践活动中形成和发展起来的，是在人类遵循客观规律和主观目的进行自由创造的活动中表现出来。凡是人们在创造性的活动中显示出来的理想、情感、愿望，都是人的本质力量的具体表现。在对象世界中，只有通过具体的感性形式，实现了人所特有的真与善的本质力量的事物和现象，才是美德，否则，就是不美的或丑的。美是肯定人的本质力量的感性形象，具有正面的审美价值；那么，丑就是歪曲和否定人的本质力量的感性形象，它的存在妨害和阻碍着人的本质力量的发挥与显现，因而在审美中是一种负价值。

其次，美必定是一种感性存在。美不是直接诉诸人的理智，而是诉诸人的情感，通过它以情感人、激励人、愉悦人。美的事物和现象总是现象的、具体的，总是凭着欣赏者的感官可以直接感受到的。不论是自然美、社会美，还是艺术美，作为内容和形式的有机统一，都有一种感性的具体形态，它们的内容都要通过由一定的色、声、形等物质材料所构成的外在形式表现出来。任何抽象的概念、道理，以及各种各样的科学定义、公式，它们可以是非常正确的，甚至可以是适用范围相当广阔的真理，但却不能成为通常意义上的审美对象。如，我们说花是美的，指的是具体的花，而不是抽象的花，它的美必须通过具体的花瓣、花蕊、花茎以及花的各种颜色表现出来。由于事物的美总是存在于感性形式之中，离开了特定的感性形式，美就无所依傍了。

但若不顾及内容，把美仅看作是颜色、线条、声音等形式、因素的组合，依旧不能把握美的特性。因此，我们不能把美的感性存在仅仅看作是一个纯粹的形式问题，也不是单纯表现在内容上，而是从内容与形式的统一中体现出来的。以感性形式显现出来的人的本质力量，是形成美的感染性的核心方面。当对象以表现创造活动内容的感性形式特征而引起人的无比的喜悦时，这个对象就被称为美的。反之为丑。

最后，人的本质力量不是凝固的，而是发展的、变化的，它标志着人类认识世界、改造世界所达到的相对水平，因此美的感性形态也是流动的、新颖的。随着人类社会实践活动的不断展开，随着社会历史的不断前进，人的本质力量也不断得到丰富和发展。美是一种历史性的现象，是发展的、变化的，它总是随着人的创造力的不断提高，经历着由少到多、由低到高、由粗到精的发展过程。因此，美必然同人类的社会进步性相联系，是流动的、充满着生气和新颖性的。

总而言之，人按照美的规律来造就东西，美就存在于人类劳动产品之中，美是内容与形式的统一，是对象的形式特征表现人的自由创造活动内容的感性形象。美作为对象的形式特征，表现着人自由创造活动内容的感性形象，实际上也就是表现着一定生活内容的感性形象。而美只是那种肯定着人的自由创造的活动，肯定着人的目的、力量、智慧与才能的实现，人在其中能感到自由创造的喜悦的那种生活形象。美是随着社会实践的发展而不断发展的，永恒的、绝对的美是根本不存在的。

第二章
审美活动

审美活动是人所特有的社会性的活动，它是人类的多样性活动中的一项特殊活动，它的特殊性表现在它排除了日常生活中满足单纯的生存需要而进行的不同于人类物质生产活动、生存活动、认识活动、宗教信仰活动等精神欣赏活动。

第一节　审美活动发生的前提

审美发生作为一种历史现象，它是在人类发展的某个特定阶段，由多种因素汇合所必然造成的。因此，审美的发生包含着三个既相互联系又彼此区别的问题，即审美活动何时发生？何以会发生？怎样发生？它们之间构成了一种层次性的环状结构。审美活动何以会发生，根本上就是要回答人类的审美活动究竟是在什么样的条件下、基于怎样的特殊原因而必然发生的。这里面包含两个问题：第一，审美发生的一般条件与特殊条件。第二，审美发生的精神动力与内在原因。前者是审美发生的外部原因，后者则是审美发生的内部根据。没有一定的外部条件，审美活动就不可能具有现实性，而没有一定的内在根据，审美活动就根本不会发生。审美活动的发生离不开一定的外部条件和内在根据，而且各种外部因素和内部因素，也不会是不分主次地发挥着同等重要的作用，更不会是杂乱无序、无规律可循的混沌状态。内部根据指的是审美主体，外部根据即指审美对象。审美活动的前提包括对象中须蕴含着产生美感的某些要素和“基因”，主体的生理心理结构中应具备敏锐的审美知觉和情感。我们首先讨论审美主体。

一、审美主体

人类审美活动是以内在的审美需要为前提和根据的，所以人类审美活动的起源问题，也就是人类审美需要的产生问题。当人在自然需要的基础上产生审美的需要，意味着人类审美活动的发生有了一个逻辑起点，人类还需要建立起审美生理—心理结构，即相应的审美能力，最终在审美理想的召唤下审美活动得以发生。

（一）审美需要

审美已经成为基本的人生经验。我们看到史前人类遗存下来的各种具有审美意味的劳动工具、装饰物，以及他们创造出来的原始艺术品，从中我们已经感受到原始人内心世界，对美的追求，这成为我们把握人类审美需要产生与发展的重要依据。

什么是需要？所谓需要，它表征着机体存在的某种状态。因此，需要从某种意义上来讲，首先意味着匮乏，是生命体在其存在和发展的过程中意识到不可缺少的一定客观条件的缺乏；其次，它意味着要获得，要凭借一定的手段和工具填补此种匮乏，以实现生命的完满。在这里人的需要与动物的需要在本质上是有着区别的，马克思说：“有意识的生命活动把人同动物的生命活动直接区别开来。”在他看来，人的物质生产（劳动）具有自由性的特征。动物只是按照它所属的那个属的尺度和需要来建造，而人却懂得按照任何一个物种的尺度来进行生产，人按照美的规律来建造。

恩格斯说：“动物仅仅利用外部自然界，简单地通过自身的存在，在自然界中引起变化；而

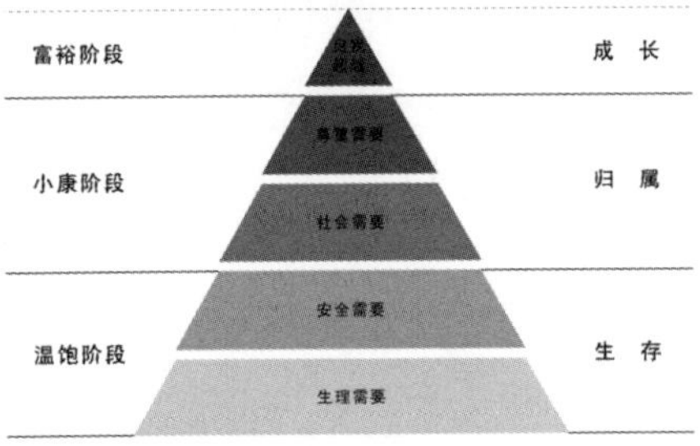

图 2.1 需求层次理论（马斯洛）

人则通过他所做出的改变来使自然界为自己的目的服务，来支配自然界。”人的需要是人的内在的、本质的规定性，马克思说：“他们的需要即他们的本性”。也就是说，人的需要产生于人的自然的、社会的和精神的本质，规定着人的各个方面的需要。这些需要的满足依赖于一定的外部条件，但作为人的需要它是内在的、源于现实的、具体的人的本性。这主要表现在以下几个方面：

第一，人的需要根本上是一种超出了机体限制的社会性需要。人的生产的自由性在于：其一，功利性与超功利性相统一；其二，合规律性与合目的性相统一；其三，个体性与社会性相统一。人按照美的规律来建造，所谓美的规律就是自由创造的法则。人的生产是自由的活动，动物只是在直接的肉体需要的支配下进行活动，动物的需要是直接建立在肉体机能上的，并且处处受到这种肉体机能的限制，也就是说，动物的需要在于满足本能，它只以自然界现成具有的东西作为自己的需要对象。人则不同，人的需要本质上是由人自己的劳动创造出来的。劳动作为人改造客体的实践活动，是人满足生存需要的手段，与此同时，在劳动过程中人的生命活动获得某种不同于原发性的生命活动的自由。

第二，人的需要具有无限的丰富性和多样性。黑格尔说：“动物用一套局限的手段和方法来满足它的同样局限的需要。人虽然也受到这种限制，但同时证实他能越出这种限制并证实他的普遍性，借以证实的首先是需要和满足手段的殊多性，其次是具体的需要分解和区分为个别的部分和方面，后者又转而成为特殊化了的，从而更抽象的各种不同需要。”[13] 人的需要的种类以及满足需要的手段的多样性与特殊性，对于人来说，每一种具体的需要又都可以生发出更加细微和更加特殊的需要。从人类饮食文化的发展我们也看到，人的需要的丰富性，表现在范围上不断扩大，而且在深度上不断递增。不同国家有不同的饮食文化，不同的国家有不同的食物品种、烹饪方式，甚至对于食用的餐具也有种种讲究。中餐有粤菜、川菜、鲁菜、淮扬菜、浙菜、闽菜、湘菜、徽菜“八大菜系”，满汉全席 108 道菜式更是将中餐的水准发挥到极致。纪录片《舌尖上的中国》从自然的馈赠、主食的故事、转化的灵感、时间的味道、厨房的秘密和五味的调和六个层面介绍中国美食。

第三，人既有物质的需要，也有精神的需要，从而在根本上使人的需要与动物的本能需要区别开来。人除了在必须的生存需要之外，人的精神需要不断产生和发展，并表现出人的需要从低级向高级不断发展的过程。当代美国心理学家亚伯拉罕•马斯洛于 1943 年在《人类激励理论》

13. [德] 黑格尔著，范扬，张企泰译．法哲学原理．商务印书馆，1961 年版，第 205 页。

论文中所提出需求层次理论（Maslow’s hierarchy of needs）（图 2.1），亦称“基本需求层次理论”。他将人的需要分为五个层次。第一是生理需要，这是最基本、最强烈的需要，即生存需要，类似于弗洛伊德的生本能。这种需要如果得不到满足便占据压倒一切的需要。第二是安全需要，即对于秩序、安定、经济和职业保证的需要，它出现于生理需要的充分满足之后。第三，归属和爱的需要。第四是尊重的需要，这种尊重可分为两类：自尊与来自他人的尊重。自尊包括对获得信心、能力、本领、成就、独立和自由的愿望。来自他人的尊重包括这样一些概念：威望、承认、接受、关心、地位、名誉和赏识。第五，自我实现的需要。此外还有求知和审美的需要。这两种需要未被列入到他的需求层次排列中，他认为这二者应居于尊重需求与自我实现需要之间。审美需要是具有诗性智慧的人用美的尺度衡量自己，建构自己，使自身从异己的自然和残缺不全的现实中超脱和解放出来的需要。

人类最早的需求是生存需要，当人们饥饿、干渴、性的欲求等需求得到满足后，获得生理上的快感，而这种生理上的快感正是审美需要的源头。与人的其他需要相比，审美需要具有两个显著特征：

首先，审美需要是自我实现的需要，它是人内在生命的必然需要，根植于人生命活动本身的独特性质。它不是由于某种外部条件的驱动，或是由于某些外在事物的诱发才产生的一种衍生性需要，也不是一种偶发性需要。从某种意义上说，审美需要是人的自由、自觉的生命活动不同于动物本能的生命活动的一种本质特征。

其次，审美需要属于人的一种高级的精神追求，而不仅仅是感官欲望的满足。它表现为人类渴望发展自己、肯定自己和全面地表现自己的生命活动。人有把自己的本质力量对象化的冲动，即自由创造的冲动，人从自己创造的对象世界中欣赏自己、肯定自己的冲动，实质上这就是一种审美的冲动。黑格尔举了一个具体的例子来说明人独特的审美要求，他说：“儿童的最早冲动就有要以这种实践活动去改变外在事物的意味。例如一个小男孩把石头抛在河水里，以惊奇的神色去看水中所现的圆圈，觉得这是一个作品，在这作品中他看出他自己冲动的结果。这种需要贯穿在各种各样的现象里，一直到艺术作品里的那种样式的在外在事物中进行自我创造（或创造自己）。”[14]审美需要就是人作为一种有生命、有意识的社会存在物所内在具有的一种渴望，这种渴望驱使人在对象化的活动中能动地实现自己、肯定自己，并按照他在特定的社会历史条件下所形成的人生理想去自由而完整地发展自己的独特的精神要求。它不仅是人独有的一种本质力量，唤起人不断创造自己生命价值的强烈激情，而且赋予人有限的生命以无限的意蕴。

因此，审美需要是在人的劳动不断深化的过程中，随着人的精神能力的发展而逐步生成的，它是人的本质力量的一种新的充实和新的显现。只有当人们在劳动中把自己与外界物区别开来，把自己与外界物对象化的时候，也会把生命活动中的自由感对象化，从而产生对生命自由感的追求，对快乐的追求时，即产生审美需要。这种需要产生后，当人把能使自己获得这种生命自由感的外在物对象化之后，只有当人通过追求对象的形式而使自己获得生命的自由感和快乐时，而且这种需要已经成为一种纯心理的需要，摆脱对对象的实质性需求时，也就是当审美需要成为人唯一的动机，人所进行的活动就是审美活动。只有当审美需要被人清楚地意识到，并转化

14.［德］黑格尔著，朱光潜译．美学（第一卷）．商务印书馆，1996 年版，第 39 页。

成一种自觉的精神追求时，它才真正构成推动审美发生的一种积极的力量。审美需要是审美意识的内在驱动力，而审美意识则是审美需要的心理表现。

（二）审美意识

意识是客观存在的反映，意识的内容来自现实，但它又不是现实生活印象材料的堆积，意识具有很强的创造功能，它能在综合从现实所得印象的基础上，创造性提出一种现实中并不现存的观念。意识对外界的反映首先通过感觉感官，从感觉感官获得的关于外界的印象在头脑中形成表象。自我意识是人以自己为对象的认识，是人对自己的存在、活动的意识。自我意识是人之所以成为人的重要标志。审美意识是人的自我意识中的一种，它就是指人对自身审美需要和外在对象的审美意义，以及二者之间所构成的审美价值关系的心理反映形式，主要包括人的审美愿望、审美趣味、审美观念、审美理想等内容。

人的意识本身经历了一个从模糊到清晰、从粗拙到精密、从简单到复杂的漫长的演变过程。人类意识最初主要呈现为一种混沌同一的状态，它还不能把自我与对象、现实与虚幻，偶然与必然等完全分开。原始意识中的神秘性是人类意识发展过程中一种不可避免的属性，它反映了在生产力极端落后的社会条件下原始人渴望认识自然、战胜自然，而实际上又不能正确地解释自然的真实的心理状况。原始意识的这种神秘性本身就是原始人的一种不自觉的创造性想象的结果。它具有如下主要特征：首先，原始意识在具体性中包含着抽象性。在原始意识中还没有抽象概念，依赖意象的联结和转化来表达他们对世界的最初认识。其次，原始意识在蒙昧性中渗透着真实性。他们往往把主体需要与客体特征混同起来，把主观想象与客观事实融为一体。最后，原始意识在神秘性中凝聚着创造性。他们以自己的主观臆想去代替客观事物之间的真实联系，并赋予这种联系以某种神秘的属性。原始人不仅把他们所不能理解的某种东西视为神秘的，而且在他们看来，这些东西与人之间或人的行为与结果之间也会存在某种神秘的作用、影响和力量。

审美意识伴随着原始意识的解体和分化而缓慢地显现出来、确立起来，从人的一般意识中分化出来，从根本上说，就是人的审美需要从人的实用需要中分离出来的过程，也是人类逐渐超越自己原发性的自然需要，而使之上升到社会文化的层次并赋予其一定的社会文化意义的过程。只有当人具有了自我意识时，他才会把自身的生命活动也作为一种对象。

人类从生产领域中由对劳动工具单纯的实用性要求逐渐向着同时要求劳动工具具有悦目形式（如形状的对称、均衡，线条的生动、流畅，颜色的和谐、变化等）的方面转变，这就是人的审美需要开始生成和审美意识开始确立的过程。促成这一转变过程的是人的自我意识的觉醒和发展。只有当人具有了自我意识时，他才会把自身的生命活动也作为对象。而只有当人在他所创造的对象世界中体验到自身生命活动的韵律，意识到自身的创造、智慧和力量，并引起情感上的某种愉悦和满足，唤醒人的审美需要。只有通过这种对象化的活动，人的自我意识才会真正确立，人也才会真正摆脱实用需要的牵绊而仅仅从“直观自身”的角度去把玩对象的形式及其意蕴，从而使审美意识最终从混沌同一的原始意识中分离出来，转变为一种独立的意识形式。只有当审美意识作为一种独立的意识形成出现后，才意味着审美活动的真正发生。

总之，审美活动源于由人的生命的有限性与无限性相矛盾统一所引发的精神自我超越的需求，而这种自我超越的需求亦构成了身体（即人的生命活动）自身的一个维度，是与其生物学性能和社会学性能相并列的另一个新的维度——精神自我超越的维度，或称之为身体的“形而上”

的维度。审美主体便是凭借着身体的这一“形上”维度建立起来。

（三）审美潜能

在审美活动中，人作为主体，其自身的物质和精神结构也决定和制约着审美关系。审美活动作为一种精神活动，主体的精神结构发挥着突出的作用。因此，并不是所有人都可以成为审美主体，只有那些既有审美需要，又有审美能力的人，才能成为审美主体。这种审美能力在未被激发的时候可以称之为审美潜能，即相应的生理－心理结构。

审美的生理－心理结构是人性的一部分，它的来源有二：其一是先天遗传，包括生物性的遗传，还有一种“既得性遗传”，就是说，人类后天所获得的心理成果，能逐渐影响以至于改变人的生理机制而遗传下来。其二是后天培养。审美作为人类的高级的精神生活，是人之为人的一个重要本质之一，严格地说，动物的那种形式快感、游戏快感，只能是审美的胚胎，还不能说是审美。人的审美需求、审美能力、审美修养更多地靠后天培养。审美的生理－心理结构的后天培养通常有两种情况：一种是自觉的，另一种是不自觉的。它不明确地确定审美这一任务，但在日常生活以及各种专业性的工作中人们能感受到美的存在。经过天长日久的审美熏陶，不仅人的审美心理结构而且人的审美的生理结构也会发生某些变化。审美生理－心理结构做为一个结构系统包括相互依存的外在结构－审美感官结构和内在结构－审美心理结构两部分。

审美感官结构是审美能力结构的外在层次或外在结构，因而又可称为外在感官结构。审美感官结构的形成，是一个漫长而复杂的过程。人类在长期的社会－审美实践过程中，一方面不断地认识和改造客观的外在世界，一方面也不断地认识、改造和发展主观的内在世界。这是一种相互交融、促进的人类自身发展、进化的“双向改造”运动过程：以对外在客观世界的改造为基础，以对内在主观世界的改造为目的，而使人类自身的发展、进化日臻完善。在这种“双向改造”的运动过程中，人类社会－审美实践的伟大力量和人类自身的本质力量的不断“碰撞”，就产生了人类审美意识的最初“火花”，它们又通过实践不断地内化（“积淀”）于人类的感官，久而久之，就使人类的生理感官具有了社会－审美功能，而最终成为能够发现、感觉、欣赏美的形式的审美感官。

马克思说：“只有由于属人的本质的客观地展开的丰富性，主体的、属人的感性的丰富性，即感受音乐的耳朵、感受形式美的眼睛，简言之，那些能感受人的快乐和确证自己是属人的本质力量的感觉，才或者发展起来，或者产生出来。”[15]审美的能力不是人的一种自然的属性，而是随着人的社会实践的发展，才逐渐丰富和发展起来。马克思也说：“只有音乐才能激起人的音乐感；对于不辨音律的耳朵来说，最美的音乐也毫无意义，音乐对它来说不是对象，因为我的对象只能是我的本质力量之一的确证，从而，它只能像我的本质力量作为一种主体能力而自为地存在着那样对我来说存在着，因为对我来说任何一个对象的意义（它只有对那个与它相适应的感觉来说才有意义）都以我的感觉所能感知的程度为限。”[16]音乐感包括听觉的能力和对音乐的感受、理解能力，正是这种能力使得对音乐的审美成为可能。只有人先有了审美的能力，美才向人展开。

15.［德］马克思著，刘丕坤译．1844年经济学哲学手稿．人民出版社，1979年版，第79页。
16.［德］马克思著，刘丕坤译．1844年经济学哲学手稿．人民出版社，1979年版，第79页。

审美心理结构是审美能力结构的内在层次或内在结构，因而又可称为内在感官结构。审美心理结构远比审美感官结构复杂。它不是像审美感官那样，可以对审美客体进行直观地感觉，而是对审美感官通过感觉得到并传递到审美主体的大脑的审美客体的表象，进行审美知觉、想象、体味、领悟和思索等一系列过程的整体的审美把握。因此，审美心理结构是一个多功能或机能综合作用的结构系统。一般地说，审美心理结构的诸机能，从低到高可以大致地区分为：审美知觉、记忆—回忆、审美情感、审美想象、审美直觉、审美意志、理性思维。

一般地说，审美心理层次构成由低到高可以大致划分为：审美经验层次、审美观念层次、审美理想层次。审美经验是审美主体在长期的社会－审美实践过程中，通过记忆机制形成于大脑（记忆仓库）中关于审美客体及与之有关的现象的表象、印象、感受的总和；它们经常在外界信息的“刺激”下，通过回忆而复现出来。它的基本特点是直接来源于客观外界的客观性和形象性，审美主体据此对审美对象进行形式的审美欣赏。审美观念是在审美经验基础上形成的关于美的主观看法、认识。它不是对审美经验的简单综合、归纳，而是对其自觉地理性参与的结果。审美主体可以据此对审美对象进行审美欣赏基础上的审美分析。审美理想比审美观念更进了一步，它是审美主体关于“美应当是什么样子”的主观认识“框架”。审美主体根据自己审美的理想可以对审美对象进行审美评价和判断，并可以自觉地进行美的创造。

审美心理层次的实质，是审美主体赖以进行审美过程的“内在模式”。内在模式是审美主体的审美经验、审美观念、审美理想的定型化，它们在审美主体进行每一次具体的审美过程之先就存在于审美主体的大脑之中，而成为进行审美过程的“根据”。审美过程的发生和进行，其“契机”正在于审美主休的内在模式和审美客体的外在形式之间的同构。对于具体的审美主体来说，不论是审美经验，还是审美观念、审美理想，都是千差万别的，他们的内在模式也就是千差万别的。因此，任何一个审美主体的内在模式都是独具个性、只属于他自己的。

人类审美感官结构的发展和审美心理结构的发展是同步进行和互相促进的；离开审美感官结构的审美心理结构的发展，和离开审美心理结构的审美感官结构的发展，都是不可想象的。它们相互依存和渗透，和谐运动和发展，构成了审美主体完整的审美能力结构。图示如下：

- 审美能力结构
  - 审美感官结构
    - 审美感官构成：眼、耳
    - 审美感官功能：感觉（视、听）
  - 审美心理结构
    - 审美心理层次构成
      - 审美经验层次
      - 审美观念层次
      - 审美理想层次
    - 审美心理机能构成：知觉、记忆—回忆、情感、想象、直觉、意志、思维

总之，在审美过程中，审美主体的审美能力结构就表现为审美感官结构对应于美的外在形式，审美心理结构对应于美的内在结构，审美主体循着审美感官结构进而到审美心理结构的“轨迹”，使审美过程由美的外在形式进而进入美的内在结构。在审美过程的进行中，审美感官结构的感觉功能一开始就和审美心理结构的知觉机能结成审美感觉－知觉结构，以审美感知的方式运行，整个审美过程就以此为先导，记忆－回忆、情感、想象、直觉、意志、思维等审美心理机能也

依次或交叉运行起来。

二、审美对象

图2.2 《墨竹谱》

审美活动的发生是审美主体与审美对象双向的作用。审美对象是已与审美主体建立了审美关系，依赖于审美主体而存在的美。审美主体有一种从客观美中确认审美对象的能力，审美主体在改造和创造审美对象时，使审美对象以新的形象被审美主体产生出来，同时又创造新的审美对象。

值得注意的是，审美活动是一种知觉的认知活动，对象的各种要素刺激主体心理，产生情绪反应，触发思维活动，因此，主体就把这些审美要素或者说形式看作“有意味的形式”。对象方面所提供的这些审美要素和条件充分与否，是刺激主体产生美感与否的基因。即审美对象要对审美主体产生作用，即审美诱导。审美诱导，一在诱，它决定了客体审美潜能的质的优劣；二在导，它决定于客体审美潜能质的不同。审美的诱导在于非功利的，它重在外在的形象对感官的吸引。正如杜夫海纳说：“当审美对象不能使我们感到惊奇、使我们发生变化时，我们就不能完全把它看成审美对象。”[17]当然，主体所产生的美感强烈与否，除客体方面提供的要素和条件之外，还有主体以往积累的审美经验、趣味趋向、个人天赋等诸多方面的影响。因此，就审美活动所需要的基本要素和条件来说，一方面，是客体提供的审美要素是否充分，即客体的审美信息源数量的大小；另一方面，主体所具备的审美认识的主观条件是否充分；这主客观双方之间多种要素的相互作用，就是产生美感的必需要素，也是形成审美意识、审美观念的必需要素。这也就是说，在审美认识活动中，对象的重要基础作用就是提供审美所需要的自身的某些要素和条件。总之，审美活动的发生在于具有一定审美能力的主体与具有某种独特之处的对象的直接相遇和契合，即客体也要具备一定的审美潜能，它包括以下几个方面：

（一）任何一种对象要成为审美对象必须以一定的客观物质材料作为基础。就如任何一种艺术形式都离不开一定的物质基础一样，绘画离不开画布（画纸）与作画工具、音乐离不开乐器和音响，文学离不开文字等。但并不是所有的物质属性都能成为审美对象的条件，具备某种特殊的感性物质因素是对象能否成为审美对象的必要条件。如，我国古代文人欣赏的竹子，它一方面作为文人高洁气质的象征，但更重要的是它本身具有独特的审美品格。吴镇的《墨竹谱》之七（图2.2）竹竿的挺拔、竹枝的柔韧、竹叶的形态以及它具有音乐感的排列，在微风吹拂下更显得摇曳多姿。离开这些物质条件，竹子不能成为审美对象。

17.［法］杜夫海纳著，韩树站译．审美经验现象学．文化艺术出版社，1996年版．第448—449页。

一般来说，审美对象的物质因素主要是指构成具体事物的颜色、线条、形状、音响等可以被人的耳朵、眼睛所直接把握的感性属性，这是由审美活动根本上是一种精神观照活动所决定的。事物一定的感性物质因素作为构成审美对象的自身条件，决定了审美对象必然具有一种客观性，因而审美对象并非主体心造的幻影，它不是某种可有可无的东西，也不是某种可以由主体任意摆弄的东西。值得注意的是，构成审美条件的诸种物质因素，它们并不是各自独立、互相外在的。其中任何一种单独的物质因素如果脱离整体的对象结构，就都是抽象的、没有意义的。黑格尔说："在音乐里，孤立的单音是无意义的，只有在它和其他的声音发生关系时才在对立、协调、转变和融合之中产生效果，绘画中的颜色也是如此……只有各种颜色的配合才能产生闪烁灿烂的效果。"[18]对审美对象来说，问题的关键不仅仅在于它是否拥有构成审美条件的某种物质因素，还在于这些因素是怎样被组织起来整合于对象之中的。审美条件的各种物质因素之间相互依存、相互联系的组合规律，就是审美对象的形式规律。

（二）审美对象之所以会具有客观性，并非仅仅因为构成审美对象的物质材料具有客观实在性，这些客观物质材料总是承载着、蕴涵着一定的客观生活内容。具备审美价值的事物就存在于人的生活世界中，或者说，具备审美价值的事物首先必须是人的生活世界中一个具有实在性的事物。那些尚未进入人的世界的事物，即使存在着，也是一种本然性的存在物，不能成为人的审美对象。现实生活中任何一种形状总是某一具体事物的形状，任何一种色彩、音响也都必然与某种具体的事物联系在一起。如人在欣赏艺术时，首先接触的也是作品的外在形式。宗白华说："艺术有'形式'的结构，如数量的比例（建筑）、色彩的和谐（绘画）、音律的节奏（音乐），使平凡的现实超入美境。但这'形式'里面也同时深深地启示了精神的意义、生命的境界、心灵的幽韵。"[19]他认为在艺术创作中要有形式的创造，所谓形象就是内容和形式。宗白华揭示出艺术作品是形式与内容的统一，形式对于内容的传达具有重要的意义。所谓形式，是指某物的样子和构造，区别于该物构成的材料，它是艺术的整体面貌。每个艺术家必须创造自己独特的形式，艺术品能够感动人，不但依靠新内容，也要依靠新形式。假若观众无动于衷，那才是形式主义。真正的艺术家是想通过完美的形式感动人，自然要有内容，要有饱满的情感，还要有思想。

（三）审美对象的非实体性和开放性。审美对象都不能离开一定的感性客体，而且这种感性客体本身还必须具备某种审美价值，但是，审美对象却并不直接地就等于这种感性客体。审美对象不仅不是一种物质实体，而且它也不是精神性的实体。它是物质与精神、客观与主观相互渗透从而熔铸成的一种独特意象，审美对象就存在于审美主体对具备一定审美价值属性的客观事物独特的观照和体验中。美国学者苏珊•朗格将艺术家创造的艺术形象称之为"幻象"，她在《艺术问题》一书中说："艺术'幻象'并不是虚假的，不是对自然的改良，也不是对现实的逃避；它是艺术的'要素'，用这种'要素'制成的是一种半抽象的，然而又往往是一种独特的和给人以美的感受的表现形式。我们说艺术形象是一种幻象，这仅仅是指艺术形象是非物质的。"[20]就如舞蹈"当你在欣赏舞蹈的时候，你并不是在观看眼前的物质物——往四处奔跑的人、

18.［德］黑格尔著，朱光潜译．美学（第二卷）．商务印书馆，1996年版，第371页。
19. 宗白华．美学散步．上海人民出版社，1981年版，第195页。
20.［美］苏珊•朗格著，滕守尧等译．艺术问题．中国社会科学出版社．1996年版，第85页。

扭动的身体等；你看到的是几种相互作用着的力。正是凭借这些力，舞蹈才显得上举、前进、退缩或减弱。”[21]“演员所作的一切都是为了创造出一个能够使我们真实看到的东西，而我们实际看到的却是一种虚的实体。虽然它包含着一切物理实在——地点、重力、人体、肌肉力、肌肉控制以及若干辅助设施（如灯光、声响、道具等），但是在舞蹈中，这一切全都消失了。一种舞蹈越是完美，我们能从中看到的这些现实物就越少。”[22]如欣赏芭蕾舞剧《天鹅湖》（图2.3），不只是欣赏演员腿的擦地、伸展、击打和划圈等动作，或者是各种跳跃、旋转和转身，而是通过舞蹈演员的身体动作、布景、灯光、音响等因素共同创造出来的“幻象”，这种“幻象”是作为一个浸透着情感的形象而对我们起作用的，并将我们引向一个具有丰富意蕴的独特境界。在审美中，审美主体对审美对象总是会有选择性，正是在这创造性的观照中，审美对象才从它所依存的客观事物中被分离和突显出来。在整个审美活动中，并不是只有审美客体就可以，还需要审美主体的介入，因此审美对象不是实体性的，审美活动不是一种单纯的静观，而是一个积极的建构的过程。

图2.3 芭蕾舞剧《天鹅湖》

第二节　审美活动的发生

审美发生包括两个方面，第一个方面是人类审美的发生；第二个方面，即个体审美的发生。个体审美的发生必须有前提，前提之一是个体与客体都具有审美潜能；前提之二是存在某种契机。即当具有审美潜能的个体与同样具有审美潜能的客体在特定的条件下邂逅，相互激发对方的审美潜能，审美就发生了。

一、审美主体的存在状态

审美活动并非仅仅是由于审美对象的存在才获得了自身存在的根据的一种无根源的、抽象的精神活动，也就是说，并不是有了审美主体、审美对象的存在，审美活动就发生了，与其这样说，还不如说由于审美活动的发生才使审美主体和对象得以生成。在审美活动发生之前和之后既不存在抽象的审美主体，也没有审美对象，它们只有在一定的审美活动中才有价值和意义。因此，美并不是先于人而存在的，它只存在于审美活动中，审美活动比美更具优先性和根本性。审美活动作为最能体现人的本质的一种活动方式，它也是人最本真的一种存在方式。只有在审美活动中人的本质力量才最充分地显露出来。

审美活动由审美主体和审美对象共同构成，主体对审美对象所持的

21.［美］苏珊•朗格著，滕守尧等译．艺术问题．中国社会科学出版社．1996年版，第33页。
22.［美］苏珊•朗格著，滕守尧等译．艺术问题．中国社会科学出版社．1996年版，第33页。

态度，主要是心理状态。它受时间、地点等客观条件影响，亦受心境、情绪等主观心理因素影响。在审美活动中审美主体处在一种独特的存在状态中。

第一，在审美活动中主体要从日常现实生活中脱离出来，以一种超越的状态存在。日常生活是人最普遍、最寻常的存在方式。所谓日常生活，一般来说指的是与社会的政治、经济、军事等有组织并具备一定规模的公共性的活动方式相区别的私人化的生活方式和生活领域。在日常生活中，每个人的地位和角色都是确定的，人的行为、思维模式等被一种无形的社会力量所规范和约束，在其中人们采用的往往是常规性的行为模式。日常生活表现出繁琐性、重复性、平常性等特点，由此使人产生惰性，不愿违背常规，形成惯常的行为、思维等。

与日常生活相比，审美活动则使人从平凡、琐碎的日常世界中超脱出来，它表现出对日常生活习惯性状态的反叛和颠覆，它以一种不同于日常的视角、行为和思维来对待对象。如，朝霞、蓝天、夕阳、灿烂的星空等美妙的自然景观，我们经常遇到但因为习以为常而往往忽略其存在。当然从日常生活感受向审美体验的转变，须经由生命体验的自我超越来实现，这一超越性追求的驱动力便来自身体的“形上”维度。正是身体为突破自身的有限性而力图面向无限开放的那种精神需求，促成人对自己原有生命体验的再体验，使之向超越性的审美体验转化，并由此带动了身体本身由生存与实践的主体转变为审美主体。审美主体通过审美活动生成，同时又主导着审美活动的进程，两者互联互动，并行不悖。所以说，以“形上”维度为基点的身体构建了审美主体，并引领着审美活动的行进。

我们将审美体验理解为人对其原有生命体验的一种再体验，离开了这种把原有生命体验予以对象化观照的再体验，就很难实现生命体验的审美超越。而经过超越后的审美体验，它区别于原有生命体验的，是去除了那些与一己当下的利害得失紧密相关的杂质，从而使生命的本真意义得以凸显出来。

以欣赏艺术作品为例，一件艺术作品尽管具备了审美属性，若没有以审美态度去观照和体验，那么它同样不能成为审美对象。正如海德格尔所说：“如果我们从这件作品的未经触及的现实性角度去观赏它们，同时又不自欺欺人的话，就必将看到，这些作品就是自然现存的东西，与物的自然现存并无二致。一幅画挂在墙上，就像一支猎枪或一顶帽子挂在墙上。一幅油画，比如说梵高的那幅描绘一双农鞋的油画，就从一个画展周游到另一个画展。人们运送作品，就像从鲁尔区运送煤炭，从黑森林运出木材一样。战役中的士兵把荷尔德林的赞美诗与清洁用具一起放在背包里，贝多芬的四重奏被存放在出版社的仓库里，就像地窖里的马铃薯一样。”[23]对于审美活动而言，没有抽象的、无主体的绝对对象，也没有抽象的无对象的绝对主体，只有在具体的活动中，事物某种潜在的价值才转化为现实的价值。同一事物有多种价值属性，而审美属性只是其中的一种，在不同的活动中展现其不同的价值。

当审美主体与审美对象保持一种亲在性关系时，主体的内心活动就会处于一种自由的体验与想象状态。对象进入我们的视野，心灵就会留下一种景象，这时，作为主体的人与审美对象的关系在审美体验中变成了一种主体间性关系。因为作为主体的人的身心活动已进入合一体的一种自觉自由的运动方式。审美主体与审美对象的关系在审美体验活动中具体表现为两种形态：

23.［德］海德格尔著，孙周兴选编．海德格尔选集（上）．上海三联书店，1996年版，第239页。

一是主体与对象共在的一种即时状态，体验与体验对象之间构成一种实在性关系；二是主体与对象不在同一体验。前者常通过体验本身揭示着一种审美认知与鉴赏关系，后者则常常通过体验显示出一种审美状态与自由之境。前者与对象保持一种亲在性的审美关系，后者与对象保持一种想象的虚幻性关系。

在亲在的主体性审美体验中，人并非总是带着个人主体性进行认知，此时，他们常常抛弃了个人的偏见和局限，坦诚地面对生活世界本身。体验者被对象所吸引，这时，审美主体化作了对象本身。体验本身即是为消解感性与理性的对立，主体与客体的对立。体验即是一种投入，一种发现，对于审美者来说，永远需要新异的刺激。总之，一切必须使主体感到有一种陌生感，或者通过一种生动的呈现唤醒审美体验者久远的记忆，让他有一种亲切感。审美体验的内容是不会轻易消逝的，唯其全身心的生命投入，所以它总是保持着最清晰、细腻、生动、具体的生命记忆。

审美的情感体验并不能等同于普通的情绪心理，它不仅含有生理的机能，还具备着丰富的社会内容，因此单纯从生物学维度来理解审美也是不妥当的。人的实际生活感受中本来就有大量的社会因素存在，其够得上称之为生命体验的，更含藏着深刻的社会意蕴。由现实生命体验转化为超越性的审美体验，虽然剔除了其中混杂着的个人实用功利性成分，却并不排斥其社会内涵，不但不排斥，反倒由于剔除杂质，净化了原有的体验，而使其所蕴含的生命本真（连同其所具有的社会意义）更凸显。这就是为什么审美体验尽管具有超越性，却仍属社会意识心理的范畴；而作为传达人的审美体验的各种艺术样式，也仍然可归入社会意识诸形态的缘由。审美既然在本质上属于社会现象，要把握其社会意义，又须依仗身体的社会学机能，因此，审美的人不仅应该是感性的人，同时也应该是社会的人。

审美主体在纯粹的审美体验中只需要五官感觉活动或者身心的自由活动，即在审美主体的感知世界里，纯粹是一种享受的体验的记忆的活动，当然，审美体验作为生命体验的一种自由而独特的方式，它并不总是摄入美的内容，而是将生命的全部丰富性内容包括喜怒哀乐等融摄在一起。

在审美活动中，审美变成了主体对生命经验的一种还原、反省、重构与想象。创造者的审美体验即再一次去体验那已经体验过的生活并从中发现生命存在的意义。如果说审美认知中的审美体验充满了直观性，那么，审美创造中的审美体验则充满了反思性。在创造者看来，实际的创作活动即如何通过体验去发现一种真理，发现一种存在探究作品的意义。

在审美活动中，审美主体忘掉自己，贴心地投入到对象中去，这种变身性体验使创作本身充满最真实最强烈的情感内容，具有最真切的生命活力。艺术体验本身就变成了一种感动，即创作者首先感动了自己，然后他人的创作或表演本身才能感动接受者。这种最深刻的内在审美体验需要创作者感同身受，最真实最具想象力地去理解他者，即在主体内部形成一种主体间的转换。

因此，审美活动实质上就是一种体验性的自由意象与生命意义的生成活动，唯其是体验，所以，它是充分自由的，这里，没有戒律，也没有约束，更没有概念，创作者通过体验本身来展示真理，通过形象的描摹来表现真理，通过反思性体验来确证存在的真理。审美体验活动永远呈现出具体的关系，这种关系性呈现以个体的生命体验为根本，以原初性的生活事实为依托，以思想的主体性认知为价值皈依，以主体间性的价值交往为目的。

第二，在审美活动中，人是一种自由的存在方式。席勒认为："只有当人充分是人的时候，他才游戏；只有当人游戏的时候，他才是完全的人。"[24] 席勒所说的"游戏"不是一般所说的戏耍嬉戏，指的是人在摆脱了物质欲望的束缚和道德必然性的强制之后所从事的一种真正自由的活动。这种自由活动的显著特点就在于它是对事物纯粹的欣赏和玩味，不去计较事物的有用性。因此，席勒所说的"游戏"就是审美活动。在他看来"游戏"是"人性的完满实现"，人只有通过追求自由本性的审美活动，人才从片面走向完整、从单一走向丰富，从被分裂的现实人生回到本真世界。

第三，在审美活动中，人暂时摆脱现实的功利关系，处于超功利的存在状态。我们将生活态度分为工作态度和非工作态度。工作态度有两个重要特点：一是功利性，二是科学性。这两个特点决定了它是意志的行为、理性的行为。在意志与理性的控制下，人是很难进入审美态度的。审美态度是非功利的、感性的。非功利性或非利害性是审美态度的核心。"利害性"的含义包括两个方面：一是实际功用，二是伦理意义上的善。审美态度是实现审美的前提，可以分为两个层次：一是功利悬置。功利悬置不是去掉功利，而是不从功利角度去对待事物。二是审美超越。超越是审美态度的最高层次。超越，最为突出的特点是让审美向精神层面提升，它不仅实现了对功利的悬置，而且将审美中诸多对立关系实现了化除。审美主体与审美客体在主体精神层面上实现了统一，主体内部感性与理性在观照形式下实现了统一，认识与体验在创造意义上实现了统一，真善美在境界层次上实现了统一。

人不是以征服者的姿态去实际地拥有对象，人扬弃对物有用性的考量。与物不是对立的关系，而处于和谐统一中。在审美活动中，人才真正体验到一种前所未有的自由感和解放感。综上可知，在审美活动中人是最本真的存在状态和方式。

二、审美意象的生成

审美对象只有在具体的审美活动中才能得以显现和生成。这需要审美主体的积极投入，审美主体一方面摒弃了事物实际的一面，也摒弃了我们对待这些事物的实际态度，使人从日常的状态中解放出来进入审美的状态；另一方面，把对象从世俗的功利关系中解放出来，使之作为审美对象向人呈现。在这两者的共同作用下，人进入审美体验中。此时，主体的各种心理因素被充分调动起来，如感知、理解、想象、情感、回忆等。处于审美体验中的人不是去客观地认识对象的物理属性，而是把对象完全接纳到自己的生命世界中，并通过与对象的交融将自己生命的本真状态全部呈现和显露出来。

审美对象从它所依存的客观事物中被抽离出来的过程，既是外在事物从实向虚的能动转化过程，也是审美主体内在的本质力量充分对象化的过程。如英伽登分析《米洛的维纳斯》(图 2.4) 说："到过巴黎，见过名叫'维纳斯'的那块大理石的人都知道，这块大理石的许多属性，不仅不能有助于审美经验，反而会妨碍这种经验的实现。为此我们总是尽力忽略它们。例如，'维纳斯'鼻梁上的一块污痕，或她的胸脯上可能是由于水的侵蚀而产生的许多粗斑、空穴、水孔等

24.［德］席勒著，冯至，范大灿译．审美教育书简：第十五封信．北京大学出版社，1985 年版。

等，就会有碍于对它的审美感觉。在审美经验中，我们会忽略这块大理石的这些特殊性质，好像根本就没有看到它们。我们似乎看到它的鼻梁毫无瑕疵、胸脯平滑，所有的洞穴都被填上，还有完好的乳头（实际上这乳头已经给毁掉了）等。我们在‘思想’中，甚至在一种特殊的知觉反映中补充了对象的这些细节，使其在给定的条件下有助于造成审美印象的最佳条件，更确切地说，我们给我们的审美对象的形状补充的细节使它通过在特定下出现的审美价值完全展示出来。这种过程对一块真实的石块的认识或调查研究是根本不合适的。可是在‘审美认识’中，却‘非常合适’。”[25]在审美主体与“维纳斯”融会的双向互动中，就必然使对象超越原来客观的实在事物，变成一种主客观统一的新的精神客体。如郑板桥所说：“江馆清秋，晨起看竹，烟光日影露气，皆浮动于疏枝密叶之间。胸中勃勃遂有画意。其实胸中之竹，并不是眼中之竹也。”所谓“眼中之竹”是指现实中竹的客观形象作用于画家的感官而产生的印象；“胸中之竹”是指现实中竹的形象和画家思想感情相结合而形成的意象，意象中竹的形象，不仅不同于生活原型，也不同于表象，而是客观中竹的形象与理性、情感的结合体。（图 2.5）

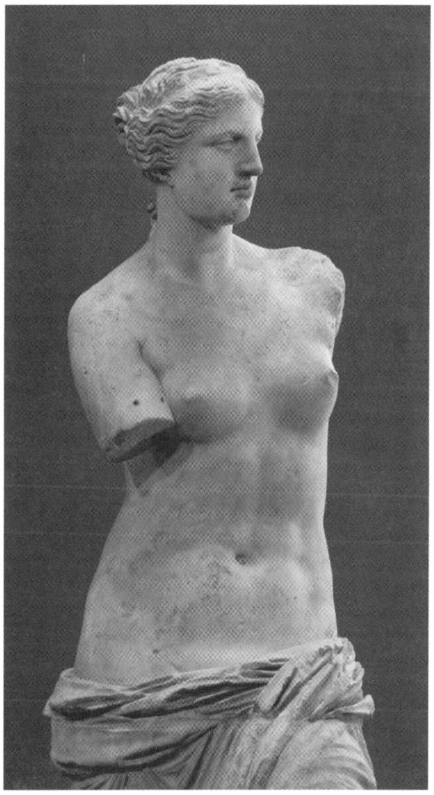
图 2.4 米洛的维纳斯

从审美客体到审美对象的转化——即审美意象的生成——是一个客体的主体化和主体的对象化同时发生的双向建构过程。一方面，由于此过程中，客体的显示是相对于“我”的显现，是在我的视域中呈现为如此这般的存在，“故物皆著我之色彩”，成为进入我的生命世界之中的存在，因而也就成为只属于“我”的“对象”。另一方面，“我”借此客体的触发而获得了我的对象性存在的确证，我也就“对象化”为我的生命世界。在此过程中，主体和客体同时完成了各自的“质变”——客体主体化为“对象”，主体对象化为“世界”，而相互交融一起进入一个新诞生的“生命世界”中，审美意象由此诞生。

主体的对象化不同于西方美学中的“移情说”。朱光潜认为，移情就是“人在观察外界事物时，设身处在事物的境地，把原来没有生命的东西看成有生命的东西，仿佛它也有感觉、思想、情感、意志和活动，同时，人自己也受到对事物的这种错觉的影响，多少和事物发生同情和共鸣。”[26]这说明移情是单向性，是主体向客体的单向移情，而不是主客体的双向建构。移情说是在心理学的层面对审美活动中主体心理活动的描述，其本质是把主体自身当作一种客体来置换审美客体，从而把客体“主观化”而不是“主体化”，也就遮蔽了客体自身的存在。“移情”虽是审美活动

图 2.5 郑板桥的墨竹画

25. [波兰] 罗曼•英伽登. 审美经验与审美对象. 见M. 李普曼著. 当代美学. 光明日报出版社，1986 年版，第 292 页。

26. 朱光潜. 西方美学史. 人民文学出版社，1979 年版，第 584 页。

中经常发生的心理现象，但不是审美活动所必然发生的现象。因为主体的对象化指的并不是主体的思想情感的主观投射，而是指主体从日常主客对立状态中的“片面的”“我”的存在转换为真正拥有属我的生命世界的本真圆融的存在状态。因此，仅从移情现象出发，不可能获得对审美活动的真正理解。

综上所述，审美客体能否生成为审美对象，取决于客体与主体之间能否构成“对象性”的关系。正如马克思所说：“对象如何对他说来成为他的对象，这取决于对象的性质以及与之相适应的本质力量的性质。”[27]这种在实践中建构起来的人和自然构成为一个整体的生命世界的对象性关系，是审美活动得以发生的存在论基础。在审美活动中所呈现出来的主体与客体融为一体的完整存在，其实就是对在实践中经由“自然的人化”和“人的自然化”在历史的演变过程中发生的人与世界的一体化存在的一种直观体验。

第三节　审美活动的特点

审美活动是审美经验的现实形态，是人的感性的、实在的活动，它一方面是审美潜能的实现，另一方面是审美心理的源泉。审美活动可以分为两类：一是相对独立型的审美活动。这主要指两种活动：一种是自然美欣赏活动，另一种是艺术活动，艺术的世界本就是一个虚幻的世界，艺术本身不具功利性，它的功利性主要在于它对现实生活的影响。二是相对依附型的审美活动。首先是生产活动，它本质上是一种经济活动，也具有一定的审美性。如设计美强调实用与审美相结合。不管是何种类型的审美活动都具有如下特点。

一、个体性

认识活动追求的是一个普遍的真理，而审美活动则具有个体性。审美活动是具体的活动，表现在作为审美主体的人是个体的人，而不是抽象的人类和人群。这就是康德所说“审美判断是单称判断”。所谓个体性，指的是人所具有的自主、自动、自由、有目的的活动的特征。审美活动需要个体主动地参与和投入，它的主体性和个体性特征比其他人类活动更加强烈。它不仅是具体的、独特的，而且永远是一次性、不可重复的。不同的人面对同一对象，会产生不同的审美感受，获得不同的审美体验，形成不同的审美境界。如，面对秋天的枫叶，在杜牧的眼中是：“停车坐爱枫林晚，霜叶红于二月花。”表现他悠然闲适的心境。在《西厢记》崔莺莺的眼中则是：“晓来谁染霜林醉，总是离人泪。”在戚继光的眼中则是：“繁霜尽是心头血，洒向千峰秋叶丹。”秋叶呈现出豪迈悲壮的色彩。审美活动本质上是一种体验活动，它最突出地体现为当下性。审美是个过程，而且是当下的过程，它当下产生，过去了，这个过程就完结了。

当然，审美的个体性与审美具有全人类性并不矛盾，这是因为人的生理与心理结构相近，对于审美可以有共同的规律，在审美判断上也有相近或一致的地方。审美活动是一种具有个体性的活动，要主体自身参与的活动。审美活动中的体验是一种瞬间的体会，同时它也会随着人生的变化而不断变化、丰富。

27.［日］今道友信著，李心峰等译．美学的方法．文化艺术出版社，1990 年版，第 82 页。

二、感性

审美活动与认识活动不同，认识活动是一种理性的、逻辑的活动，而审美活动是一种感性的、情感的活动。它是审美主体对对象的感性的把握。审美活动是一种具有感性特征的人类活动。这里的感性，是指一种人的感性生命——生理欲求、情感、个性等。审美活动往往体现并满足感性生命的要求，从直观感性形式出发，但它始终不脱离生活与生产劳动及其结果的直观表象和情感体验形式。美是合规律与合目的性的统一，审美活动伴随一定的理性内容。但审美活动不同于一般的认识活动，所以审美活动中的理性内容并不以概念为中介，它不是以概念形式出现，而是以情感、想象为中介，以形象为载体。正是如此，审美活动才保持着自由的独立品格。

感性有三个方面的意义，一是知觉性，二是情感性，三是想象性。知觉性指的是人对对象的感性把握，使人首先形成对事物个别性质的认识，这就是感觉，然后将个别的感觉整合起来，形成知觉。知觉所获得的形象是完整的，它是审美产生的标志。当然审美所强调的感知把握并不排斥理性识见。情感是感性与理性的中介。想象与逻辑推理并列为人类思维的两大形式。人的理性仍然潜在地影响着想象：或规范想象，或指引着想象。想象以形象为基元决定了想象的感性性质，想象以理性为潜在指导决定可想象的理性意蕴。这样，一方面是感知中的理性，是情感中的理性；另一方面是想象中的理性，它们共同决定了审美达到的对事物理性把握的高度，只是这是一种非概念的理性把握。

三、自由的愉悦性

审美活动是一种超功利的人类活动。这里所谓的功利性是狭义的，指的是物质功利性。审美活动的超功利性，使它与一切有着直接或间接功利目的的活动相区别开来，那些功利性的活动包括生物本能活动、物质实践活动等。它是一种整体的、根本性的超功利性的活动，它将人向着完整的自由存在状态提升。审美是一种超功利性的人类活动，这种超功利性表现为它不需要从实体上占有或拥有对象，而只是观赏对象的外形。

审美具有愉悦性，康德认为愉快有三种："快适的愉快"、"善的愉快"和"美的愉快"。李泽厚在《美学四讲》中谈到有悦耳悦目、悦心悦意、悦神悦志三种审美形态，这是关于人身心结构的传统分析，分别是身体、灵魂和精神。愉悦首先是身体的，然后是灵魂的，最后是精神的，由此"愉悦"有形而下与形而上之分。形而下之愉指的是感官之愉，是声、色之愉，通过满足身体感官欲望而获得愉悦，是一种纯粹的感官消遣活动，也就是"快适的愉快"。美感不同于生理快感。生理快感所需要的不仅是事物外在的形，而且需要本身的一种感性存在，是一种占有，以消灭对象为满足。形而上之"愉快"指的是精神之愉，寻求的是心灵、精神上的审美愉悦，"善的愉快"和"美的愉快"是形而上的精神之愉。形而上的精神之愉，就其本性而言是指向"游戏"的。游戏以自身为根据和来源，并始终强调自身的达成，此外无它，在"游戏"中人获得最大的自由。[28]但是"善的愉悦"又不等同于"美的愉悦"，如"助人为乐"，即从帮助别人中获得快乐，很显然这一行为是具有目的性的，它的目的就在于帮助某人解决某一问题。美感是让对象自由存在，对它不起欲念，把它当作心灵认识、精神愉悦的对象。朱光潜在《我们对于一棵古松的

28. 李珊著．倪瓒绘画美学思想．: 哲学与文化．第三十八卷第九期。

三种态度》一文中指出三种不同态度所表现的三种价值观，古松是一种客观存在，个人所见的古松形象都带有几分主观的色彩，木材商人、植物学家与画家眼中的古松会很不一样。木材商人重视其物质功利价值，植物学家重其科学研究的价值，而画家体现为一种审美价值。审美活动与商业活动、科学认知活动有着本质的不同，审美活动让主体从有限、自私的占有欲中解放出来，超越物质功利性的束缚，获得的是一种自由。可以说，美感的愉悦往往是以视觉、听觉两种审美感官的快感为前提条件，又是在快感的基础上升华到一种人类高级的心理意识活动。

总之，审美活动是自律性与他律性的统一。所谓自律性，是指审美活动本身就是一个自身完满的世界，它不是手段，而直接就是目的本身。审美活动的他律性指的是它不是一个封闭孤立、与世隔绝的世界。审美活动在根本上受到物质实践的影响和制约；物质生产活动及生产关系所形成的社会关系，也会通过各种社会中介因素渗透到具体的审美活动中。

第三章
审美感受

从古希腊到近代，对美感的研究一直是美学的主要课题。费希纳在其1876年出版的《美学导论》一书中提出要把“形而上学的美学”和“形而下学的美学”区分开来。他把对美的哲学探讨，即从一定的哲学体系出发，经过哲学思辨和逻辑论证，用演绎的方法从一般到特殊来探讨美的本质的传统美学称为“自上而下的美学”。他认为美学必须从哲学体系中解放出来，着重研究主体的审美感受，经过不断的归纳去寻求美的法则。他把采取这种研究方法的美学称之为“自下而上的美学”。本章就要讨论美感的本质、美感的心理形式以及美感的特点。

第一节　美感的本质

美感（the sense of beauty，the aesthetic feeling）有广义与狭义之分。狭义的美感专指审美感受，指的是审美主体与审美客体构成审美关系后当下的心理活动。广义的美感还包括审美主体的审美意识，即审美理想、审美修养、审美能力、审美趣味等。我们在此讨论的美感主要是指狭义的美感，但也涉及广义的美感。

美学史上有关美感的讨论主要包括以下两种观点：一种观点认为美感是审美主体对审美对象的反映。早期唯物主义虽然认为美感是对美的事物的反映，但他们把这看成是人的生理的机能的反映。博克认为美依存于客观事物的某些可感属性，美感即是这些属性所引起的“松弛舒畅”的感觉。也就是，美感是由对象所引起的感官的快感。博克从人的生理机能来理解，认为美感是通过想象来满足人自身的一种根深蒂固的情欲。达尔文认为只要是动物都有美感。弗洛伊德认为美感是人的性的升华和冲突。马克思认为人不仅像在意识中那样理智地复现自己，而且能动地、现实地复现自己，从而在他所创造的世界中直观自身。人经过实践，在对象世界中能动地、现实地复现自己的本质力量，创造了美。由此人也从自己所创造的世界中直接观照到这一本质力量，引发由衷的喜悦获得美感。另一种观点认为，美感是纯主观的产物。如柏拉图认为美感是人的灵魂在迷狂中对理想世界的回忆和凝神观照时产生的欣喜。康德认为美感是一种不夹杂任何利害感、纯主观地、静观地鉴赏判断所获得的自由的愉快。20世纪美学流派众多，有关美感的研究出现了“移情说”、“内模仿说”、“直觉说”、“心理距离说”、“客观化的快感说”等学说，他们都将美感看成主观情感的产物。下面我们介绍20世纪出现的具有代表性的美感研究理论。

一、移情说

德国心理学家、美学家立普斯在他的《空间美学》一书中提出“移情说”。他认为审美对象表现出的由审美主体所赋予的生命和灵魂，使自身具有审美价值。审美享受是一种有价值的快感，这种快感是由观照对象所引起的，它不同于生理快感，而是我们内心的心境和意志状态。审美对象必须是被感情化的，并与审美主体是相对的“唯一”对象。产生审美享受的根本原因不在客体，而在“自我”的“内部活动”，美感是在一个感官对象里所感觉到的自我价值感。审美中的移情现象由两个基本方面构成：一是审美主体把自己的情感、意志和思想投射到对象上去；另一是对象本身是由线段、色调和形状等所构成的空间意志，能使审美主体的内在意识向它转移。由此主体和对象相互渗透，融为一体。如“感时花溅泪，恨别鸟惊心”，对于这两句的理解，过去的评论家有分歧，焦点在于“溅泪”“惊心”的是花、鸟还是人。若是花、鸟我们会觉得惊异，若读前面一句“国破山河在，城春草木深”，指向性就非常明显了，这是诗人目睹沦陷后的长安之萧条零落，身历逆境思家情切，不免感慨万端。诗人自己感时恨别，看到花上露珠晶莹，就好像花也泪凝眼角，听到飞鸟啭鸣，也好似鸟在惊啼。这是诗人以含情之眼视物，则物亦生情。以物之情写人之情，则委婉曲折，又深沉真挚。这就是典型的移情。

移情按其性质分为“实用的移情”和“审美的移情”两种，前者是在实际生活中，看到某种悲伤的表情或欢乐的微笑而令我们感动的同情；后者只有在摆脱了实际的利害感，进入纯粹的审美观照以后才会产生。他从三个方面界定了审美移情作用的特征：①审美对象是一种受到主体灌注生命的有力量、能活动的形象；②审美主体是观照的自我；③主体和对象相互渗透，融为一体。

二、内模仿说

一般来讲，人的模仿可以分为两种，一种是外模仿，也就是行为模仿，一种是内模仿，也就是心理模仿。谷鲁斯的“内模仿说”属于后者。谷鲁斯的内模仿说认为，凡是知觉都要以模仿为基础，看见别人发笑，自己也想发笑；看见别人踢球，自己也不禁跃跃欲试；甚至当人们看见一个圆形物体时，眼睛也就不知不觉地模仿它，作一个圆形的运动。但是，审美活动中的模仿虽然建立在知觉模仿的基础之上，却与一般知觉模仿截然不同。一般知觉模仿多数在筋肉动作方面表现出来，是外现的；而审美的模仿大半内在而不外现，只是一种内模仿，即在内心模仿外界事物。审美欣赏是同情地分享旁人的生活和情绪的产物。他把内模仿的运动知觉（包含了动作和姿态的感觉，特别这平衡的感觉、轻微的肌肉兴奋以及视觉器官和呼吸器官的运动）看作是审美活动的核心，围绕着这个核心，过去的经验的记忆和当前对形象的知觉才融为整体。由于内模仿的作用，审美主体会产生一种特殊的幻觉（Tauschung），把自我加以变形，投射到外物中去。如一个人在看跑马时，能心领神会地模仿马的跑动，享受这种内模仿所产生的快感，这就是最纯粹的美感欣赏。再如欣赏舞蹈，欣赏者会不自觉地跟随舞蹈者的动作、姿态将自己的身体加以变形，在内心深处模仿舞蹈者有节奏的运动，并由此获得审美的愉悦。

三、直觉说

克罗齐提出美是一种“直觉”。所谓直觉，是指一种对待事物的态度与方式。直觉是感受对象的外在形象，直觉中的对象与实用性、概念性割裂关系，表现为纯粹的直觉形象。克罗齐“直觉说”的核心是认为“直觉即表现”。他认为每一个直觉或表象同时也是表现。没有在表现中对象化了的东西就不是直觉或表象，就还只是感受和自然的事。心灵只有借造作、赋形、表现才能直觉。在他看来，在直觉之前，人的一切感受和情感都是杂乱无章的、无形式的，只有通过直觉，它们才能被心灵活动所掌握，才能得到形式，才能转化为意象。因此，直觉是最基本的感性认识活动，是心灵主动地将形式赋予原来杂乱无章的感受或情感之上，从而形成意象。于是，在克罗齐看来，直觉就是感受或情感被形成意象，或者说，直觉就是感受或情感被表现。这也就是说，直觉即表现。

克罗齐特别强调，直觉与表现是无法分开的。直觉即表现，表现即直觉。直觉只有在心灵中才能完成，因为美感经验就是一种聚精会神的心理状态，就是一种物我两忘的审美活动。审美的过程就是直觉的活动，就是将全部注意力集中到美的事物上，甚至忘记了人与物的区分，把整个的心灵全部寄托在美的事物之上了。正如朱光潜先生所说，物我两忘的结果是物我同一。观赏者在兴高采烈之际，无暇区别物我，于是我的生命与物的生命往复交流，在无意中我以我的性格灌注到物，同时也把物的姿态吸收于我。比如观赏一棵古松，玩味到聚精会神的时候，我们常不知不觉地把自己心中的高风亮节的气概移注到松，同时又把松的苍劲的姿态吸收于我，于是古松俨然变成一个人，人也俨然变成一棵古松。总之，在美感经验中，我和物的界限完全消失。

四、心理距离说

瑞士心理学美学家布洛提出“心理距离说”。他对传统的“距离”概念加以否定，这种概念通常在艺术上指“空间距离”——观赏者与艺术品之间的实际空间距离。而美学距离是一种心理距离——即介于我们自身和那些作为我们感动的根源或媒介的对象之间的距离。我们观赏者对于作品所显示的事物在感情上或心理上保持的距离，这种距离由于消除我们对作品的实用态度而使美感有利于快感，因而使我们对眼前的事物产生崭新的体验。布洛认为它是艺术创作过程中艺术气质的特征和审美过程中审美意识的主要特征。他认为这种心理距离有一种矛盾，即“切身又带有距离”的“距离矛盾”。欣赏者或艺术创造者与作品既要有切身感而不是冷眼旁观，又要带有一定距离。为了解决“距离的矛盾”，他提出“差距”和“超距”两个概念。“差距”是指主客体之间的距离太近，从主体方面说，是欣赏者不能用艺术的眼光去看待事物，艺术品只能引动人的普通的情欲；从客体方面说，是因为过分写实。“超距”是指主客体之间距离太远，它给人造成不可能、造作、空洞、荒谬等印象。“差距”和“超距”都是审美活动中的“失距”现象。他称这种距离的质变点为“距离极限”。凡是超出了“距离极限”，而进入失距领域的“欣赏活动”，都不会获得美感。有鉴于此，在审美活动中，主体与对象之间要保持适当心理距离，使主体以非理性、非功利的审美态度来对待对象，以实现主体与对象间的感情交流，促成美感的发生。保持适当心理距离，是审美活动和艺术活动的基本原则和重要环节。审美中的“距离”可以根据审美对象和审美主体的特点进行调整。

由于“差距”和“超距”之间有一个很大的范围，所以应当允许人们在欣赏活动中存在个性差异，即“距离的可变性。”布洛的“心理距离说”指出人的审美活动和人的现实活动的本质区别，强调审美活动中的普遍差异性，为审美活动的独特性和非规律性寻找理论根据，完全排斥对美的本质的追究，强调审美活动中主体方面的美感和艺术修养的重要性。

第二节　美感的心理形式

美感作为人类对美的主观反映，来源于美但又不等同于美。美是客观的，是引起美感的根源，是第一性的；而美感则是人类对客观美的认识、感受、欣赏、评价，是第二性的；美感虽然离不开美，但有了美才有美感。

美感是一种由审美对象所引起的复杂的心理活动和心理过程。在这个过程中，不仅由于审美主体的各种复杂的心理因素以及它们之间的相互作用，而且也由于审美主体本身受着种种个体的特殊条件所制约，因此这种心理活动的结果，更不是客观事物简单的、机械的复写和模拟。但是，美感受主观因素特别是心理因素影响很大。即使是同一个人欣赏同一个审美对象，由于境遇和心境不同，所获得的美感也不同。美感是人在审美活动中，多种心理因素包括感觉、知觉、联想、想象、情感、理解及潜意识等。

一、审美感知

审美的最初心理过程是感知，感知是感觉与知觉的合称。感觉是审美活动中最初的、最简单的心理过程，它反映的是事物的个别的属性。知觉是在感觉的基础上对事物整体形象的反映。知觉将感觉所得到的事物诸多个别属性综合为一个整体形象时，事物的意义得到了初步的彰显。严格地说，审美始于知觉。审美感觉与审美知觉统称为审美感知。审美感知具有如下特点：

（一）审美感知的限制性

美感作为一种心理活动，它建立在人的生理结构的基础之上。人有视觉与听觉的局限性，人的感觉能力都有各自的感觉范围。如人眼的视角极限大约为垂直方向 150 度，水平方向 230 度，如果在这个视角范围内都是屏幕，那么就会给我们一种身临其境的感觉。但这个角度太大，通常只有环幕电影才能达到这种效果。实际上，人视觉在 10 度是敏感区，10 ～ 20 度可以正确识别信息，20 ～ 30 度对动态东西比较敏感，当图像的垂直方向视角为 20 度，水平方向的视角为 36 度时，就会有非常好的视觉临场感，而且也不因为频繁转动眼球造成疲倦。正常人的可视距离为 300 米至 500 米，而远视眼人的分辨距离可以达到 700 米至 800 米。人类听觉范围在 20Hz—20000Hz，超出这些范围都会对审美造成一定的影响。人审美感知具有局限性，对于审美对象的结构和体积也提出了要求。亚里士多德指出，审美对象不但它的各部分应有一定的安排，而且它的体积也应有一定的大小；因为美要倚靠安排与体积，一个非常小的活东西不能美，因为我们的观察处于不可感知的区间内，以致模糊不清；一个非常大的活东西，例如一个一万里的活东西，也不能美，因为不能一览而尽，看不出它的整一性。

（二）审美感知的综合性

美感与人的全部感觉有关，人的全部感官都投入到审美中，如我们去一个风景区，用眼睛去看崇山峻岭、郁郁葱葱的树林；用耳朵聆听潺潺流水声，小鸟的鸣叫；用鼻子去闻花草的芬芳；用肌肤去感受空气的湿度等等。这样全身心投入到审美感受中才形成对风景区的全部感受。不仅在对自然的审美中需要将全部感官投入，在阅读中仍然需要调动所有感官。如元代散曲作家张可久的《金字经·湖上书事》："六月芭蕉雨，西湖杨柳风。茶灶诗瓢随老翁。红，藕花香座中。笛三弄，鹤鸣来半空。"这首曲子写出了审美的各种感觉，我们似乎听到雨打芭蕉的声音，仿佛看到西湖畔杨柳依依，闻到远处飘来的茶香，红色的莲花点染湖面，听到悠长的笛声，高空中的仙鹤为它伴鸣。人在审美活动中将所有的感官全部融入，获得生动、活泼的立体景象。

审美感知的综合性还表现在各种感觉之间的相互贯通上，感觉的贯通称之为"联觉"，又称"通感"。美国心理学家克罗奇提出"色听现象"，他认为生动鲜明的色彩形象可由一种声音，如某个音符唤起。音调与颜色联系因人而异，但是具有一种相当一般的一致性。如低音产生深色，高音产生浅色。他认为对于某一具体的人来说，音调与颜色的联系可能是有规则和相当稳定的。美感是人的感知对外界多种信息进行综合后的最初反映与创造，通过调动全部感官给我们呈现的是三维空间加上一维时间的活动图景。

（三）审美感知的选择性

我们对感知的各种信息不是不加选择、不分主次的，人们总是在知觉对象中自觉或不自觉地找出他最感兴趣的东西作为主要的知觉点。如我们经常说的“视而不见”、“听而不闻”，看到了但没看见，听到了但没听见，人们选择自己感兴趣的部分看和听，将其他部分作为知觉点的背景，这就是知觉的选择性。这个知觉点就是“审美注意”，由此导致“知觉定势”，也就是我们原有的生活经验、知觉习惯、对事物的惯常理解以及心理期待都会影响当前的知觉。在审美中，我们总是在自觉不自觉中将眼前的知觉对象与我们经验过的对象进行比较，这也是一种“先入为主”的成见。

图3.1 《人的命运》

（四）审美感知的错觉与幻觉

错觉（illusion）是感觉的扭曲，是大脑对刺激的错误分析。在心理学研究中，意指假性幻觉所呈现的状态。当一个人将畏惧或焦虑的感受投射在外在物体与经验上，或是因为想象、虚构或错误的联想而产生畏惧或焦虑的感觉，就会产生假性幻觉。大部分人都会有错觉的。最常见的错觉是视觉上的错觉。错觉是对正常事物歪曲的体验，如正常人会在光线暗淡、紧张等情况下产生错觉，经验证后可以纠正，常见的是错听和错视。比方说杯弓蛇影，风声鹤唳等等。而病理性的错觉常伴有恐怖色彩，常在意识障碍时候发生。

雷尼·马格利特是超现实主义画家，他的作品真实地表现日常场景，不作变形歪曲，但事件与细节的意外组合，产生奇特怪诞的神秘意味，如同睡眠中醒来一瞬间，在不清醒状态下所产生的错幻视觉。如《人的命运》（图3.1）这幅画中，马格利特使用了错觉的手法：两旁的窗帘在窗子的空间中，衬托出画架。马格利特想表达出，人们是可以从现实世界中，截取一小块色，但这一块景色脱离了原来的背景后，就显得毫无意义了。在现实与其表现的作品之中，马格利特表现出比现实更为真实的东西，但画面与现实相比较，却是根本不相同的两回事。

幻觉是没有现实事物刺激时发生的知觉体验，是一种虚幻的知觉，包括幻听、幻视、幻嗅、幻味、幻触和内脏幻觉。幻觉是最常见而且最重要的精神症状，常与妄想一同存在。错觉是在理性指导下进行的，幻觉却是非理性的产物。梦境与醉境是幻觉常见的两种景象。尼采提出了酒神——日神精神的理论，他以醉境和梦境分别形容酒神状态和日神状态。酒神精神源自古希腊的酒神祭。在酒神祭中，人们打破禁忌、放纵欲望，解除一切束缚，复归自然。这是一种痛苦与狂喜交织的非理性状态。他认为酒神状态的迷狂是对人日常界限和规则的破坏，其中包含着一种恍惚的成分，个人过去所经历的一切都淹没在其中了。酒神精神是一种狂热、疯狂的快感，人与人之间的界限消弭了，成为一体。

美感是人的生理感受与心理感受的整合。审美感知作为美感的基础层面，包含着美感的生理感受与心理感受两个层面。审美知觉不直接与理智思考和意志欲念相关，而直接与情感体验相关联。艺术家主要是通过情感体验而在想象中把一般知觉形象加工、改造成艺术形象。感觉是对事物个别属性的反映，是人的认识的自然性的体现；情感体现在主体心理上的反应则是愉悦感与非愉悦感。

二、审美情感

感知是审美最初的心理活动，随之而引发的是情感。审美情感同感觉、知觉、记忆、思维等都是对客观事物的一种认识活动，是人对客观现实的一种特殊的反映形式。情感是人对客观事物是否符合自己的需要所做出的一种心理反应。与感觉、知觉和理性认识不同的是，人的情感和情绪不是对客观对象本身的反映，而是对对象和主体之间的某种关系的反映。审美情感以日常生活的情感为基础，两者有密切的联系，但又有显著的区别。审美情感不同于日常生活情感在于，它是经过理解与想象共同对日常生活情感的形式化、秩序化、组织化。也就是说，审美情感是经过多种心理功能的处理，渗透着理解和想象的情感。日常情感通常表现为对客观对象的一种主观肯定或否定的态度。这种态度与人的活动、需求乃至理想等，即是说，与人的利害感有密切的联系。审美的情感判断不反映任何实体事物或人的物理的、道德伦理的或政治的本质，只反映主体对象之间审美关系方面的愉悦性。

刘勰在《文心雕龙·诠赋》中说："原夫登高之旨，盖睹物兴情。情以物兴，故义必明雅；物以情观，故词必巧丽。"审美情感包括两个方面：一是"情以物兴"，情感是在"睹物"即审美感知中产生的；二是"物以情观"，要求审美者以情感的眼光来观赏对象。审美中的对象是审美主体的情感对象化的存在，审美的过程自始至终是情感的过程，审美的天地无一处不是情感的天地。具体来说，审美情感具有如下特征：

（一）主体性。审美主体的情感在审美中具有主体性。影响主体的情感的因素很多，包括主客两个方面，主体方面又包括两个方面：一是主体现在的处境，二是主体过去的经验；影响主体情感的对象方面的因素：一是对象与人的情感固有的联系，二是对象与人的情感联系的多样性与变异性。

（二）形式性。审美的情感是一种非功利的情感，情感的形式性包括三个方面：第一，它在形式中存在，不离开形象；二，它在形式中深入；三，它创造形式。苏珊•朗格认为艺术就是表现人类情感，在他看来艺术就是将人类的情感呈现出来，将此种情感转化成可见的或可听的形式。审美情感被赋予了形式，鲍桑葵认为："美使情感变成有形。"审美形式以情感为内蕴，情感也必以审美形式为其生成与外显的载体。

（三）趣味性。审美情感具有趣味性，审美的愉悦性集中体现在审美情感的趣味性上。审美情感的趣味是一种高级的趣味，重在"味"。

（四）体验性。审美情感具有一种深沉的体验性，从而引导人们迈入一个更高的境界。马斯洛把审美情感体验称作高峰体验，也叫做超越性的快乐、生命的快乐，实际上就是超越功利的自由快乐和对它的体验。当这种审美情感进入高峰体验时，就超越了感官机能之乐、心理机能之乐、人格伦理之乐，从而进入一种忘怀得失，跨越生死的心灵境界之乐。审美情感的体验性，引导人们走向审美极境。

（五）精神性。审美情感来自生活情感，但生活情感包括是否符合目的、满足愿望的认识反应，生活情感往往包含着明确的理智思考和意志欲念，即关于具体生活事件的概念知识和功利目的。审美情感不能等同于生活情感，它是对生活情感的抽象、扬弃，使这种人类生活情感逐渐变成一种不再关联具体生活实践的概念和功利目的的情感，它是一种高级的精神情感。审美情感的核心是爱。审美情感的精神性主要体现在它与理性的统一上，情与理融合是审美心理的重要特点。

审美主体对自然物采取审美态度，将某种主观情感赋予自然物形式，从而使它超脱自身原有的客观实在内容而变成了包含这种主观情感内容的形象，这种形象就是我们所愿望的形象，也就是我们对它的潜在的想象形象或理想形象。在这个理想形象产生的过程中，审美联想和想象发挥了重要的作用，审美形象消融于审美情感之中的理智认识和意志目的，将知觉形象提升为想象形象。

三、审美想象

审美情感是从审美感知过渡到审美想象的必要环节。感知获得的表象由于情感的融入而获得新鲜生命，表象开始活跃地重新组合，进入“浮想联翩”、“神思飞扬”的特定审美状态，这就是审美想象。审美想象是审美主体特有的一种审美心理活动，它建立在审美知觉的基础上，把记忆中的审美知觉组合成为新的审美形象。审美想象是按审美需要、审美理想展开的想象，它与科学想象有着本质的区别。科学想象是按理性要求展开的想象，而审美想象则是在情感的推动下展开的。在主体情感的推动下，审美想象将发生在不同时间和空间的生活原型分离出来，并找出它们之间的某种联系，重新聚合在一个同构状态的艺术时空中，形成完整的艺术有机体。陆机在《文赋》中说：“精骛八极，心游万仞。浮天渊以安流，濯下泉而潜浸。观古今于须臾，抚四海于一瞬。”审美想象可以自由驰骋于八极之远，万仞之高，安然浮荡于天地之间，将时跨古今、地越四海的生活材料归结起来，融会在活生生的形象中，聚合在审美中。此外，审美想象又能根据别人的口头或文字的描述去感知未曾感知的审美表象，创造新的审美形象。因此，它最大的特点是具有极大的自由性、灵活性。审美想象分为无意想象和有意想象，前者是不自觉的想象，后者是有目的、自觉的想象。后者又分为再现想象与创造想象。审美想象的基本特征：

（1）创造性。创造性是审美想象最主要的特征。在审美活动中，在情感的驱使下，主体以审美对象为基础创造一系列意象来满足审美理想，这种创造以情感为轴线。审美想象的创造具有极大的自由。在科学认识活动中，想象必须遵守客观现实，而在审美活动中，审美想象可以突破现实的种种限制，将各种表象加以分割、粉碎、组合，创造出一种崭新的意象。康德认为想象力是一种创造性的认识功能，它能从真正的自然界所呈供的素材里创造出另一个想象的自然界。例如，卡梅隆在《阿凡达》中创造了一个美轮美奂非现实的艺术世界——潘朵拉星球，在其中有飞流的瀑布、漂浮云中的山峦、发光的植物、旋转飞行的“蜥蜴”、夜间发光的森林，似水母般在空气中游动的树种等，它是一个以审美想象为基本内容的神奇天地。

（2）审美想象以审美表象和现实生活为基础。审美想象建立在审美经验上，使众多的审美表象被唤起。作为审美对象的美在作者的审美心理结构中印下的审美表象，留存在作者的记忆中，成为审美经验，在一定条件下，对这种记忆表象进行改造、组合，所以审美想象总是以记忆表象为基础材料。亚里士多德说：“一切可以想象的东西本质上都是记忆里的东西。”[29]朱光潜也说：“艺术的创造在未经传达之前，只是一种想象。就字面说，想象（imagination）就是在心

29 外国文学研究资料丛刊编辑委员会编：《外国理论家作家论形象思维》，中国社会科学出版社，1979 年版，第 8 页。

眼中见到一种意象（image）。意象是所知觉的事物在心中所印的影子。比如看见一匹马，心中就有一个马的模样，这就是马的意象。马既在心中留下它的模样，它不在眼前时，我仍然可以回想起它的模样如何，这是记忆，也就是想象。”[30]他将此种想象命名为“再现想象”，他指出了想象是以人的记忆、现实为基础的创造性活动。吴承恩在《西游记》中给我们描绘了一个有鬼怪、神仙的世界，但是现实生活中若没有人死去的累累白骨，哪有白骨精？现实生活中若没有蜘蛛，哪来的蜘蛛精？现实生活中若没有猪，哪来的猪八戒？可见，审美的想象也是基于现实生活的。

（3）审美想象往往以感情为动力。审美情感是激发审美想象的心理动因。审美主体在审美活动中进行审美想象，总是带有浓厚的审美情感色彩，这是因为审美想象是客观美的反映，而审美情感则是审美主体对客观美的体验和态度，两者互为渗透、不可分离，审美想象也是一种审美情感想象。

（4）审美想象要受理性的制约。它突破直接经验的限制，去表现更为广阔的生活领域。审美想象受理性的制约，更为重要的是它作为人的一种特殊的认识和心理活动功能，本身就包含着理性的成分，而这种理性成分在审美表象运动的过程中起着支配作用。审美想象又受审美主体主观因素的制约，因为审美主体的生活经验、审美经验和审美心理不同，对同一审美表象所进行的审美想象的活动及其结果也不尽相同，审美想象具有多样性、复杂性和变异性等特点。

（5）审美想象联结着艺术虚构。审美主体把感知到的审美表象化为审美意象，把单一的审美意象化为复合的审美意象，起决定作用的是审美想象。

四、审美经验

审美经验通常又被称为“审美趣味”、“趣味能力”、“趣味判断”、“审美判断”等。审美经验是审美主体在审美活动中感受、知觉审美对象（自然、艺术作品和其他人类审美产品）时所产生的愉快的心理体验，是人的内在心理生活与审美对象（其表面形态及深刻内蕴）之间相互交流、相互作用的结果。审美经验永远也不可能离开具体审美对象的感性特征，而总是在直接感受审美对象的外形、色彩、线条和质地等过程中完成的。

人们在观赏具有审美价值的事物时，直接感受到一种特殊的愉快经验。“审美”，希腊文原意是通过感官的知觉。原则上包括对一切具有审美价值的事物的经验，如对美、丑、崇高、滑稽等各种审美对象的经验。审美经验应该是有它的特殊性、规定性的，但审美经验所作用的对象即审美对象并不是独立的，在一定情况下，它是审美对象；在另一种情况下，它是实用对象。

在审美活动中“所有被经历的东西都是自我经历物，而且一同组成该经历物的意义。即所有被经历的东西都属于这个自我的统一体，因而包含了一种不可调换、不可替代的与这个生命整体的关联。就此而言，被经历的东西按其本质不是在其所传导并作为其意义而确定的东西中形成的。被经历的东西的意义内涵于其中得到规定的自传性的或传记性的反思，仍然是被熔化在生命运动的整体中，而且持续不断地伴随着这种生命运动。正是体验如此被规定的存在方式，使得我们与它没有完结地发生关联。”[31]审美经验并非来源于审美对象的审美特质，而是来源于审美态度在对象上得到的肯定经验。审美经验都必须建立在直接感受的基础之上。审美经验的基

30　朱光潜:《文艺心理学》，见《朱光潜美学文集》，第一卷，上海文艺出版社，1982年版，第192页。
31.［德］伽达默尔著，洪汉鼎译．真理与方法（上册）．上海译文出版社，1999年版，第85—96页。

本特征之一，是它的感性直观的把握方式。普列汉诺夫曾指出审美享受的主要特点是它的直接性。无论是鉴赏一个单纯的自然现象，还是鉴赏一件复杂的艺术作品，无不带有直观的性质。

第三节　美感的特点

一、直觉性

人们在感知美的事物时，似乎没有经过理智的思考，不是有意识地推理论证，却往往能够立即感觉到它的美，并引起相应的感受和感动，这就是美感的直觉性。美感不像科学认识那样，必须经过从感性到理性、从现象到本质、从运动到规律的过程，需要严谨缜密的抽象概括和逻辑思考。很多时候，人们虽然能够感受和欣赏对象的美，却不能马上明确地说出为什么喜爱和欣赏它的道理来，甚至感到来不及进行自觉的理性思考活动，仅仅在直接对于对象的感知活动中，就已经对对象产生了美的感受。这种心理现象在审美活动中最为常见。例如看一幅风景画，读一首山水诗，听一曲轻音乐，往往不是先经过一番自觉的逻辑思考，然后再来决定是否喜爱它，是否应该产生美感，而是一见倾心，一下子就被它所吸引、所感染。美感的直觉性，不仅存在于审美欣赏，也存在于审美创造，特别是在艺术创造的过程。刘勰写道："然物有恒姿，而思无定检，或率尔造极，或精思愈疏。"艺术是反映客观事物的，虽然客观事物有它的特定形态，但人的思想却没有固定的范围，因而在反映时，不经意之间也许浑然天成，达到美的极致；殚思竭虑，反倒可能失之粗疏。这虽然并非艺术创作的普遍规律，但确实是不可否认的客观现象。

在整个审美过程中很难把各种因素机械地划分成时间上的序列，它们都浓缩在瞬间直观的把握之中，对一个对象做出审美判断，并得到审美愉快。当然，一个审美客体能否为审美主体在极短的瞬间内把握，首先取决于审美主体的鉴赏力。在审美状态中，主体的心理定势效应的强度要受个体审美能力左右。心理学表明，人类主体的需要、情绪、态度和价值观念经常影响审美经验。不同的审美主体对同一审美客体完全可能表现出不同的审美判断。甚至同一主体，由于处在不同的情绪下，对同一客体也会表现出不同的审美判断。

什么是直觉？所谓直觉就是直观感觉，是脱净了意志和抽象思考的心理活动。直觉的含义丰富，大概包括五个层面：①它是知觉。作为知觉的美感，它必然在头脑中出现了一个完整的表象，鲜明而又生动。这表象是审美客体对人的最初的反映。②它是不自觉的知觉。美感的产生往往是不经意的，自然的。③无意识突然觉醒，参与审美的体验与认识。④当下直观，是在瞬间完成了思维的飞跃。⑤在审美的愉快中，主客界限瞬间消失。因此，此处所说的直觉并不是与理性认识相对立的直觉，而是在长期社会实践经验的积累和理性认识的基础上形成的，是积淀着理性认识的感性认识，是凝结着实践经验的直观能力。正是在这个意义上，我们说美感是智慧的心灵之花。美感的直觉性特点是：直接性、瞬间性、非自觉性、无意识性、思维性与物我两忘。在中国传统美学中庄子所说的"坐忘"，禅宗所说的"悟"，王夫之所说的"现量"，及其"一触即发"、"不假思索"（拒绝概念、拒绝推理）、"显现真实"的理论都体现了美感的直觉性特点。

二、愉悦性

愉悦性是美感最基本的特征。不能引起人们的愉快感受（无论是直接的还是间接的）的就不能称之为美，而美必然引起人的愉快感受。美感的这一特征首先是由美体现着人的本质力量的性质和具有生动的形象性、娱乐性特征所决定的。美感以生理快感为基础；生理快感可以强化美感。但美感的愉悦性不同于快感，快感是由实用功利目的的满足所引起的生理性愉快，美感是由精神希求的满足所引起的心灵性愉快；前者是低级的愉快，后者是高级的愉快。生理快感的过程是先愉快后判断，美感是先判断后愉快；生理快感是在对象被消耗的过程中获得的，美感过程对象没有被消耗；生理快感是短暂的，美感是长久的。美感的愉悦性与道德追求的满足所引起的愉快有密切联系，前者的愉悦感往往包含着后者的愉悦感，但两者也有区别，后者直接体现着社会功利性。美感的愉悦性与对科学真理的追求所产生的愉快也有联系，但也有明显的区别，后者主要体现为理智满足的愉快，前者主要体现为情感满足的愉快。美感的愉快有两个层次：①生理上的快感。②精神上的愉悦（真与善的愉悦，审美的愉悦超越真与善）。审美愉悦就是真正达到物我两忘、主客合一的高度，是一种自由的愉悦。

三、体验性

有关美感的性质，有两种不同的看法：一种认为美感是体验，另一种认为美感是认识。体验与认识的区别：①体验重感性，而认识从本质上讲是理性的；②体验具有情绪或情感色彩，而认识却力求排除情绪或情感的色彩；③体验是形象的思维，它的思维方式为体悟；认识是抽象思维，它的思维方式是推理；④体验是主观的，虽然它由客观而引起，但并不以反映客观事物为宗旨，它重在主体对事物的体会、体悟，它的路线是由外向内；认识也是主观的，但是它的使命却是真实地反映客观事物，它的路线是由内外向。

如果按照认识论的模式，郑板桥的竹子，八大山人的鸟，齐白石的虾，还有中国人喜欢的瓷器、书法、篆刻等艺术，我们能从中认识到什么本质和规律？再如马致远的小令《天净沙·秋思》："枯藤老树昏鸦，小桥流水人家，古道西风瘦马，夕阳西下，断肠人在天涯。"如果按照认识论的模式，把这首小令的内涵归结为"藤是枯的"、"树是老的"、"水是流动的"、"道是古老的"等，这岂不是很可笑？这首小令的诗意在于通过美感的感性直接性传达了一种萧瑟悲凉的情境。枯藤、老树、昏鸦、小桥、古道等物象，不是独立于诗人之外的，而是与漂泊的过客的凄苦融合成为一种审美意象的整体，这种整体是一种直接，是一种体验。

根据伽达默尔的研究，"体验"这个概念是19世纪70年代由狄尔泰加以概念化。"体验"的德语原文（Erlebnis）是"经历"（Erleben）的再构造，而"经历"又是生命、生存、生活（leben）的动词化。因此，"体验"是一种跟生命、生存、生活密切关联的经历。同时，"体验"是一种直接性，一种整体性。审美经验不仅是一种与其他体验相并列的体验，而且代表了一般体验的本质类型。在审美体验中存在着一种"意义丰满"，这种意义丰满"代表了生命的意义整体。"伽达默尔说："一种审美体验总是包含着某个无限整体的经验。"[32]

美感的体验性表现为以下几点：第一，美感的过程都是感性的，但随美感的深入，思维的成分有所加重，但思维自始自终都是融化在感性之中；第二，美感本质上是情感，在美感中情绪以及情绪的发展情感占有主导的地位；第三，美感是形象的思维，而不是抽象的思维；第四，美感不以反映对象为使命，而重在主体对对象的感受，它的心理路线是由外向内的。正因如此，

32.［德］伽达默尔著，洪汉鼎译．真理与方法（上册）．上海译文出版社，1999年版，第90页。

在审美体验中所得到的不是抽象的概念世界，而是一个活生生的、完整的、充满意蕴的生活世界。

四、认识性

认识的最高任务是要真正反映客观世界，形成对客观世界内在规律的认识。认识的实现有多种方式，最常见的是抽象思维和形象思维。前者是借助逻辑的程序，将感官获得的大量的感性材料进行整理、归类、加工，将其抽象化、符号化、理性化，形成一种概念系统，形成对事物的理性认识。后者借助想象，在情感以及潜在于情感之中理想的作用下，将从生活中直接获得的大量的感性材料进行整理、归类、加工，将其具象化、集中化、典型化，形成一种形象系统，这个形象系统可以达到对事物的理性认识的高度。美感中的认识主要是审美体验中的认识：这种认识的突出特点是全身心地沉浸在审美对象中，在对象的直觉、移情、联想、想象中体悟对象的意义。

审美体验中的认识因素。首先，审美的直觉中有认识；其次，审美情感中有认识；最后，审美想象中有认识。在审美的过程中，我们在运用感性时，也运用理性。在审美中既能“入乎其内”又要“出乎其外”。司汤达的《拉辛与莎士比亚》中有一个故事：剧院演出莎士比亚的《奥赛罗》，当演到黑人将军掐死苔丝德蒙娜时，一个在剧院值班的白人士兵惊呼“一个黑人杀死一个白种女人”，并开枪将饰演奥赛罗的演员射伤。可见，在审美欣赏中认识与体验是交替的，若一味强调体验，将审美与现实混淆，就会偏离审美。

第四章
社会美

人类的生产劳动是一种自由自觉的活动，一种创造性的活动，因而它在本质上也是一种创造美的活动。原始社会的石器拉开了美化人类世界的历史帷幕，随着历史的发展和人的本质力量的不断丰富，人们也在实践中不断开拓美的领域，将扩大到自然界和社会生活的各个方面。广义的审美形态有：社会美、自然美、艺术美。社会在此指一切非自然的，在这样的意义上，它等于人类、文化和世界等。因此，社会就是人类的生活自身，是人类自己创造的文化和世界。它是美的现实的显现之地。与自然美和艺术美相比，社会美似乎是间接的。同时社会美是不纯粹的，它始终和一些非审美的因素交杂在一起，伴生着现实的、功利的、伦理的成分。最后社会美是不完满的，它既不像自然美那样是自在自足的，也不像艺术美那样是典型性的，它自身似乎有许多欠缺。

第一节　社会美的范围及其特点

社会是人的现实的生活世界，是人的家园，而人主要生活在这样的家园之中，而不是生活在自然世界和艺术世界里。虽然人也漫游于自然，但人是来源于社会并要回归社会。虽然人也沉浸于艺术的王国里，但人不能用艺术取代现实。

在现代社会里，现实的社会美和自然美以及艺术美的关系发生了许多变化。一方面人和自然交融。人类和自然不是绝对的对立面，也不是遥远的存在者，而是居住的近邻。它们同属于一个生态。另一方面现实和艺术的界限消失。现实不是非艺术的，艺术也不是非现实的。它们在保持差异的时候达到同一。

这些都表明了一个最关键性的事实，即社会现实的审美化。它无非是说，社会由非审美走向审美。这意味着人类从非自由走向自由的历程。其标志是，社会由物的或者神的社会走向人的社会，人的片面的发展走向全面丰富的发展，肉体与精神的分离走向人的整体的、自由的创造和享受。所有这一切正是审美化的历程。它将社会自身的审美价值显示出来。社会的美是多种多样的。我们可以根据对于社会生活领域的区分而划分社会美的不同领域。但社会美主要包括了人自身的美，人与世界所发生的各种事情的美，还有人创造的物的美。社会美来源于人的社会实践，因此人的美在社会美中占有中心地位。

人类最基本的实践活动，是向自然索取物质生活资料的生产劳动。在此过程中，人们不仅与自然发生关系，而且人与人之间也结成一定的社会关系，从事改造社会的活动。因此，社会实践既包括了人类改造自然的各种生产活动，又包括了人类改造社会的各种社会活动。就在这种社会实践活动过程中，人的本质力量不断得到发挥，从而创造出社会美来。

生产劳动是人类最基本的实践活动，也是人们获得审美愉快的基本领域。人类的自由的创造性活动是“按照美的规律来建造的”，是显示人的本质力量的活动，因而劳动过程、劳动条件及劳动所创造的产品都充满了美。原始氏族时代所创造的石器、骨器、陶器等，既是劳动产品，又是工具和人们直接观照自身本质力量的审美对象。在当今现代化的技术条件下，劳动者的智慧和力量仍然在劳动产品中表现出来，如鳞次栉比的高楼大厦、宽阔坦荡的高速公路，还有疾驰的车辆、琳琅满目的商品等，它们都是社会美的表现。社会美具有如下特点：

第一个特点是与社会实践密切联系。美来源于社会实践，与人类社会实践活动有着密切的联系，但各种形态的美，与社会实践的关系，并不都是一样的，它们存在着直接与间接、明显与隐蔽的差别。如，自然美与社会实践的关系较为间接。天造地设的自然界并不是人创造的，气势磅礴的云海、嶙峋陡峭的山峰、喷薄欲出的红日、山清水秀的美景等，在人类社会出现之前就已经存在了。它们的美只是由于人类通过实践，改变了自然与人原先对立或无关的关系才显现出来。因此，社会美与社会实践的关系相对来说比较间接，特别是那些根本未经人类改造过的自然物所显示的美。社会美则不同，它不仅来源于人类的社会实践，而且是社会实践的直接体现。所以说，人类的社会实践产生了，社会关系就形成了，社会美也就出现了；如果人类的实践活动一旦中止，那么，社会关系也将消失，社会美也就不复存在了。

社会美首先体现于人类改造自然和社会的历史过程中，同时也体现在人类社会实践的成果中。社会实践的主体——作为社会的人的美是社会美的核心。在征服自然，改造自然和变革社会的实践中，人的本质力量不断得到发挥，人类主体实践的巨大力量，如人的智慧、品德、意志、性格、创造力等得以充分展现，在此过程中，人们认识到人类实践力量的崇高与伟大，由这种对自身才能与力量的积极肯定而产生的一种愉悦情感，人类的劳动活动本身获得了审美的价值。社会美还存在和表现于静态的人类劳动的产品上，在感性成果中，凝结了人的本质力量，物化了人的审美心理的因素，人按照美的规律创造着自身。

第二个特点是与社会功利性密切联系。美的效用不在于经济实用，也不是充当纯粹的道德工具，而是通过愉悦人的情感，从而丰富人的生活，活跃人的身心，提高人的情操，开拓人的视野等。美的效用是在情感方面和精神方面。但是，由于人的社会实践活动是有意识、有目的的，总是为了实现某种社会实用的需要，既然社会美必须依附于社会实践，那么，它与社会实践所追求的一定功利目的就有着密切的联系。如，生产劳动可以是美的，但是这种美不能违背高产、优质、低消耗的原则；劳动产品也应该是美的，但这种美却必须以实现产品的使用价值为前提。

第三个特点是与社会历史条件密切相联。凡美都具有社会性，都必须依存于社会，并随着社会历史的发展而发展，但是这种依存性对于社会美来说，却显得格外直接、明显。不论是生产劳动的美、人与人关系的美、服饰打扮的美等等，都直接与当时的社会生活、生产条件、科学水平、社会制度、时代风貌等相关。如家庭陈设的美不能脱离一定社会历史条件。美是时代的产儿，社会美尤其如此。一定时代的社会美，只能属于它所处的时代；不同的时代有不同的社会美。运动衫、皮夹克与长袍马褂显示不同的韵味；简洁、明快的现代风格的家具与传统繁复、具有浓厚装饰意味的家具不同。社会美与社会历史条件密切相关，从这个方面看，它具有如下特性：第一，社会美的进步性。它既是由社会必须进步与发展的性质决定的，又是由社会美的质的规定性决定的。进步性是社会美首要的突出特征，否定了社会美的进步性，也就从根本上否定了社会美。第二，社会美的时代性。处于不同时代的社会，其生产力的发展程度是不同的，人们的社会关系，社会生活方式和社会的风俗人情等等都是各具特色，不尽相同的。当然，人们的审美观念、审美理想与情趣等亦是不尽相同的。所以，社会美总是因社会所处的时代的不同而有不同的表现，对于社会美的看法与评价也是不尽相同的，社会美总是带有自己的时代色彩的。第三，社会美的民族性。不同的民族，具有不同的历史、文化、传统、生活习俗、道德观念，具有不同的精神、性格，具有不同的审美观点、审美情趣。这种不同的民族特点，在社会美方面，当然会产生不同的表现形态和不同的看法与评价。总之，由于社会美与社会历史条件的密切关系，它的时代、民族特色更为鲜明。

图 4.1 舞蹈纹彩陶盆

第二节 社会美表现的内容

一、社会美是一种积极的肯定的生活形象

人是社会的主体。社会的一切物质与精神财富都是人创造的。首先，社会美是人为的产品，即是人的创造，亦是人的智慧的结晶。其次，表现在劳动产品上，这主要是指那些已经改变自然原有的感性形式的劳动产品。在这些产品中不仅直接体现了人的需要，而且直接体现了人的创造、智慧和力量。

在原始社会中，人的形象是作为一种自由创造的主体而存在的。在古代的神话中体现了一种积极肯定的形象，也是美的形象。在原始艺术中，人的形象还流露出生活的喜悦和快乐，甚至可以隐约地看到当时人与人的协作关系。如1973年在青海省大通县孙家寨出土的舞蹈纹彩陶盆(图 4.1)是马家窑文化（新石器时代）的珍品。先民们用舞蹈来庆祝丰收、祈求上苍，这件彩陶盆就表达了欢乐的主题，集中反映了五六千年前人们的生活情趣。此外，埃及的金字塔、罗马的水道、哥特式的教堂、万里长城、高大的宫殿、小巧的园林，无一不是人的创造，无一不是人的智慧的结晶。社会美离不开人和人的创造，社会美是人为的。

社会美在本质上就是人的本性自由的直接表现。既然人生理的存在、心理的自由，最终都要受人的能动本性的决定，那么，人的能动本性也是人的自由本性，就成了人的本性里最本质的东西。人是自然性和社会性的统一，既没有纯生理的人，也不可能有超越生理自然的纯社会的人。社会美是自然性和社会性的统一。

社会美直接体现了人的自由创造。美的形象要体现人的自由创造，与真、善有着紧密的联系。人们的自由创造是在认识事物的客观规律的基础上进行的，这就离不开真；而创造的目的是为了实现一定的社会功利目的和实践中的进步要求，这就离不开善。美的理想的形成都是根源于实践，同时又受政治理想、道德理想的深刻影响。在美的理想中充满了对未来生活图景的富有激情的想象，它是人们在头脑中创造新世界的蓝图。

二、社会美重内容——以人的美为例

人是社会生活的主体，所以社会美首先表现在人身上。人的美是社会美的集中体现，人的美一方面包含着形体美，另一方面还包含着精神美。

（一） 人的形体美

1. 人的形体美的第一个层面指的是身材相貌的美。人体美是由形体、比例、曲线、色彩等因素构成的一个充满生命力的意象世界。美的身材相貌，必须是健康的。所谓健康，一是指健全，二是指健壮。人的形体，必须符合人的常态，另外还必须是健壮而充满活力的。美的身材相貌还必需是匀称的，“增之一分则太长，减之一分则太短。” 中西方对人的形体美有不同的规定，下面以女性的形体为例加以说明。如下表：

图 4.2 里亚切青铜武士像

	西方	中国
头发	金黄色、浓密、长、卷曲	漆黑色，浓密、长、有光泽
眉毛	平直或略弯，浓黑，两端色淡	细长、弯曲
眼睛	棕色或天蓝色，大而圆，睫毛适中	有神采，黑眼珠，杏形或丹凤眼
鼻	鼻梁高，鼻端微微隆起，细长	鼻梁高、直、窄
嘴	唇微厚，下唇丰满，不太大，牙整齐，呈象牙色，嘴形狭长柔软	颜色朱红，形似樱桃，牙齿整齐洁白，唇薄
面部	前额秀而高，下颚圆润，有酒窝	面颊丰润，白如凝脂，红润如鲜花，有酒窝
脖	脖颈长、白而圆润，颈窝、喉头不露	颈长而白，散发幽香
耳	不大不小，整齐洁净，耳轮石榴红色	耳稍长，显福相

人的形体美的形式因素不能脱离人的感性生命的整体，也不能脱离人的社会文化生活的环境和人的精神生活。人的形体美、线条美、色彩美等，最终显示为感性生命之美。人体美从来都是人的重要的审美对象。在西方，古希腊时期就是如此。古希腊人喜欢展示裸体，成就了美术史上诸多美妙的人体雕塑作品，如《米洛的维纳斯》《里亚切青铜武士像》（图 4.2）等。再如公元前四世纪雕塑大师普拉克西特请当时著名的美女芙丽

图 4.3 《法庭上的芙丽涅》

涅当他的模特，创作了《尼多斯的阿芙洛狄忒》，当时的法庭因芙丽涅当人体模特而传讯她。在法庭上，辩护律师当众脱下芙丽涅的衣裳，展示她美丽的人体。市民陪审团成员惊讶于她美丽的形体，判决她无罪。19世纪法国画家席罗姆就这一题材创作了油画《法庭上的芙丽涅》(图 4.3)。芙丽涅美丽光洁的酮体，优美的曲线，柔软白嫩的肌肤，展现出女性的形体美。这也体现了希腊时期所崇尚的“美”的主题——美的纯洁、美的神圣以至美的不可战胜的力量。

但到中世纪时期，基督教的神学家认为女人的身体是“恶”的根源，人体美被否定。而在当代的消费社会，人的肉体特别是女性的身体被看成是美的、珍贵的和光辉的物品。肉体的美和色欲联结在一起，成为很多人盲目追逐的对象。

2. 人形体美的第二个层面是动作姿态的美。动作姿态的美是身体各部分的配合而呈现出来的外部形态的美，具有造型性因素。美的姿态必须是自由的姿态，忸怩作态是断然不美的。罗丹在工作室里，叫裸体模特儿自由地做出各种姿态，一旦满意就要求保持这个姿态，他深知只有在自由的姿态中才能发现美。此外，动作必须是敏捷的，步履蹒跚、动作迟钝，都不可能引起人们的美感。动作姿态的美不仅在造型上给人以不同的审美感受，而且一个人在长期实践中其动作姿态还会形成相对稳定的节律，成为他特有的风采、气度和风度。罗丹说：“一个人的形象和姿态必然显露出他心中的情感，形体表达内在精神。”如《思想者》(图 4.4)这件作品出自于《地狱之门》，作品中思想者注视着下面所演的悲剧，他同情、爱惜人类，因而不能对那些犯罪的人下最后的判决，所以他怀着极其矛盾的心情，在那深刻的沉思中，体现了伟大诗人但丁内心的苦闷。那突出的前额和眉弓，使双目凹陷，隐没在暗影之中，增强了苦闷沉思的表情，那紧紧收屈的小腿肌腱和痉挛般弯曲的脚趾，有力地传达了这种痛苦的情感。这种表面沉静而隐藏于内的力量更加令人深思。

动作的美高于相貌的美，因为动作和感情有直接联系。动作的审美意义在戏剧、舞蹈表现中体现得最鲜明，往往一个最精彩的细微动作，可以表达出用许多语言也难以描述的情感。手势语是由戏剧演员在表演时根据不同剧情的需要，用手指、手掌、手臂所做的动作。戏剧中有生、旦、净、末、丑等主要行当，每个行当的手势都有一定的规范和含义。净角五指张开，谓“虎爪势”，表示雄伟、勇猛；小生五指并合，拇指微屈，表示稳重；老生中指、食指微伸，其余三指皆屈，表示衰老、迟钝；旦角中指倒下搭住拇指，食指挺直，无名指、小指微屈，状若“兰花”，谓“兰花指”，表示温柔、矜持。此外，抖手动作也有许多讲究，向外抖手表示厌恶、拒绝；向内抖手表示惊恐、慌张；上下左右抖动即表示抑制不住的喜悦心情。

3. 人形体美的第三个层面是人工修饰之美。人形体美的人工修饰因素，主要包括服饰、发型以及化妆等等。服装有御寒、表明职业地位、突出人的形体美三大功能。服装的美，首先要和人的年龄、性格、身份相符；其次，应注意同自身的体型相配；最后，还要讲求着装搭配的艺术。发型能调整人的全身比例，特别是对人的面貌影响极大。适当的化妆和挂饰也能在一定程度上增添人的形体美。总之，服饰、发型、挂件、化妆等，是否有利于人的形体美的展现，关键在于得体、和谐、适度。人的服饰有形式美的问题，但不仅是形式美的问题，还体现着人的精神面貌、人的个性。不同民族对于服饰有着不同的要求，朝鲜族的妇女喜欢穿素白色衣服，洁净、朴素、淡雅，温和、文静是他们的性格。彝族喜欢穿黑色衣服，黑中衬托一些红色，显得很有生气，这种服饰和他们质朴的性格很吻合。维吾尔族妇女服装的色彩很艳丽，样式富有变化，这些特征与她们那种能歌善舞的开朗、活泼的性格很协调。瑶族人喜欢红色的服装，色彩强烈，还绣着彩色图案。各民族服装特点的形成有多种原因，如经济、生活、地理环境、心理素质、传统习惯等。

图 4.4 思想者

总之，人的形体美主要是指人的相貌、体态、服饰、行为、风度等等，它作为美的对象，主要是由比例、均衡、对称、和谐等构成的。

（二）人格美

人的形体美基本上是人的生理形态的表现，它主要决定于先天条件。但是，人的躯体不是一种单纯的自然存在，而是在形状和构造上既表示它是精神的感性的自然存在，又表现出一种更高的内在生活。

比人体美更为重要的是人格美或者说是内容美。人格美，是指一个人内心世界的美。平常所说的“心灵美”、“精神美”、“性格美”、“内在美”都是指人内在品质之美。人体美是外在的，精神美是内在的。与人体美相比，精神美、人格美显得更为重要。在中国有许多谚语强调人物形象的美重在内容。例如：“鸟美在羽毛，人美在勤劳”，“花美在外边，人美在里边”。我国先秦时期，人们就注意到内在美。如屈原很重视“外美”，“制菱荷以为衣，集芙蓉以为裳”，但同时更注重“内美”，提出“秉德无私”的美学思想。社会美是人的形象的美，是内容与形式的统一，并侧重于内容。莎士比亚在《一报还一报》中也曾写道：“没有德性的美貌，是转瞬即逝的；可是因为在你的美貌之中，有一颗美好的灵魂，所以你的美貌是永存的。”正是如此，中外许多杰出的艺术家都很重视人的精神美，人的内在品质能成为审美对象，必须具备两个条件：

第一，人格美必须是形象的，也就是说，它必须通过形象诉诸人们的感性直观，否则便不是美的。如它必须通过人的言语、行为、声音、表情等表现出来。一个人的情操，当其存乎心而尚未发乎声、形诸色、现于形、焕为文的时候，也还不属于美学研究的范围。只有当它通过形象表现出来的时候，才属于美学研究的范围，才可能是美的，这就是风姿美、风神之美。《诗经·卫风》描绘一位女子："手如柔荑，肤如凝脂，领如蝤蛴，齿如瓠犀，螓首蛾眉，巧笑倩兮！美目盼兮！"前面是形体的描述，是静态的，最后两句"巧笑倩兮，美目盼兮"使人生动起来，具有生命力和感染力。人格精神的美具体表现在人们外在的形体之上，是可以被直观到的。孟子说："君子所性，仁义礼智根于心，其生色也，睟然见于面，盎于背，施于四体，四体不言而喻。"(《孟子·尽心上》）在孟子看来，人的内在道德精神能够表现于人的外在形体之上，这种表现能使形体"生色"，表现于颜面，使人的面容润泽和悦；表现于背，使人的躯体看去宏伟高大；表现于四肢，使人四肢的动作自然而然地合乎礼仪。正是如此，我们可以通过观察人的表情、动作来审视其内在品质。这样的例子在我们的日常生活中也随处可见，如不同的职业会赋予人不同的气质；知识文化的教育会改变我们内在的精神气度，由此也会带来我们谈吐、举止的改变。在我国魏晋时期流行的人物鉴赏重在欣赏人的风姿、风采之美，其中就包含着对人内在涵养的反映。

第二，人格美必须是真的、和善的，否则也不是美的。决定一种由形象所表现出来的道德品质、思想情操是不是美的，最根本的条件是其政治－伦理性质上的善恶。美的事物所形象地显现的人的本质必须是对人有好处的，即具有正价值的。仅仅在这个范围内我们承认美在内容上的客观功利性。既然道德品质、思想情操之美是人的本质的直接的形象显现，那么这种作为美的形象的内容的道德品质、思想情操的伦理内容便必须是正面的，对人类有正价值的。也就是说，它是人的一种正面本质的形象显现。美的道德品质、思想情操的形象表现必须是真的。

人的形体美和人格美，现实中表现出极为复杂的情况。现实中存在内在品质和外在形式美的矛盾。第一种情况是：形体美而人格不美。如《红楼梦》中的王熙凤，书中对她的描述是："恍若神妃仙子……一双丹凤三角眼，两弯柳叶吊梢眉，身量苗条，体格风骚，粉面含春威不露，丹唇未启笑先闻。"她是一位美貌女子，但她的内心却是一个两面三刀、凶悍狠毒的人。这就是所谓的"金玉其外，败絮其中。"第二种情况是：形体不美而人格美。伊索面貌丑陋，但是一个充满智慧的人。在《伊索》一剧中，他自己说："丑陋到当我看见映在镜中的形象的时候总是想哭出来。我长得可怕，像怪物一样……我是九头怪蛇的儿子，是狮子羊身蛇尾的怪兽的儿子，是美丽的希腊所曾经创造出来的所有最丑恶的东西的儿子。"可见，他形体并不美，但他知识渊博，聪颖过人，最后也凭借自己的智慧获得自由。在《巴黎圣母院》中塑造了四种类型的人物。第一种是外形美，内心也善良，如卖艺女郎埃斯美拉达；第二种是外形丑，但内心善良，如卡西莫多；第三种是外形美，但内心丑恶，如腓比斯；第四种是内心丑恶，性格阴沉、险恶，外形也丑恶，如神父浮罗洛。

不管人的形体美与人格美存在着多么复杂的情况，人物形象的美首先是内在品质、精神、灵魂的美；其次，才是外在形式的美，人格美始终起着决定性的作用。如荀子说：“形相虽恶而心术善，无害为君子也；形相虽善而心术恶，无害为小人也。”当然，人们的理想总是希望好的品质和美好的外形相结合。

与自然美相比，社会美在内容和形式的关系上更偏重于内容，社会美总是与那些反映人类历史发展方向的进步的道德观和政治理想直接连结在一起。社会美与善密切相关，但不等同于善，它不具有直接的功利性，它把善变为个体高度自觉自由的行动，从而引起人们的审美愉悦。

第五章

自然美

传统美学一般只是将美的领域划分为两种：自然美和艺术美。这种划分实际上是基于自然与文化的二元差异。在18世纪确立的现代美学系统中，除了少数美学家之外，自然美的问题不是处于极端边缘化的地位，就是被彻底遗忘了，艺术成为美学关注的唯一对象。黑格尔认为心灵美高于艺术美，艺术美高于自然美，自然美只是心灵美的一种不完全不完善形态的反映。但当代的审美现象发生了根本性的变化。人们对工具理性开始怀疑、批判，进而对整个人类文明的发展方向产生困惑的时候，自然进入到人们的视眼，自然美成为美学研究的范畴，与此相关的环境美学也成为了当代美学的重要研究课题。

第一节　作为审美对象的自然

自然一般有两种语义：其一是本性，也就是自然而然；其二是自然界，也就是矿物、植物、动物的整体，人也属于其中。这两种语义也有内在关联，因为自然界是最自然而然的，也就是最合乎本性的。但一般所说的自然是人之外的天与地。因此，自然美就是天地之美。与社会美相比，自然美明显地远离物质实践。自然美包括宇宙、天文气象、山光水色、植物动物之美等等，非常广阔多样。

一、自然美的发现

天地是自然。但自然并非远离人而孤立存在，而是与人发生关联而共同存在。自然美是社会性与自然性的统一。它的社会性指自然美的根源在于实践，它的自然性指自然事物的某些属性和特征（如色彩、线条、形状、声音等）是形成自然美的必要条件。在漫长的历史中，人与自然的关系是不断发展的，人类对自然美的发现也经历了一个过程。

人类对于自然首先是畏惧。在原始社会，原始人类对自然这种异己的对立的现象并不可亲，也并不感到美。其次是遵从。随着社会实践的发展，人们在改造自然中，自然事物才愈来愈多地成为可亲的对象。再次是征服。近代以来的工业革命彻底改变了人与自然的关系。人是主体，自然是对象，人类理性过分膨胀。人通过技术征服自然，改造自然，甚至控制自然，自然美受到忽视。环境美学家阿多诺认为："自然美之所以从美学中消失，是由于人类自由和尊严观念至上的不断扩张所致。"[33]将人与自然对立起来，被今天的思想家批判为人类中心主义。最后是友爱。由于生态危机的加剧，人们逐渐意识到利用技术对自然进行控制的恶果，它不仅危及自然，而且也危及人类。人类开始反对人类中心主义的自然观，要求人与自然相互和谐发展。根据科林伍德的总结：在古希腊，自然被理解为一个有生命、有灵魂的大动物；文艺复兴时代，自然被理解为一架被某个在它之外的理智设计好的机器；现代则引入了进化的观念，自然被理解为一

33. T.W, Adoron, Aesthetic Theory, C.Lenhardt trans. (London, Boston& Melbourne: Routledge & Kegan Paul, 1984), p.92.

种有时间、有历史的存在。[34]可以说，人与自然的关系，是在实践中逐步形成和发展起来的对自然的改造、协调，并使之为“我”所用的关系，也正是在此过程中，自然美展开了自身的历史。

图5.1 《腊梅山禽图》

在中国，人们对自然美的发现从人事、人文开始。朱光潜说：中国和西方一样，诗人对于自然的爱好都比较晚。最初的诗都偏重人事，纵使偶尔涉及自然，也不过如最初的画家用山水为人物画的背景，兴趣中心却不在自然本身。《诗经》是最好的例子。‘关关雎鸠，在河之洲’只是做‘窈窕淑女，君子好逑’的陪衬；‘蒹葭苍苍，白露为霜’只是做‘所谓伊人，在水一方’的陪衬。”[35]《诗经》的一个显著特点就是涉及到大量自然对象和现象，绝大部分诗篇表达社会性情感却要以各种自然对象和现象为比兴之材，要靠自然之物的兴发才可入于“言志”、“缘情”的境界。《易传》中将“天文”、“人文”并举。《易传•贲卦•彖辞》中说：“观乎天文以察时变，观乎人文以化成天下。”这就是“天文”，指的是日月星辰、山川河流、树木花草、飞禽走兽等大自然的感性对象和现象。从审美的角度看，这便是大自然对象和现象的色彩、声音、形态等，是大自然对象和现象的声色之美，便是自然美。在我国先人看来，世界上先有“天文”而后有“人文”，“人文”创造都以“天文”为依据。这些例证表明，我们的祖先早已对大自然有了广泛、深切的关注。虽然关注的起点不是审美，但关注的结果，却可以唤起人们对大自然的美感，刺激人们对自然的审美意识。

中国人从审美的角度对自然进行观照是从魏晋时期开始的。魏晋诗人以细腻的笔触和独特的审美经验描绘自然，突出其色彩、形态和声音等外在特征之美。谢灵运细致地体察和敏锐地体悟自然一草一木的生命形式，将自然作为审美观照的对象，并从对自然的观照中获得愉悦的审美体验，他说“昏旦变气候，山水含清晖。清晖能娱人，游子澹忘归。”（《石壁精舍还湖中作》）远山林壑，落霞夕霭，黄昏暮色，清晖无限，使人沉浸其中流连忘返，在幽暗的色彩和混沌的景象中，诗人对自然的热爱，对人生的理解和体悟得以表现。再如“池塘生春草，园柳变鸣禽。”（《登池上楼》）自然时令的变化触动了生命的新陈代谢，包孕着生机无限的无限春光，鲜活的生命迹象在诗人心里引起无限的喜悦感。谢朓的山水诗“余霞散成绮，澄江静如练”（《晚登三山还望京邑》）突出了自然浑融之美。到东晋、南朝时期，山水画也开始作为独立的画种出现。

唐宋时代，自然审美精神更主要地转化、体现在艺术领域。唐代有大小李将军的金碧水山与王维的水墨山水画，有王维禅意甚浓的山水诗。

34.［英］科林伍德，吴国盛等译．自然的观念．华夏出版社，1990年版，3-13页。

35.朱光潜著．诗论．见 朱光潜全集（第三卷）．安徽教育出版社，1987年版，第76页。

到宋代，集中展示大自然动植物生命情调的花鸟画科极大地拓展了绘画领域中的自然美主题，并成为当时画坛的大宗。宋徽宗的《腊梅山禽图》(图5.1) 写一株腊梅枝干略弯而劲挺直往上伸，极富弹性，互相交错而有变化。枝头几点黄梅开放，似乎有阵阵清香袭来。腊梅枝头上的一对山雀相互依偎均向着左侧画面，将观者视线引向画外。刻画工整细致，富有生活情趣。宋元山水画的荒寒之境是中国古人自然审美情结、超越精神的典型表达（图 5.2 李成《晴峦萧寺图》）。到明清，绘画领域最终出现了“山水居首”的理论：“画中唯山水最高尚，虽人物花鸟未始不可称绝，然终不及山水之气味风流潇洒。”（唐岱《绘事发微・尊山水》）画家引自然入生活，在自己的庭院中以人工的方式将大自然搬回家，营造出一片山水花鸟之境——园林建筑艺术成了中国古代自然审美艺术的最高总结形态。不论是江南的私家园林，还是北方的皇家园林，都表达了一个共同的主题——自然是人类心灵的花园。

图 5.2 《晴峦萧寺图》

中国人对自然的审美经验不是简单地停留在对自然外表的观赏上，而是在真正读懂了自然的内在蕴含之后获得的。郭熙说：“山得水而活，得草木而华，得烟云而秀媚。”又说：“山无云则不秀，无水则不媚，无道路则不活。”这些都是讲自然整体和谐的美。中国古人总把回归自然、纵情山水视为精神生活之极致、人生自由之别名，以“上下与天地同德”，“参赞天地之化育”为人生最高境界。中国古代文人或士大夫在对现实生活不满后，也试图从自然中寻求慰藉，如陶渊明所说：“久在樊笼中，复返得自然。”在中国绘画史上有诸多隐居图就是例证。如元代钱选的《归去来辞》（图 5.3）就是表现陶渊明乘船渡水、脱离尘网、走向田园的生活场景。

西方人对自然的审美观照可以追溯到古希腊时期。在毕达哥拉斯学派中有最典型的表达，在他们看来，宇宙本身就是最完美的“天体音乐”(music of spheres)，“人间音乐（它在提供快感的艺术中居于首位）实质上只是一种模仿，它的原型是从天体间得到的和声。这些进行着远距离运行的天体，不仅是自然体系中的主要实在，即隐藏于自然表面现象

图 5.3 《归去来辞》

之后的真正宇宙，同时也最好地体现了数学规律。”[36]所有的自然现象背后都隐藏着和谐的数学规律，都演奏着由于习惯而听不见的“天体音乐”，因此，所有的自然现象无一例外都是美的。文艺复兴时期，伴随着人的觉醒，人对自然的恐惧渐趋减退，自然开始被人欣赏，不过，荒野依然不在欣赏之列。文艺复兴时期艺术家们对自然的欣赏，是不纯粹的，他们欣赏自然是为了通过模仿自然、寻找出美的规律，运用到对人体、人像的描绘上。人们更多地欣赏的是自然创造力，而不是自然创造物。自然美景只是为人的活动提供一个背景，一个展现自然人性的舞台，这里，人的本能与自然创造力才是欣赏的对象。因此，在文艺复兴时期，自然虽然没有像中世纪那样可恶，自然与人的距离拉近了许多，但是自然依然是低等的。

图 5.4 达•芬奇素描风景作品

在西方，风景画成为独立绘画之前，只是作为人物画的背景。14 世纪前半叶欧洲的意大利锡耶纳市政厅内的壁画《善政图》和 15 世纪初尼德兰的钞本装饰画上，风景的表现已经占了相当的比重。15 世纪起，专注于风景描绘的画家增多，风景逐渐独立出来。西方的艺术史一般认为，开创风景画的人是文艺复兴时期的达•芬奇。1473 年 8 月 5 日，达•芬奇创作“史上首幅”山水画（如图 5.4）。

图 5.5 《运草的马车》

在西方 17 世纪的荷兰才出现独立的山水画，产生了一批风景画家。风景画家雷斯达尔，他的作品如《埃克河边的磨坊》，气魄雄伟、气势磅礴，色彩纯朴。18 世纪的康斯特布尔直接开创写生风景之先河，使风景画取得实质性的进步，他表现自然、尊崇自然的态度影响后来的印象派画家，最终使风景画成为真正的大自然中创作的艺术（图 5.5《运草的马车》）。

图 5.6 《露特枫丹的回忆》

到 19 世纪，在法国也出现了许多风景画家，如巴比松画派。法国风景画家柯罗不仅画宁静的风景，他对大自然同样抱有极大的热情，他的代表作有《晨》和《露特枫丹的回忆》（图 5.6）。俄罗斯风景画的奠基人物希施金，他的风景画多以巨大的、充满生命力的树林为描绘对象，那些摇曳多姿的林木昂然挺立，充满生机。繁木菁林，疏密有致，大森林的美与神秘，被渲染得淋漓尽致，可谓美不胜收。再如俄罗斯著名的抒情风景画家库茵芝，他的风景画像叙事诗一般壮丽，以感性豪迈而动人心目。他的作品《第聂伯河上的月夜》（图 5.7）描绘月光，画家竭力表现云层中的光、水面上的反光和笼罩在大地上朦胧的光，给人们带来无比熟悉却又相当陌生的景致。

图 5.7 《第聂伯河上的月夜》

总之，随着社会生活的发展，人类与自然的联系愈来愈大。自然对于人，一方面作为物质生活的对象，范围在不断扩大；另一方面自然作

36. [美] 凯•埃•吉尔伯特，[德] 赫•库恩著，夏乾丰译．美学史（上卷）．上海译文出版社，1988 年版，第 16 页。

为精神生活的对象也在不断扩展。在社会发展的进程中，人与自然的关系愈来愈向多方面发展，自然事物愈来愈多地成为人的审美对象，从动物、植物，扩展到山水等方面，这也是人类审美活动发展的必然趋势。

第二节 自然的审美意蕴

一、自然的审美

自然的美在于“自然的人化”。所谓“自然的人化”指的是人通过生产劳动实践，改造了自然界（包括人自身），自然界成了“人化的自然”。“人化的自然”或“自然的人化”包括主客体两方面的关系：主体是人，客体是自然。所谓“化”，就是指主体利用、改造客体，在客体中实现自身的本质力量的过程。通过这个“化”的过程，客观自然界就成了“人化”的自然界。这种“人化的自然”的实现过程，就是“自然的人化”。自然界是通过人的劳动实践而被“人化”的，人化了的自然就成为人的生活的一部分，成了人的对象化的自然。自然美产生于“自然的人化”。

自然美是自然的人化。狭义的是指通过劳动、技术改造自然；广义的是指人类社会发展到一定阶段，人与自然的关系改变。自然美在于人和自然相契合而产生的审美意象。自然美与社会美、艺术美一样，是情景交融、物我合一而产生的审美意象，对于自然的审美同其他审美活动一样，是一种社会文化活动，是一个历史的范畴。自然美在于人与自然相互契合所产生的表现情趣的意象，“是主观的生命情调与客观的自然景象交融互渗，成就一个鸢飞鱼跃，活泼玲珑，渊然而深的灵境。”[37]自然美本身就有一种内在的矛盾。朱光潜在《文艺心理学》中说：“自然中无所谓美，在觉自然为美时，自然就已构成表现情趣的意象，就已经是艺术品。”[38]在他看来，当人觉得自然美时，自然就已经经历了一个艺术化的过程，成为作品，就是柳宗元所说的“美不自美，因人而彰。”孔子所说的：“智者乐山，仁者乐水”就意味着人对自然山水的美感是由于人与自然互相契合，从而产生一种自由感和美感。庄子说：“山林与！皋壤与！使我欣欣然而乐与！”这就是说人与自然互相契合从而产生一种自由感和美感。

置身于大自然中，人们总是身不由己地感受着大自然的美景而心旷神怡。康德赞叹说 ：“大自然多样性的美到了豪奢的程度。”庄子惊叹说 ::“天地有大美而不言。”大自然的美无所不在，大自然的美震人心魄，大自然的美是不必言说地存在于每个人的体验中的美。因为大自然的美正在于其无限的生机，万物生生不息，一种永恒的生命感。置身大自然中，就是置身于生命之流中，人就有一种归根的感觉，就有一种生命自我发现的欣悦。“天地与我并生，而万物与我为一”，这种“合一”感、“同生”感从生命的根部触及了美感的源头，是自然审美的特质所在。在自然审美中，人置身于真实的物质的自然，自然包容完整生命的人。审美对象与审美主体达于完整的一体。自然美是生命与自然灵肉一体的状态。

黑格尔说：“自然美只是为其他对象而美，这就是说，为我们，为审美的意识而美。”他把自然美对人的意义概括为三个方面：第一，与人的生命观念有关；第二，自然界许多对象构成风景，显示出一种愉快的、动人的、外在的和谐，引人入胜；第三，“自然美还由于感发心情和

37. 宗白华．美学散步．上海人民出版社，1981 年版，第 195 页。

38. 朱光潜著．文艺心理学．见：朱光潜美学文集（第一卷）．上海文艺出版社，1982 年版，第 153 页。

契合心情而得到一种特性。例如寂静的月夜，平静的山谷，其中有小溪蜿蜒地流着，一望无际、波涛汹涌的海洋的雄伟气象，以及星空的肃穆而庄严的气象就是属于这一类。这里的意蕴并不属于对象本身，而是在于所唤醒的心情。”[39]黑格尔说的这三种情况都属于人与自然的契合，都是自然物感发心情和契合心情而引发的美感。

自然美是情景交融、物我同一而产生的审美意象，是人与世界的沟通和契合。从这一点上看，自然美与社会美、艺术美是一样的，不同的是，自然美是在自然物、自然风景上见出，社会美是在社会生活的人与事上见出，而艺术美是在艺术品上见出。王国维说：“夫境界之呈于吾心而见于外物者，皆须臾之物。”任何美（审美意象）都是“呈于吾心”，同时又“见于外物”。自然美是见于自然物、自然风景。自然美就是“呈于吾心”而见于自然物、自然风景的审美意象。

二、对自然美的两种审美经验

人们逐步意识到自然有独特的审美价值，但是这存在一个问题，即自然物（自然风景）是否都是美的？自然成为审美的对象包括两个方面的情况：一种情况是经过劳动改造的自然景物，在这种自然景物中凝聚着人的劳动，自然与生活的联系是比较明显的。自然物打上了人类实践活动的烙印，使人们得以从中直观自身；自然美的根源，同其他一切美一样，在于人类的社会实践，在于自然物同人及其生活的客观联系。由于人在实践过程中，认识和掌握了客观的自然规律来为自身的发展服务，从而实现了对自然的改造、协调，使自然社会化、人化，这样才谈得上自然的审美属性和价值。人对自然的美的发现和感受，完全是“由于人化的自然界，才产生出来的。”“自然的人化”就是指经过人类实践，自然与人的关系发生了整体性的根本变化，“人化的自然”就是指的人类社会实践的整体性成果。

另一种情况是未经改造的自然，如天空、大海、原始森林等。这类自然的美虽然没有直接打上人的意志的烙印，但仍然直接或间接地与人的生活发生联系。如卡尔松就主张所有自然物都具肯定的审美价值，他说：“自然环境，就它未被人类触及或改变的意义来说，大体上具有肯定的审美性质；例如它是优美的、精致的、浓郁的、统一的和有序的，而不是冷漠的、迟钝的、平淡的、不连贯的和混乱无序的。简而言之，所有未被人类玷污的自然，在本质上具有审美的优势。对自然世界的恰当或正确的欣赏，在根本上是肯定的，否定的审美判断是很少有的或者是完全没有。”[40]卡尔松认为未经改造的自然都是美的。哈格诺夫也持同样的看法，他说：“自然是美的，而且不具备任何负面的审美价值”；“自然总是美的，自然从来就不丑”；甚至说：“自然中的丑是不可能的。”[41]未经改造的自然是美的，这里面有几种情况：

1. 自然的形式美。欣赏自然首先是感受自然对象的感性外观，即自然对象的声色之美。“桃之夭夭，灼灼其华”（《诗经·周南·桃夭》，“接天莲叶无穷碧，映日荷花别样红”（《晓出净慈寺送林子方》），这是欣赏大自然的色彩。“鹤鸣于九皋，声闻于天”（《诗经·小雅·鹤鸣》），“林莺啼到无声处，青草池塘处处蛙”（《春暮》），这是一个声音的世界，是对“天籁”的感觉。“迟

39. [德]黑格尔著，朱光潜译．美学（第一卷）．商务印书馆，1996年版，第160页。

40. Allen Carlson, Aesthetics and the Environment: The Appreciation of Nature, Art and Architecture (London and New York: Routledge, 2000), p. 72.

41. Eugene Hargrove, Foundations of Environmental Ethics, Englewood Cliffs, NJ: Prentic Hall, 1989, p. 177, 184.

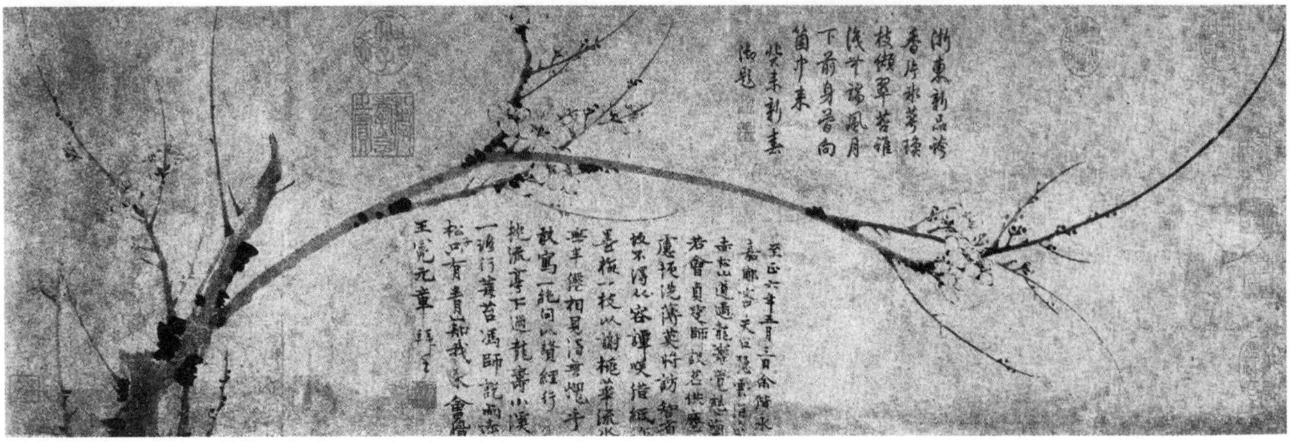

图5.8 《墨梅图卷》

日江山丽，春风花草香”(《绝句》)，“遥知不是雪，为有暗香来”(《梅花》)，这又是一个味的世界，香气袭人的世界。

就自然对象本身而言，太阳既是光明，又是温暖；花儿既有其色，也有其形；鸟儿既有其貌，也有其声；果实既可观赏，也能食用，等等，都是具有多方面性能的整体。但是，在自然审美的活动中，这些对象却呈现为另一种不同的景观，变成只以某种特征而存在，它们只呈现为某种感性形式，失去物质功利性能，有的甚至只以单纯的色彩、声音或形状而存在。

在自然审美活动中人类首先培养起一种“形而上学”地把握世界的方式，可以把对象分为“文”和“质”，然后只论其“文”不及其“质”，甚至在“文”的范围内也可以对自然对象的色、声、形等作相对独立的把握。这是一种专以耳目感官把握对象外在感性表象的形式感。以“文”的眼光看世界，将大自然当成一种“天文”，这实在是人类文化史上一次激动人心的伟大飞跃，是一种高级的精神性能力，它虽然片面，但很精彩。作为人类最基本审美能力的形式感，正从自然审美的流连光景中来，人们在对蓝天白云、绿树红花、风吟雨唱等的欣赏中获得了对色彩、形状、节奏等形式要素的感受能力。这种能力既是工艺审美形式创造的前提，也是艺术品创作的感官能力基础。离开了自然审美这一人类审美意识发生的前期背景，工艺创造与艺术能力就永远是一个不可解的黑箱。

2. 自然美的某些特征还可以与人的性格品质相似。自然物作为人和人类生活的象征，显示审美意义。有些自然物，作为“感性存在”体现为人的本质力量的某种特有形式，包含着某些不那么确定的生活内容，这就使它具有了这样一种特质：引发人们特定的联想和想象的天地，从而获得另一种观念，也就是从中感受到人和人类生活的某种意义。还有一些自然物因被赋予了一种神话的色彩，也获得了“人化”的形式。

子曰：岁寒然后知松柏之后凋也。(《论语•子罕》)

后皇嘉树，橘徕服兮，受命不迁，生南国兮。深固难徙，更壹志兮，所岁虽小，可师兮长。行比伯夷，置以为象兮。(《楚辞•橘颂》)

这就是所谓的“比德”现象，它着眼于人与自然的关系，将对象物的自然属性赋予观赏者所期待的社会思想属性，显示出人可以从自然美中直观自身的理论意义。再如周敦颐的《爱莲说》：“予独爱莲之出淤泥而不染，濯清涟而不妖，中通外直，不蔓不枝，香远益清，亭亭净植，可远观而不可亵玩焉。予谓菊，花之隐逸者也；牡丹，花之富贵者也；莲，花之君子者也。”在散文中他举出两个陪衬，以水陆草木之花为莲的总陪衬，以菊和牡丹为莲的旁衬；爱菊花、爱牡丹、爱莲花，指代三种人，菊花：隐居避世的人；牡丹：指追求富贵高傲之人；莲花：指品德高尚，不愿与世俗同流合污的人。周敦颐对于莲花的喜爱，正在于它代表不愿同流合污的人的高洁品质，由此也表达作者不慕名利，洁身自好，不与世俗同流合污的态度，同时也表达了作者对追名逐利，趋炎附势的鄙弃。歌颂了君子“出淤泥而不染，濯清涟而不妖”的美德，表达作者不与世俗同流合污的高尚情操。张潮在《幽梦影》中说：“梅令人高，兰令人幽，菊令人野，莲令人淡，春海棠令人艳，牡丹令人豪，焦与竹令人韵，秋海棠令人媚，松令人逸。桐令人清，柳令人感。”梅兰竹菊莲等自然花木的审美意象具有不同的意蕴，显示出不同的气质和情调。如王冕的《墨梅图卷》（图 5.8），此图作倒挂梅。枝条茂密，前后错落。枝头缀满繁密的梅花，或含苞欲放，或绽瓣盛开，或残英点点。正侧偃仰，千姿百态，犹如万斛玉珠撒落在银枝上。他在画作上自题咏梅诗：“吾家洗砚池头树，个个花开淡墨痕。不要人夸好颜色，只留清气满乾坤。”白洁的花朵与铁骨铮铮的干枝相映照，清气袭人，写出梅花清韵、高洁的品格，并隐喻自己的人格、志趣。

三、自然美的特点

自然美既不只是人所生活的田园，也不只是与人相邻的山水，而是整个自然界。它包括了荒原和大海，白昼的蓝天和黑夜的星空。自然美的特点表现为以下三点：

第一，自然美的自然性，是一种野性的美。自然美是自然物所显示出来的美。任何自然物都有它的自然属性，它的美就建立在这种自然属性的基础上。自然是自然物，或自然界，它的存在不依赖于人，也不依赖于人类社会。它在人类社会出现以前，就按照自身的规律存在着、发展着、变化着。它们纯粹只是一种自在之物，并不具备什么美与不美的属性或价值。美则不同，它是一种社会价值。自然界的美也是对人而言。只是因为有了人，有了人的实践活动，形成了人与自然的种种关系，才使自然物取得一定的社会意义，从而显示出美的价值来。但是，自然美对自然有着直接的依赖关系，它任何时候都不能离开一定的自然物质属性。 苏东坡说：“水光潋滟晴方好，山色空濛雨亦奇。欲把西湖比西子，浓妆淡抹总相宜。”自然自身具有的各种自然属性，是不依赖于人的。自然美的自然性在外在形式上应该符合人的审美要求，它的色彩、线条应该是人的视觉能够把握的、悦目的，它的声音应该是人的听觉能够把握的、动听的，没有这些“天生”自然素质，也就谈不上自然美。

以自然属性为存在基础的自然美，根本上体现了自然界同人类之间一种普遍自然的联系。泰山，自古就是各个时代人们游览休闲的胜地（图 5.9）。社会地位、文化背景不同的人，都可以对泰山之美有直接的感受：历代君王登基后，要到泰山封禅祭祀，立碑植树，辟路造庙，并赞叹泰山的气势“高矣、拔矣、大矣、特矣、壮矣、赫矣、骇矣、惑矣”（汉武帝）；历代文人学者也纷至沓来，李白、杜甫更留下千古传诵的诗篇，“朝饮王母池，瞑投天门阙。独把绿绮琴，夜行青山月”（李白），“荡胸生层云，决眦入归鸟。会当凌绝顶，一览众山小”（杜甫）。自然美本身的自然属性，使它成了人的普遍的审美对象。自然美贵在自然。

第二，自然美的形式具有较别的美更为突出的独立价值，它侧重于形式美。一切美都是内容与形式的统一，但在不同形态的美的事物中，却是不完全相同的。一般地说，在艺术美中，要求内容与形式的高度统一；在社会美中，内容就比形式更占分量；而在自然美中，形式的地位更突出。自然美的独立性有两个方面的意思：一是不以功利为前提；二是自然美的欣赏不以

图5.9 泰山

图5.10 癞蛤蟆

图5.11 蝴蝶

认识为前提。自然属性虽然不是自然美的根源，但是由于自然美主要是以它的感性特征直接引起人们的美感，因此，自然的某些属性如色彩、形状、质感等具有不可忽视的审美意义，它是自然美形成的必要条件。花的缤纷绚烂，鸟的千啼百啭，山的陡峭，海的壮阔，水的蜿蜒……所有这些鲜艳活跃的色彩、奇特怪异的形状，都是自然美不可缺少的外部条件。自然美正是以其鲜明、具体、丰富的外观形式，令人产生直接、清晰的审美感受和印象。当人们面对一个自然物时，往往被它的形式所吸引、所陶醉，而不是首先顾及它所表现的社会性内容或其他。自然美的形式特点：一是整齐一律。这就是说美的自然事物始终要保持其自身的同一性。二是合乎规律。它不再保持自身绝对的同一性，而是在变化中有统一，在统一中有变化。三是和谐。它已经摆脱了合乎规律中对于同一性的回归，不是一致和重复。

我国各个著名的风景区都有它独特的自然特征，构成各自特征的美，如"雄"、"险"、"奇"、"秀"、"幽"、"阔"等。1. 泰山的雄伟（山势累积，主峰高耸；形体厚重；苍松、巨石、烟云对泰山的雄伟起着烘托作用）。2. 华山的险峻。华山如一方天柱，拔起于秦岭山前诸峰之中，四壁陡立，几乎成八、九十度，山脊高而窄。3. 黄山的奇特。自然特征变化无穷，黄山七十二峰千姿万态，云海变幻莫测。4. 峨眉的秀丽。"峨者高也，眉者秀也，峨眉者高而秀也。"5. 青城的幽深。"青城天下幽。"幽景的特点是：景点的视域较窄小，光量小，空气洁净，景深而层次多。6. 滇池的开阔。从龙门眺望滇池，以开阔的水面为主体，视域开阔，水面坦荡。这些风景区，都是以其自然的感性特征，而使人产生美感。色彩、声音、线条、形状、质料等形式美的因素，成为自然美整体构成的突出成分，居于侧重或压倒的地位。自然美侧重于形式美的审美特性，在人们的审美活动中也表现得十分显著。人们在欣赏自然美时，常常因自然物的形式美给予审美感官以鲜明而突出的印象，便忽视其比较隐约的内容，只注意其形式了。如癞蛤蟆，外表丑，不仅能吃害虫，而且它的分泌物还能制成中药，但是它外形却令人讨厌；有些自然物对人有害，如蝴蝶幼虫对农作物有害，但由于其美丽的外形，总是讨人喜欢。（图 5.10，图 5.11）

第三，自然美的审美特质具有多面性。自然物的属性是多方面的，自然物与人的社会生活的联系也是广泛而复杂的，因此，自然物的美在一定条件下，在与人类社会生活的特定联系中，其不同侧面会得到这样那样的显示。同时，自然物作为人的对象性存在物，与人的关系是多样的。这也就使自然物具有美的多面性。如月亮，具有极为丰富的自然属性。就其形状而言，皎洁如玉盘，或弯曲如钩，这种阴晴圆缺的变化，体现着一种意味弥深的形式美；就其光波来说，或温和、或朦胧，给予人们以宁静安详、诗情画意的审美感受。月亮本身存在着美的多面性，此外

欣赏者从不同的角度观赏，带着不同的心情对视，就有可能获取各种不同的美感。(图 5.12，图 5.13)

自然美的多面性还指由于人们观赏自然物时所处条件不同，有着远近、方位、季节、朝暮、阴晴等转换，因而，作为审美客体的自然物和自然现象在主体感受方面会产生多角度、多侧面、多层次的变化。所谓“景随步移”就是这个意思。郭熙在《山水训》中写道：“春山淡冶而如笑，夏山苍翠而如滴，秋山明净而如妆，冬山惨淡而如睡。”画家从四时山景联想到人物的形象。自然事物与生活的联系，还表现在同一自然事物的同一自然属性，在不同条件下可以成为美的或丑的。评价自然美的时候，如果脱离自然与生活的客观联系，就会失去客观依据。

图5.12 弯月

图5.13 圆月

第四，自然美的审美性质具有不确定性。一般来说，社会事物的审美性质是比较明确、比较稳定的，美的就是美的，丑的就是丑的。同一自然事物有多种属性、特征，其中有的特征是美的，有的特征却是丑的。大部分的自然都具有美丑两重性。同一自然物，在一定的条件下是美的，在另外的条件下却是丑的。对自然物来说，没有绝对的美，也没有绝对的丑。有些自然物，同时兼有美与丑两种相互对立的审美素质。自然美的美丑两重性，决定于自然物本身多方面的性质及与人的多种联系。在一定条件下，它的某一方面的自然性质，符合人的某一方面的需要，契合人的某种正面的积极的精神状态，于是它就获得了正面的审美特质；反过来，如果在另一种条件下则是丑。

自然美的多样性与不确定性在很大程度上关涉到自然的社会性。人类在与自然长期的关系中，对某些自然物的认识相对形成了一些共识，这些自然物对人的意义也就相对被固定下来。这种作为心灵创造物的自然美分为两种：一种是集体心理的产物，如龙、凤和四君子等；另一种是个体心理的产物，是自然美与人在某时某地某种特定的感觉。自然之所以美，美在生机。生机指生命的意味，它不一定是生命本身。总之，自然是人类最重要的审美之源。这是因为人类生命首先来自自然，人不仅从自然中获得生命，而且从自然中确证生命。

第三节　环境美与环境美学

对当代社会而言，自然审美是一个更现实、迫切的话题。自然审美不是逸致闲情，首先是更直观的生存状态。生态问题是人类自然生存环境问题。美好的生态环境是人类起码、必需的自然生存条件，创造生态美就是创造人类必需的良好自然生存环境。现代环境科学中强调的生态平衡，人与自然环境、社会环境的协调等，都包含了保持、创造环境美的内涵。广义的环境美包括山川草木、气候风物等自然环境的美，社会生产方式、文化氛围、风俗习惯以及人与人的关系等社会环境的美。狭义的环境美指人们直接生活、学习、工作的场所的美。

一、环境与环境美学

环境变得越来越不利于人类的居住，由此衡量环境质量的环境科学兴起，而紧随其后衡量环境审美价值的环境美学也继而兴起，它逐渐成为确定环保对象的一个重要指标。阿诺德•伯林特（Arnold Berleant）在他的《环境美学》(The Aesthetics of Environment) 一书序言中写道："近年来，随着各个学科领域学者们的共同关注，一个新的研究方向——环境美学——逐渐展现在人们面前。这种关注首先从美学、环境设计、哲学和人类科学等交叉学科开始。紧接着，越来越多的文章和专著相继问世，涉及领域包括哲学、文化人类学、建筑学、规划学、景观设计学、人文地理学、环境设计和心理学等等。艺术家也加入这一潮流，不光有环境艺术家，还有作曲家、剧作家、摄影师和电影导演。他们最早接触环境，有实际的感知体验。而且，这一趋势从国内蔓延到全球，不同国家、传统和文化的人们都表现出共同的兴趣。"[42]环境美学的兴起不仅是美学内部因素促成的，更是整个社会思潮在美学学科上的反映。

要了解环境，首先要考虑一个概念——生态。生态，按其最初的意义，是指生命的联系。1927 年，生物学家首创"生物链"的概念，将某一生命的存在延展到其他物的存在，按这种理论，不仅整个地球是一张生态网，连整个宇宙也是一张生态网。所有的生命包括人的生命，都只是这张网的一格，任何一个网格的活动都会影响到其他的网格，真正是"牵一发而动全身"。生态重在生命的联系、生命的网络，而不是某一生命。在生态的背景下，人的生命与动物的生命是平等的。

严格说来，生态无所谓好坏。说好坏，均是站在人的立场上来说的。按人的观点，青山绿水，风景优美，风调雨顺，就是生态好；沙尘暴、洪水、干旱、飓风就是生态不好。其实，就自然界的立场来说，沙尘暴、洪水、干旱、飓风正是生态的表现，正是因为某些地方有它们的存在，才使得别的地方无它们的存在。北冰洋长年冰天雪地，不适合人类的生存，然而正是因为它的不适合于人类的生存，才让别的地方四季分明，适合于人类的生存。所以，我们谈生态，有一个立场的问题，我们不仅是站在人类的立场上来谈生态，而且站在某一地方人的立场上来谈生态的。凡是对人、甚至对某一地方人的生存有利的自然状况，我们就视为生态好，反之，就视为生态不好。换句话说，我们从来是在以人为本的前提下来谈生态的。生态学，严格来说，应称之为人类的生态学。人要发展，要进步，要创造，这是人的天性，也是人的社会本质。人的发展、人的创造、人的进步，我们通称之为"文明"。任何文明的产生，都会在不同情况下伤及原来的生态系统。然而，任何人都明白，我们不能因为要保护原来的生态系统就什么事都不做。我们只是希望，这对原有生态系统的破坏，尚不至于造成对人类生存的严重伤害。因此，讲生态实质讲的是文明与生态的平衡，绝对的生态主义与绝对的文明主义都是不行的。文明主义与生态主义的统一，是人类发展的第一法则。环境美学的哲学基础正在此。人类的文明，均离不开对资源的掠夺，资源在哪？资源就在人类周围的世界——自然界，而自然界又正是人的环境。我们不能不创造，换句话来说，我们不能不从自然界掠夺资源，但是，我们又不能破坏环境，因为环境是我们的家。我们唯一能做而且必须要做的是在资源与环境之间寻找平衡，在掠夺资

42. Yrj. Sep. nmaa : The Beauty of Environment, 1993, Steven C. Bourassa: The Aesthetics of Landscape, London: Belhaven Press, 1991, Arnold Berleant , Environment and the Arts, Burlington: Ashgate Publishing Company.

源与保护环境的二律背反中寻找和谐。环境这一概念之所以不同于自然，是因为只要谈到环境，它就有人，只有人才有环境。而谈到人，就必然要谈到文明，因为文明是人之所以为人的确证。所以，文明主义维度是环境美学的题中应有之义。然而仅有这一义是不行的，仅有这一义，环境美学没有必要存在，环境美学的特殊性就在于它还要有生态主义。

环境建设就是文明的建设，我们可以称它为“环境文明”，环境美学强调环境建设要重视生态的维度，实现文明主义与生态主义的统一。环境美不仅美在适合人类生存，还美在适合其他生物的生存。

环境美学的兴起，给以艺术为中心的现代美学提出了多方面的挑战。环境不像艺术作品那样有明确的边界，而且因观赏者可以在环境之中，环境之中的欣赏者的任何举动都会导致作为欣赏对象的环境本身的改变。环境美学是以环境审美为研究对象的美学，从不同角度对自然审美的分离模式进行了批判，力图确立一种适合自然审美的新的审美模式，它主要包含两层意思：一是指审美对象上包括自然景观和人造景观等传统艺术美学考虑边缘的东西，一是指将这些对象作为与人相关的对象，而不是作为类似于艺术作品的孤立的东西来欣赏。在环境美学中最核心的问题就是自然美的问题。传统美学不仅将自然作为审美对象，而且主张把它们孤立的、个别的存在物开放为环境、开放为相互联系甚至与欣赏者本人联系在一起的东西去欣赏。

就美学的研究对象而言，在传统的美学研究中，艺术是主要的美学研究对象，因而美学曾被称作“艺术哲学”。但美学的研究对象不应该只限于研究艺术，它应该扩展到整个环境。环境美学所说的环境，可以从两个方面来看：首先是地理存在的环境。这个方面的理解与传统对环境概念的理解最为接近，即我们周围的围绕物。我们通过感官可以感知到，不管是视觉还是听觉、嗅觉、触觉及运动感觉等等。环境无所不在，可以说，我们的身体每时每刻都处在一定的环境之中。尤其是我们日常生活的环境更值得关注，如人们日常生活、工作、休闲的场所和当地景致等等，正是这些地方才更容易显示出生活的质量。其次，环境美学意义上的环境不仅是物理的存在，还包含了我们自身。环境不是与人相分离的，人就在环境中，它是融合了场所和人们活动的整体，是一种与人相结合的环境。

环境作为美学的研究对象，与传统的美学研究对象“艺术”相比有着明显的区别：第一，艺术品常常是虚构的和想象的，是对现实的省略、微缩、抽象或者模型，而环境是真实的，就是其自身。第二，艺术品是有限的，固定的整体，常常有一定的边界；环境是不断生成的，流动不拘，时刻都在变化，不是僵死不动的。它是一个活的事物，在自然规律和人类社会的规律共同影响下发生变化。第三，艺术品注重原创性，环境在变化中重复其自身。第四，艺术的感知是一种或者两种感官，而环境需要多种感官共同参与。第五，对艺术的欣赏需要一定的审美距离和无利害的审美态度，而环境的观者就是环境的一部分，人们参与进去，直接和环境相接触。第六，环境的背后蕴含着千百年来生态演进的历史和文化发展变化的历史，它是人与自然共同的作品。环境不像艺术品那样有确切的作者，环境的形成很少是单个人的作品，而更多的是集体和自然共同创造的结晶。[43]

43. Yrj. Sep. nmaa: The Beauty of Environment, 1993, Steven C. Bourassa : The Aesthetics of Landscape, London: Belhaven Press, 1991, Arnold Berleant : Environment and the Arts, Burlington: Ashgate Publishing Company, p55-57.

与艺术欣赏不同的是：环境美的欣赏注意整体性、注重整体性的生命的流转，超越了对个体的形式化的欣赏。这种重内在整体生命的生动性的欣赏，一方面注意欣赏对象与环境的交流与交融。另一方面，将美与有用相联，注意到美与善的互通。在以艺术为中心的美学传统中，人们往往把功用价值与审美价值区分开来，并把审美价值视为作品最高的目的。

二、环境美的最高功能——乐居

将环境美学看成美化学，其实，环境美学也是环境保护学，而且是重要的环境保护学。环境美学不仅为环境保护提供有关保护的目的性的概念，还提供有关保护的原则性的概念，例如：第一，能够满足人乐居的环境，不仅是生态的，而且是文明的。因此，保护要兼顾生态与文明两方面，既要恢复优良的生态，又要保护人类优秀文明成果，并创造新的文明。第二，环境美的本体在景观，环境保护不能只是恢复生态，还须将生态恢复好了的环境建造成景观，以提升环境的审美品格，满足人们的审美需求。第三，景观的文化意蕴是多元的，既有时尚性，更有历史性。由于历史景观具有不可再生性，其价值不能转换成金钱，也无可估量。同时，由于人是历史的动物，在地球全部生物中，唯有人是有历史感的。历史既是人类前进的基础，又指引人类前进的未来。没有历史感，人类必然迷失前进方向。就审美来说，最具魅力的景观无过于曾经承载前人辉煌的历史遗存。在环境保护中，须将历史遗存的保护包括人类的历史遗存的保护和自然的历史遗存如古树的保护，作为重中之重。在保护的基础上，构建出更为迷人的景观。按环境美学的观念，家园不只是一片土地，家园中有诸多精神、文化意蕴，这些精神上的、文化上的意蕴，更多属于历史。祖祖辈辈在这块土地上生活，生儿育女，创造了诸多有形的和无形的、物质的和精神的财富，这些才是最宝贵的。家园的价值，其中最为重要的是这种历史文化的价值，家园的美更多的是这种历史文化的美。人对家园的依恋感、归属感是任何金钱也买不来的。它才是我们的无价之宝。任何生产性活动包括环境的开发、建设，均要尊重人的这种家园感。

在人与环境的关系上，我们通常只是将人视为主体，而将环境视为客体。如果按环境伦理学的观点,则环境与人同为主体。人有自身的利益,环境也有其自身的利益。环境不只是人的环境，还是诸多生物的环境，诸多生物也有其自身的利益。所有生物的利益包括人的利益联系在一起，构成生命的系统。在这个生命系统中，人的利益不是绝对的，因而，人不能只是按照自己的利益来处置环境，还须兼顾其他生物的利益。环境美学建立在环境伦理学的基础上，它在一定程度接受环境伦理学的人与环境同为主体的观点，既从人本主义的立场来建设环境，又从生态主义的维度来建设环境。环境美学从多种维度看待环境，在涉及利益的问题上，它主张协调、平衡，让各方的利益都有所保障，以达到最完美的统一，这就是和谐。环境美学以和谐为最高的美学追求。正是这种平衡从根本上保证了可持续性发展的可能性。

从人与环境的关系来说，按社会学或人类学的观点，可以让人生活就是好的环境了，因而一般只提出“宜居”的概念，而从环境美学的观点来看，“宜居”是不够的，原因有二：第一，宜居，即适宜人居住，这适宜只考虑到人的肉体生命一面。具体来说，只要这环境没有重要污染，能够让人生存下去，就是宜居的环境了，它基本忽视了人精神上对环境的要求。一个没有任何历史文化传统、没有人类先祖遗存的地方，可以是一个宜居的环境，但未必是一个有魅力的生活环境，生活在这个环境的人们其实是不满意的，这是“文化沙漠”。第二，宜居，重在环境的硬件，有自然的硬件，如空气质量、森林覆盖面等，也有社会的硬件，如经济水平、交通状况、各种服务设施的布局等。这些是可以量化的，但是，它忽略了环境的软件，这软件主要是精神文化方面的，包括先祖的历史遗存、社会风尚、文化气氛、文明水准等等。有些地方硬件很好，但人们并不满意，幸福指数不高，其原因就在于软件不够好。

从环境美学的角度提出“乐居”的理念，将“乐居”看作是环境美的最高功能。“乐居”之所以高于“宜居”，其原因就在于它不仅注重环境对人的肉体生命的影响，而且注重环境对人的精神生命的影响，它不仅注重环境的硬件设施，而且注重环境的软件设施。在当前，不少城市，在硬件设施上已达到国际先进水准，但人们生活在这里，并不感到快乐，就是说不能乐居，差就差在软件建设上。

“乐居”看重的是“乐”，乐是情感性的，这是审美的重要特点，情感不仅是人的本质，而且是人最重要的原动力，它与理性可以一致，同步调行动，但也可以与理性无关，而偏执于自己的旨向。情感的力量任何人也不能忽视，它是可爱的，也是可怕的。审美的情感不是偏执的情感，它须实现与理性的统一，也正因为如此，审美的情感不是低级的情欲，而是高级的情感。美学上将这种情感称为“情致”或“情志”。环境美学中讲的“乐居”之“乐”就是这样一种情致。

第六章 艺术美

艺术不仅是美学的重要领域之一，而且也是其最复杂的现象之一。首先，艺术与非艺术的界限是模糊的。一些被人称为艺术的现象在另一些人看来是非艺术的，反之亦然。同时，艺术和非艺术的界限也是游移不定的。一些在历史上并非是艺术的现象但在当代却成为了艺术，也许现时代的一些非艺术现象在未来也会变成艺术。其次，在一些被惯例认为是艺术的领域内，艺术自身的现象是多元的。最后，人们对于好的艺术和坏的艺术缺少一个确定性的标准。艺术现象作为一个问题让人们去思考。

第一节 艺术与审美

艺术现象虽然是复杂的、多样的、不可确定的，但它至少不是一个虚无而是存在的现象。人们每天都直接或者间接地能够和各种艺术现象相遇，或者在家欣赏绘画、聆听音乐、阅读文学作品，或者在公共场所，如影剧院、音乐厅和美术馆，与人们一起欣赏艺术。这些艺术现象都是与艺术品相关或者是具有艺术性的事情。其实艺术现象自身已经有一个大致的边界，由此，它和各种非艺术相区分。这个边界是通过艺术自身确定的。

关于艺术，每种民族的语言都有各种不同的相应的词语。艺术来源于技艺、技术。中国甲骨文中的“藝”字是一个人进行种植的象形字，表明艺术来源于劳动技艺。西方语言中的“艺术”（拉丁文：Ars）原来也都是技术的意思，与艺相关，术是指人的活动，而且是一种手段和工具性的活动。凭借它，人们实现自身的目的。可见，艺术自身意味着不是自然的活动，而是人类的活动。

但人和自然究竟是一种什么样的关系？自然是自身所是的样子，是已给予的，已存在的。一切矿物、植物和动物都是如此，它们就是自然物，并构成自然界。人类就其作为动物而言是已给予的，因此也是自然物，属于自然界。但人是一种特别的动物，正如中国传统思想而言，人是万物之灵。如同宗教、哲学一样，艺术正是人类理解自身的方式之一，并因此是人类敞开自身的方式之一。我们既不能把艺术等同于自然，也不能认为艺术只是自然的高级阶段，甚至也不能从自然的视角来解释和说明艺术。因此，我们要在人类生活世界而不是自然世界的领域内来探讨艺术现象的本性。

虽然艺术不是自然，自然也不是艺术，但艺术和自然具有复杂的关联，以至于人们认为自然与艺术具有某种相似性。一方面，人们认为自然如同艺术。另一方面，人们认为艺术如同自然。这两种观点都具有片面性。艺术虽然是作为人类的活动，但始终与自然相关。首先，艺术借助自然。其次，艺术描写自然。自然始终是艺术的主题之一，正如它是生活世界的一个根本现象一样。最后，艺术师法自然。

艺术和人的其他的活动都属于生活世界，但它们绝对不是完全相同的，而是不同的。人最基本的生活样式是改造自然的物质活动，借此人获得自己生存的可能。同时人的生活表现为人与人之间的交往，由此，人们构成了各种复杂的社会关系。艺术是作为人类生活世界的现象，但它不是人的一般的现实的活动，而是精神活动。但这种对于艺术的规定仍然是外在的，尚未切近艺术现象的本性自身。人的精神活动是丰富和复杂的，除了艺术，还有很多非艺术的现象，如宗教、法律、政治、科学、道德和语言等。所有的精神各自不同，但又彼此交叉，相互联系，如同一张无形的网络一样。在这样一种关联中，艺术又是如何区分于其他精神现象的呢？一般来说，人们认为其他的非艺术的现象是非审美的，而惟有艺术是审美的。但我们还必须进一步思考，艺术在何种程度上是审美的，同时，审美在何种程度上是艺术的。

一般的观点认为，艺术就是审美。在人的精神活动领域内，科学相关于认识，道德相关于意志，艺术则相关于审美的创造和接受。因此，审美是艺术不同于非艺术的根本性标志。在这样的意义上，艺术没有认识和道德本性，而只有审美本性。即使艺术中包含其他的特性，审美的本性也是规定性的。但审美一向被认为不是他律而是自律的，而这无非表明审美独立于生活。如果艺术就是审美的话，那么也意味着审美是远离生活的。因此，当人们说艺术就是审美的时候，也就是说审美就是艺术。只有艺术美才是纯粹的，是美自身的创造和接受。

将艺术等同于审美或者将审美等同于艺术，这看起来使艺术和审美自身变得纯洁，但它不仅没有切中艺术和审美的现实，而且也导致艺术审美自身本性狭隘化。因此，我们必须放弃这种对于艺术和审美关系的偏见，而回到艺术和审美自身的现实，由此来判断它们究竟是什么关系。

艺术作为独立的精神活动是历史在其发展过程中人类分工的产物。尽管如此，艺术始终和一个时代的宗教、政治、科学和道德相关，甚至就是它们直接或者间接的表达，如基督教艺术、儒家的艺术等。艺术的审美特性是在近代以来才凸现出来的，这在于人们将审美理解为感觉和情感的体验，而艺术正是这种体验的方式。即使这样，任何一个艺术现象除了审美的本性，还有非审美的本性，如认识和道德等。这甚至表现在各种纯粹的艺术形态中，以至于人们会说一件艺术品是道德的或非道德的。

正如艺术不能等同于审美一样，审美也不能等同于艺术。审美不是一般意义的感性或情感活动，而是人的生活世界的创造，是人的存在的自由境界。因此，审美除了艺术还有非艺术。作为审美现象，自然的美和社会的美与艺术的美的区别在于，前两者是现实的，而后者是精神的。艺术虽然不是绝对纯粹的审美想象，但与自然和社会美相比却更为纯粹。通过上述的揭示，艺术和审美的关系变得非常明朗。它们既不是不相干的，也不是彼此同一的，而是相互交叉的。艺术虽然具有其他的特性，但在根本上是审美的。

艺术和其他劳动产品有一个区别在于，其他产品是在实用基础上讲求美，也就是依附美，是审美与实用的结合，韩非子说："千金之玉卮，至贵，而无当，漏，不可盛水。"卮是古代一种饮酒器，如果不能满足实用的需求，再贵重也是没有价值和意义的。而艺术美则不是直接为了满足实用的需要，而是在满足人们审美需要中，给人以精神的影响。

艺术美是存在于艺术作品中的美，艺术作品是艺术家审美创造的物态化形式，因此，艺术美也就是艺术家对客观世界审美创造凝聚并显现于特定物质符号形态中的美。艺术创造是审美反映和审美创造交融并举的活动。这种审美活动本身具有的心灵激荡，又推涌审美创造的同步展开。这种审美创造活动，包含对现实美和自然美的真切反映和加工美化，对生活丑的透视剥露和审美转化，对各种各样、错综复杂的现实、自然关系的审美反映和强化显现；而这种以艺术创造为目标的审美创造活动，始终离不开物态化和外在审美体验的相应方式及形式美的创造。

事实上，艺术家以审美的眼光、良好的形式感和一定理解，才有可能通过成功的审美意象的塑造，创造出集中展现艺术美的艺术作品来。

总之，艺术美和其他美的形态一样，都是人的自由创造的形象体现。而艺术美作为美的较高级的形态，更充分地体现了艺术家自觉地运用美的规律来生产，给人以深刻的精神影响，成为鼓舞人们开创世界的有力工具。

第二节　各艺术门类的审美特点

艺术的分类并非绝对的、无条件的，相反，各门类艺术之间的界限具有非绝对性和有条件性，它们之间在审美感受、表现手段等方面既存在区别，又有联系，相互转化，共同发展。它们的审美特征也有很多共通之处。实现艺术通感的审美体验，必须紧紧把握各种艺术之间的相同与不同之处，并通过感觉之间的相通与挪借，使这些审美特征在各种艺术间的审美感受中相互沟通。

一、造型艺术

造型艺术是指使用一定的物质材料（如颜料、绢、布、纸张、石、金属、木、竹等），通过塑造可视的静态形象来表现社会生活和艺术家情感的艺术形式。它包括绘画、雕塑、摄影、建筑、工艺美术等具体的艺术形式。下面我们逐一讨论。

（一）建筑

建筑美有狭义和广义之分。狭义建筑美是指单体建筑的美，而广义建筑美则把建筑放在广阔的特定时空背景中去研究；它跨越单体，走向群体；跨越建筑，走向城市。《建筑十书》里提出“适用、坚固、美观”这一经典性的建筑三要素观点，后人在创作中多有体现。建筑师在后来概要了建筑美的三种诠释：一是“益美说”，二是“愉悦说”，三是“表现说”。建筑美的特性：一是依存和纯粹；二是抽象和象征。据3000年前的历史文献《易・系辞》记载：“上古穴居而野处，后世圣人易之以宫室，上栋下宇，以待风雨”。即建筑艺术缘起实用，而建筑及其美的观念几乎同时产生。自古以来，建筑艺术及其美的昌盛，总是离不开材料结构条件所构成的物质技术基础。“八月秋高风怒号，卷我屋上三重茅。”“安得广厦千万间，大庇天下寒士尽欢颜。”“广厦”为各位寒士的梦想，他们的“欢颜”就不会停留在“庇寒”上了。可以说，人们对建筑的需求不是脱离社会存在的，它的出现是要切合人类的继发性心理的，故宫能触发我们对昔日君临天下、帝制威仪和三宫六院的联想。哥特建筑的上升感、飞动感使人联想到神秘的“上天世界”。那么，建筑美的源头是什么呢？著名的挪威现代建筑理论家诺伯格•舒尔茨曾经指出:“建筑首先是精神的庇所，其次才是身躯的蔽所。”建筑是静态的艺术，它是实用和美的结合。

建筑艺术的造型与时代有着密切的联系。它既受特定时代的生产力的制约，也受到该时代的审美理想和兴趣的制约。以西方建筑为例，古希腊建筑精心推敲各部分和谐比例，罗马建筑则致力于表现巨大和豪华，哥特式建筑追求飞腾感和模糊感，而文艺复兴建筑又转而寻求肯定感与节奏感。其中，哥特式建筑是西方建筑中的奇葩，它的特点是尖塔高耸、尖形拱门、大窗户及绘有圣经故事的花窗玻璃。哥特式建筑外部的扶壁、塔、墙面都是垂直向上的垂直划分，全部局部和细节顶部为尖顶，整个外形充满着向天空的升腾感。黑格尔在《美学》一书中这样写道：“正如基督教的精神集中到内心生活方面，建筑物也是在四方面都划清界限的场所，供基督教团体的集会和收敛心神之用。收敛心神，就要在空间中把自己关起。不过基督教心灵的虔诚同时也是一种对有限事物的超越，而这种超越也决定了基督教堂的风格。……所以艺术现在所要产生的印象一方面是不同于希腊神庙的豁然开朗，是一种收敛心神，与外在自然和一般世俗生活绝缘的心灵肃静的气象，另一方面是力求超越一切诉诸知解力的界限而远举高飞的庄严崇高气象。”[44]新的框架结构增加支撑顶部的力量，使整个建筑呈现直升线条、雄伟的外观。教堂内空阔空间常结合镶着彩色玻璃的长窗，哥特式艺术家们运用最灿烂的色彩——深红色、蓝色、紫色和红宝石色向教堂内的教徒讲述从创世记到末日审判，从圣灵感孕到最后晚餐的救赎历史，使教堂内产生一种浓厚的宗教气氛。教徒们可以通过窗户上的那一幕幕画面：以撒的献祭，摩西横渡红海，耶稣诞生，最后的晚餐等，深深地沉浸在对宗教的沉思之中。如科隆大教堂（图 6.1）作为世界上最完美的哥特式建筑，以轻盈、雅致著称于世，与巴黎圣母院大教堂和罗马圣彼得大教堂并称为欧洲三大宗教建筑。科隆大教堂为罕见的五进建筑，内部空间挑高又加宽，高塔将人的视线引向上天，直向苍穹，象征人与上帝沟通的渴望。

图 6.1 科隆大教堂

中国古建筑采用木结构体系，与西方建筑相比，比较单纯规整，也不雄伟高大，如果说西方古代建筑之美是在个体建筑的宏丽壮美，中国古代建筑之美则主要表现在建筑群体所表现出来的繁复壮观。中国古代建筑巧妙地利用外部自然空间组成庭院。庭院是建筑的基本单位，它既是封闭的，又是开放的；既是人工的，又是自然的，可以俯植花草树木，仰观风云日月，成为古人“天人合一”观念的又一表现，也体现了中国人既含蓄内向，又开拓进取的民族性格。中国传统建筑结构方式反映了古代宗法社会结构的清晰、有序和稳定。古代稍大一些的建筑都是由若干个庭院组成的建筑群，单个建筑物和庭院沿一定走向布置，有主有次，有重点有过渡，成为有层次、有纵深的空间，呈现出一种中国人所追求的整体美和深邃美。其中宫殿、寺庙一类比较庄严的建筑，往往沿着中轴线一个接一个地纵向布置主要建筑物，两侧对称地布置次要建筑物，布局平衡舒展，引人入胜。

建筑本身虽然是静止的、不动的，但由于形体变化却呈现出流动感。建筑是一种“凝固的音乐”。贝多芬创作英雄交响曲时，曾从建筑中汲取音乐形象养料，他说建筑艺术像我们的音乐一样，如果说音乐是流动的建筑，那么建筑可以说是凝固的音乐了。因为建筑和音乐艺术一样，有内在的有机联系，都需要节奏、变化与和谐。建筑空间往往是一个空间序列，是一个需要在运动中逐步铺陈开来的、置于时间推移序列才能领略其全部魅力的空间序列。空间序列的展开既通过空间的连续和重复，

44.［德］黑格尔著，朱光潜译．美学（第三卷）．商务印书馆，1996 年版，第 88 页。

体现出单纯而明确的节奏，也通过高低、起伏、浓淡、疏密、虚实、进退、间隔等有规律的变化，体现出抑扬顿挫的律动，这就如音乐中的序曲、扩展、渐强、高潮、重复、休止，能给人一种激动人心的旋律感。因此，建筑是一种空间造型艺术，但它也有时间艺术的某些特点。

图 6.2 鸟巢

19 世纪工业的大发展和城市的扩大使房屋建造行业兴盛，近代建筑也面临着巨大的革命。这种变革表现在以下几点：第一，房屋建造量的急剧增长，建筑类型不断增多；第二，新型建筑材料的出现。钢筋混凝土结构的应用使房屋建筑出现飞跃的变化；第三，结构科学的形成和发展，使人们更深入地掌握房屋结构的内在规律，从而改进原有的结构形式，有目的地创造优良的新型结构。如“鸟巢”（图 6.2），整个体育场结构的组件相互支撑，形成网格状的构架，外观看上去就仿若树枝织成的鸟巢，其灰色矿质般的钢网以透明的膜材料覆盖，其中包含着一个土红色的碗状体育场看台。在这里，中国传统文化中镂空的手法、陶瓷的纹路、红色的灿烂与热烈，与现代最先进的钢结构设计完美地相融在一起。

（二）雕塑

雕塑是指以立体视觉艺术为载体的造型艺术。雕塑又称雕刻，是雕、刻、塑三种创制方法的总称。雕塑指用各种可塑材料（如石膏、树脂、粘土等）或可雕、可刻的硬质材料（如木材、石头、金属、玉块、玛瑙、铝、玻璃钢、砂岩、铜等），创造出一种静态的、可视的、可触的三维实体，借以反映社会生活，表达艺术家的审美感受、审美情感、审美理想的艺术。雕塑又被称为“凝固的舞蹈和诗句”。

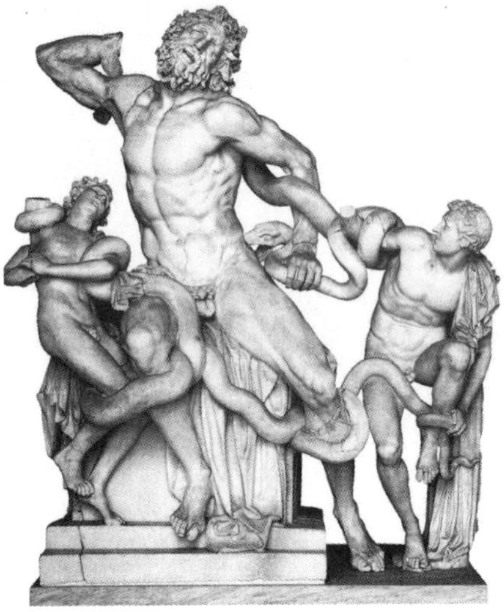
图 6.3 拉奥孔

罗丹说古希腊雕塑维纳斯不仅能给我们肌肤的温暖，而且还能给人以真实的生命感。这种生命感在善于组织体积，使它形成某种力量，某种感觉和某种韵律。雕塑就是要以某种体积变化、转折当中的韵律，来体会一种生命、情绪、情感，甚至一种思想。如拉奥孔（The Laocoon and his Sons）（图 6.3），大理石群雕，高约 184 厘米，是希腊化时期的雕塑名作。这件作品构思缜密，作品呈金字塔型，稳定而富于变化，三个人物的动作、姿态和表情相互呼应，层次分明，充分体现了扭曲和美的协调，显示了当时艺术家们非凡的构图想象力。作品中人物刻画非常逼真，表现了雕塑家对人体解剖学的精通和对自然的精确观察，以及纯熟的艺术表现力和雕塑技巧。这件雕塑作品尽管表现的是拉奥孔与他的两儿子被巨蟒缠死的场景，雕刻家要在既定的身体苦痛的情况下表现出最高度的美。莱辛认为，身体极度苦痛情况下的扭曲变形同高度的美是不相容的，所以雕刻家不得不把身体的苦痛冲淡，把哀号化为轻微的叹息，因为哀号会使面孔扭曲变丑。希腊雕刻在形式表现上力求化丑为美，显示出“静穆的光辉”。

雕塑在表达思想情感、叙述故事时，要概括性、凝练性和普遍性。

如雕塑《阿波罗与达芙妮》(图6.4)，该作品取材于希腊神话，描绘的是太阳神阿波罗向河神女儿达芙妮求爱的故事。爱神丘比特为了向阿波罗复仇，将一枝使人陷入爱情漩涡的金箭射向了他，使阿波罗疯狂地爱上了达芙妮；同时，又将一枝使人拒绝爱情的铅箭射向达芙妮，使她对阿波罗冷若冰霜。当达芙妮回身看到阿波罗在追她时，急忙向父亲呼救。河神听到了女儿的声音，在阿波罗即将追上她时，将她变成了一棵月桂树。这件雕塑作品正是选取了达芙妮即将由人变成桂花树的瞬间，极为概括地叙述了整个故事。

图6.4 阿波罗与达芙妮

中国古代雕塑始终没有发明西方雕塑的造型技术来精确地塑造物象，而多从感觉和理解出发，像中国画一般运用经济的语言，简练、明快，以少胜多而又耐人寻味，常常给人运行成风、一气呵成、痛快爽利的艺术享受。如“马踏飞燕”(图6.5)，艺术家巧妙地用闪电般的刹那将一只凌云飞驰、骁勇矫健的天马表现得淋漓尽致，体现出汉代奋发向上、豪迈进取的精神。该作品不仅构思巧妙,而且工艺十分精湛；不仅重在传神，而且造型写实。

图6.5 马踏飞燕

随着时代的发展和观念的变化,在现代艺术中出现了四维、五维雕塑、动态雕塑以及软雕塑，使人们改变了时空观念，突破传统的三维的静态的形式，向多维的时空形态方面进行探索。在当代艺术取向下，传统意义上的雕塑艺术也在衰落，特别是纪念碑式的雕塑艺术在衰落，当代雕塑已不再只是去叙述故事、传达人物的神韵，它还成为艺术家表达态度的一种艺术语言。如万里驰创作群雕作品“躯体”。他用混凝土和气球这两种带有矛盾性的材料表达在当代社会下个体与社会、个体与个体以及个体自身之间的矛盾关系。首先，人的身体是一个感性的存在，每个人的身体有不同的感觉、意识和语言，这标划了人的身体的独特性。在这件群雕作品中，每个单件雕塑代表一个个体，它表达的是个体自身的矛盾。这种矛盾通过以下几个层面展开：第一，混凝土的坚硬与气球的柔韧构成一种矛盾；第二，混凝土和气球本身也带有矛盾性，前者看似坚硬实则脆弱；后者既需要空气充盈体内同时又惧怕空气；第三，混凝土的实体性存在与气球爆炸后虚的空间构成一种矛盾。这表明在当代社会，人的身体不再是身与灵、身与心的统一，而成为纯粹的肉体，成为破碎不堪的躯体性存在。其次，身体不只是有自身，它还要与其世界中的人和物打交道，由此构成了身体与身体，身体与社会的关系。就这件群雕而言，它通过多件躯体组合而成。每个具体的型都源于它原有的秩序，一样大小的袋子，同样地依次被挤压浇注而成，每个躯体在造型上既与周边的个体相互生成又相互矛盾，既相互依存又彼此排斥，但它们共同构成一个整体。整体带来的是秩序、是规则，同时也是一种无形的钳制，由此个体的独特性、矛盾性在整体性中被遮蔽。个体的人成为秩序、制度的奴仆，成为失去自由意志的戴着脚铐舞蹈的人。

（三）绘画

绘画在艺术层面上，是一个以表面作为支撑面，再在其上加上颜色的行为，那些表面的例子有纸张、油画布（canvas）、木材、玻璃、漆器或混凝土等。在艺术用语的层面上，绘画的意义也包含利用此艺术行为再加上图形（drawing）、构图及其他美学方法去达到表现从事者希望表达的概念及意思。绘画长于捕捉生活中的一霎那，撷取运动中的一瞬间来塑造生动的典型的形象，具有巨大的感人的力量。

绘画的审美特征是由绘画语言组成的。绘画的最基本语言是线条、色彩和构图，特别是线条，它是构成绘画最主要的手段和语言。线条有软硬坚柔、轻重缓急、光滑滞涩等品格；线条有长短、粗细、疏密、干湿、曲直、快慢等节奏变化，这都表现出无限丰富的感情层次。线条的品格，即画家的笔墨情趣，也即他的品格。晋代顾恺之的线条简约娴静，反映了画家内向、深思的性格。吴道子的线条豪放潇洒，用力不已，迟速不一，反映了画家奔放、雄浑的气质。倪瓒的线条“枯色中见丰润，疏荡中见遒劲”，表现画家的飘逸和空灵。

绘画的构图，是物体的空间组织与安排，以及物体的加工、取舍等错综复杂的形式方面的因素，它也体现着画家的感情。20世纪以来，现代美术呈现出流派迭起，千姿百态的局面。1905年诞生的以马蒂斯为代表的野兽派绘画，强调形的单纯化和平面化，追求画面的装饰性。他的《舞蹈》，色彩和线条就像词语之间激情的结合，体现着色和构图结合的情趣。线条是舞蹈流动的痕迹，而色彩使得抽象画面更为干净。线条和色块在马蒂斯那里非常合乎美感地融合起来，它所产生的空间感让舞者有了自由舞蹈的姿态。五个舞者相互协作，群舞的一致性让舞蹈自然产生生命感和由此带来的喜悦。1908年崛起的以布拉克和毕加索为代表的立体派绘画继承了塞尚的造型法则，将自然物象分解成几何块面，从而从根本上挣脱传统绘画的视觉规律和空间概念。毕加索的《格尔尼卡》以象征和半抽象的立体主义手法，以超时空的形象组合，打破了空间界限，蕴含了愤懑的抗议，成就了史诗的悲壮；在支离破碎的黑白灰色块中，散发着无尽的阴郁、恐惧，折射出画家对人类苦难的强大悲悯。因此，绘画的审美本质，即在线条、色彩和构图的情感意味。

（四）摄影

摄影在诞生之初被称为“艺术的恶魔”，因为它写实的能力远远超越了绘画，它对绘画创作产生了深远的影响。一百多年后，摄影并没有取代绘画的地位，同时也拥有了自身独立的审美品格。

摄影术的发明虽然只有一个半世纪，但古代先民运用图像来记录、交流和娱乐的历史却由来已久。摄影的主要功能就是：利用光学成像原理来尽可能准确、清晰地记录现实事物的表象。因此，客观性是摄影诞生之初的主要功能。作为一种认识、记录工具的摄影，只是帮助我们用一种特有的方式认识和记录客观事物。摄影诞生之后所显示出来的强大的生命力，也在于它的记录功能，纪实性是摄影艺术的一个特点。纪实性摄影注重和追求再现生活面貌。在摄影中，表现真实自然的生活面貌和生活多种多样的自然形式，在画面选取和拍摄时不拘泥一般已有的构图法则，尽量不加修饰。这种摄影方式往往用于新闻摄影中。如获得1994年普利策新闻奖的新闻照片《饥饿的女孩》，新闻记者凯文•卡特在战乱纷起的南非的一个遍布灾民尸体的村庄发现了一个赤裸的皮包骨头的女孩，当时这个女孩正艰难地从灌木丛中爬出，在她身后有一只兀鹰虎视眈眈盯着这个即将饿死的女孩。通过这件作品使更多的人包括南非人自己更加关注人的生命，从而结束内乱，促使人类社会反省。

摄影是静态的，不受时间因素的影响；作为语言材料，存在又都是动态的，对具体作品来说，稍纵即逝，不可复得。摄影艺术又被称为“瞬间艺术”，这是摄影艺术的又一特点。法国摄影大师卡蒂埃·布列松认为：“在摄影中，最小的事物可以成为伟大的主题。” 1952年在他的摄影集《决定性瞬间》中提出“决定性瞬间”（the decisive moment）的摄影美学观念，特指通过抓拍手段，在极短暂的几分之一秒的瞬间中，将具有决定性意义的事物加以概括，并用强有力的视觉构图表达出来。他认为，世界凡事都有其决定性瞬间，他决定以决定性瞬间的摄影风格捕捉平凡人生的瞬间，用极短的时间抓住事物的表象和内涵，并使其成为永恒。《玛丽莲·梦露》就是如此，布列松在梦露不经意间抓拍了这张照片，从这一凝固的瞬间里，人们看到了梦露的天生丽质和娴雅风度。

摄影除了具有纪实性和瞬间性的特点，它还是一种含有观念性的表意手段。以往人们都过于看重客观的表现客体（被摄物）的状态，但是想做到客观也不是那么容易，只要有人在控制相机，就一定会涉及构图的选择、焦距的选择、光圈的选择、快门的选择、感光度的选择等等问题。而这些可控性的选择，又恰恰是以摄影者的文化差异为背景所决定的。而为了做到客观，甚至有人尝试不去控制相机，以便于抽出摄影过程中的主观性，虽然很多摄影师做了很大的努力，但是很显然想要真正摆脱掉人对客体的主观性判断而全部以客观来代替是不可能实现的。因此，纯然自在的客观真实，是无法用任何一种媒介来完全记录、再现的。摄影的记录性和观念性之间是一种辩证的关系。

由此，又有人想彻底以主观性来代替摄影的客观性，直接把表现观念作为工作的核心，这时，客体已经由被摄体转换为了观念本身，观念摄影拉开篇章。观念摄影实质上是以摄影为媒介的观念艺术，是观念艺术对摄影的利用和转化。依照托尼·戈德弗雷的定义，观念艺术无关形式或材料，而是关于观念和意义的。对于观念摄影而言，其本身并不是作为表达某种特殊想法的存在方式，更多的是对于一个现象或事物提出一个问题或是看法，却不给出答案。它在进行叙述、表达或是展现事物细节（本质）的同时又不断地隐藏，从而用最为简洁的方式创造出最为变幻莫测的叙述。这使得作品背后形成一个没有疆界且尚待人们去接近和感知的空间，既可以无限放大又可以随时缩小。于是，在观念摄影当中，如何表达和怎样表达这个看法或是提出问题便变得不再重要了。如1857年，雷兰德在“曼彻斯特艺术珍品展览会”上展出了他的多底叠放摄影作品《两种人生》。这是一幅高40.6厘米，宽78.7厘米的照片，模仿拉斐尔《雅典学院》的绘画风格，以道德寓意为题材，构图颇具有诗意，左边是勤勉，右边是娱乐，中间是悔恨。观念摄影的出现颠覆了传统艺术摄影标准不可动摇的地位，提供了摄影揭示当代生活的新的诸多可能性，来引导人们去主动思考人生重大议题，不拘泥于摄影技术与表现。观念摄影以其对传统艺术摄影的偏离，发展了摄影艺术的新空间。许多艺术家在摄影方式本身的开拓方面不断努力，把不同的视觉经验融合在观念摄影中。正因为观念摄影的新，使得观念摄影不能像传统艺术摄影那样建立起刻板的判断标准，也使得观念摄影更具有实验性。实验性艺术潜在的决定因素是崭新的生活体验和生命体验，好的艺术永远不会是技术的附庸，而应该是思想与生活的创造者。

但切忌为了观念而观念，而抛弃摄影的根本属性——纪实性。于是，当下不少观念摄影作品往往含有大量的纪实因素，观念艺术家们力求精准而深切地关注和把握现实状况，并在此基础上进行个人化的思考。在摄影中吸取纪实摄影的手法，利用摄影可以快捷而实证地记录客观现实的丰富细节的特性，并将这些客观物象纳入个人化的观念结构之中，成为这些观念艺术家的选择。这既是对以往观念摄影的弊病的修正，又因其具有纪实摄影的形态或成分，而具有了纪实摄影的见证性、记录性、文献性功能。这种纪实摄影与观念摄影的互涉，达到了纪实性与观念性之间的平衡和兼顾。如田戈的系列作品《未知的风景》，他拍摄系列现实生活中的场景，破旧楼房、尘封的房门和褪色的字迹是关于他童年的记录。这些作品既具有纪实性又带有明显的观念性，它记录着摄影师的童年，见证着20世纪80年代中国的面貌，这“未知的风景”成为了“记忆的风景”，也是“消逝的风景”。

综上所述，造型艺术（建筑、雕塑、绘画和摄影）主要的审美特征是：1. 直观具象性。它是指造型艺术具有运用物质媒介在空间展示具体艺术形象的特性。造型艺术以物质为媒介创造艺术形象，它直接诉诸人的视觉感官。它将具体的形象以可视或可触的形象呈现在观众面前，引发观者的审美感受。它也可以把现实生活中难以直观感受的事物转化为直观的对象。2. 瞬间永恒性。它是指造型艺术具有选取特定瞬间以表现永恒意义的特点。造型艺术是静态艺术，它不能全面展现事物发展变化的过程，但它却可以捕捉、选择、提炼、固定事物发展过程中最具表现力和富于意蕴的瞬间，化“瞬间”为“永恒”。3. 凝聚的形式美。它是指造型艺术具有在艺术形象中凝结和聚合形式美的特性。形式美法则对于造型艺术各门类都具普遍性，因而运用形式美法则对物质媒介进行加工，更可以整合出凝聚着形式美的艺术符号。

二、表演艺术

表演艺术是以人工符号（乐音）或表情姿态符号（人体动作）通过表演来塑造形象、传达情绪、情感从而表现生活的艺术。表演艺术通常包括舞蹈、音乐、话剧，曲艺、杂技、魔术等，代表性的门类通常是音乐和舞蹈。在此，我们只介绍音乐和舞蹈的美学特点。

（一）音乐

音乐是一种动态的表现艺术，也叫表情艺术。它的美是通过音乐所组成的形象来表达作曲家和演奏家的思想感情。音乐分为声乐和器乐两大类型，又可以分为经典音乐、流行音乐、民族音乐。在所有的艺术类型中，音乐是比较抽象的艺术。

任何一部音乐作品中所发出来的声音都是经过作曲家精心思考创作出来的，这些声音在自然界是可以找到，但是没有经过艺术家们别出心裁的创作与组合，是不能成为音乐的。所以，无论是一首简单的歌曲，还是一部规模宏大的交响乐，都渗透着作曲家的创作思维。构成音乐意象的声音，是一种有组织有规律的和谐的音乐，包括旋律、节奏、调式、和声、复调、曲式等要素，总称为音乐语言。没有创造性的因素，任何声音都不可能变成为音乐。

音乐既然是声音的艺术，那么，它只能诉诸于人们的听觉，所以，音乐又是一种听觉的艺术。在所有的艺术形式中，音乐是最擅长于抒发情感、最能拨动人心弦的艺术形式，它借助声音这个媒介来真实地传达、表现和感受审美情感。音乐在传达和表现情感上，优于其他艺术形式，是因为它所采用的感性材料和审美形式——声音最合于情感的本性，最适宜表达情感。或庄严肃穆，或热烈兴奋，或悲痛激愤，或缠绵细腻，或如泣如诉。音乐可以更直接、更真实、更深刻地表达人的情感。音乐形象是最活跃的、流动的形象。它可以运用最富有特色的声音来摹拟现实中的声音，如马蹄声、松涛声、流水声等，来表现人对现实的真实情感。音乐还可以运用象征、比拟手法将平静的湖水、蔚蓝的天空等现象，化为带有情感的声音表达出来。它通过生活中的音响、节奏加以提炼、改造，使之与人的思想感情相一致。

音乐要在时间里展开、在时间里流动。我们欣赏音乐，首先从细节开始，从局部开始，直到全曲奏（唱）完，才会给我们留下整体印象。只听音乐作品中的个别片断，不可能获得完整的音乐意象。所以，音乐艺术又是一种时间艺术。作为听觉艺术的音乐意象是在时间中展开的，是随着时间的延续在运动中呈现、发展、结束的。所谓“音乐意象”，指的是整个音乐作品所表现出的艺术家的思想感情并在欣赏者的思想感情中所唤起的意象或意境。例如，《春江花月夜》用甜美、安适、恬静的曲调，表现了在江南月夜泛舟于景色如画的春江之上的感受，创造了令人神往的音乐意境。

音乐美学中有他律论、自律论概念。他律论美学认为：制约着音乐的法则和规律是来自音乐之外的，也就是说，音乐是受某种外在规律决定的。从这个意义上说，音乐是他律的。这是因为音乐本身体现着某种外在于音乐的客观实在，即是说，音乐总是标志着纯粹音响现象之外的某种东西。这种东西主要是人类感情，这就是音乐的内容。正是这个内容的性质决定着音乐作品的音响结构、整体发展，决定着音乐的“形式”。同他律论美学相反，自律论美学则认为：制约着音乐的法则和规律不是来自音乐之外，而是在音乐自身当中；音乐的本质只能在音响结构自身中去理解，只能从音乐的自身去把握音乐。音乐是一种完全不取决、不依赖于音乐之外的现象的艺术。它的内容不是外来的，不是独立存在于音乐之外的什么东西。它既不是情感，也不是某种语言、比喻、象征、符号。音乐的内容只能是音乐自身。音乐除了它自身之外什么也不表达，什么也不意味。因此，音乐完全是自律的。自律论美学否认音乐中内容和形式的二元性，认为这二者是同一的，音响结构就是一切。奥地利音乐美学家汉斯立克在他的《论音乐的美》一书中，充分地阐述了这种音乐思想。他认为：“音乐美是一种独特的只为音乐所特有的美，是一种不依附、不需要外来内容的美，它存在于音乐，以及音乐的艺术组合中。”“表现确定的情感或激情完全不是音乐艺术的职能”，“音乐不可能表现情感”。

我们要说的是音乐艺术作为一种意识现象、思想领域中的现象，它是不能独立存在于自然之外的。音乐是不能表现某种特定的情感的，它的最大特点，是表现宽泛的、含蓄的感情，起伏激荡的情绪。音乐从某种意义上说，是最具概括性的艺术，是最能激励人心、振奋精神的艺术，也是表现性最强的艺术。

此外，音乐的创作者与欣赏者之间必须有表演者进行第二次创作，才能把音乐形象展现出来，欣赏者才能欣赏，获得赏心愉情的美感。演奏家必须根据作者的创作意图和蓝本，充分发挥自己的主观能动性及表演才能，有感情、有思想，全神贯注地进行表演，把对作品的体验深入地表达出来。

（二）舞蹈

舞蹈和音乐一样，也是动态的表情或表演艺术。舞蹈是于三度空间中以身体为语言作“心智交流”现象之人体的运动表达艺术，一般有音乐伴奏，以有节奏的动作为主要表现手段的艺术形式。它一般借助音乐，也借助其他的道具，把人体作为表现的手段，通过有组织、有变化的节奏、动作和姿态等构成舞蹈美的形象。

舞蹈是最古老的艺术形式之一。在原始社会里，舞蹈是模仿动物，再现狩猎、战争等过程，是与人的生活密切相连的。随着社会和舞蹈的发展，模拟成分减少而表情部分增多，逐渐从单纯模仿具体事物过渡到抒发情感为主。舞蹈长于抒情而拙于叙事，是与其表现特点分不开的。它最根本的特点，一个是虚拟性，一个是抒情性。舞蹈抒情的本质在《毛诗大序》中说："言之不足，故嗟叹之；嗟叹之不足，故咏歌之；咏歌之不足，不知手之舞之，足之蹈之也。"古罗马哲学家琉善(120—180)在《论舞蹈》这篇文章中指出："舞蹈演员的每一个动作都应该有严格的节奏、均匀、和谐、统一——最主要是所表现的感情要富有人性。"舞蹈美，一般说来，具有以下几个重要的审美特性：一是具有以人体美为主要内容的形式美；二是由于舞蹈是以人体为主要表现工具的艺术，因而也就决定了这门艺术具有直观性和虚拟性；三是舞蹈既是采用人体为主要表现手段，这就决定了舞蹈动作必然追求高度的概括与凝练，一抬手一投足都应具有宽泛的涵义。舞蹈动作高低起伏、动静缓急，也带有音乐的节奏、旋律的效果。舞蹈作品中的舞蹈动作也要具有一定的技艺性，舞蹈演员要具备跳跃、旋转、翻腾、柔软、控制等高难度的技巧能力，但是，在舞蹈作品中表演高难度的技巧动作本身不是目的，而是一种表现人物思想感情、塑造人物性格和精神面貌的一种手段。如杨丽萍的孔雀舞，她在舞蹈中幻化成了一只灵动的孔雀。她纤巧灵活的左手和臂膀演绎着孔雀的头颈，美丽的衣裙幻化成雀屏。"它"时而伸颈侧目，时而优雅漫步，时而抖动羽毛，轻巧至极。此时，舞蹈已不是单单用形体在表现，而是在用灵魂歌唱。

舞蹈是视觉形象，但如果没有音乐的配合，视觉形象与听觉形象不能融合为一体。舞蹈与音乐有着密切的关系，它们共同的审美特征是：1. 抒情性和表演性，长于表现写意，而拙于写实，可以直接抒发和揭示人类的内心情感，具有强大的情感震撼力。表演性是指音乐舞蹈借以抒情的艺术形象，必须通过艺术家现场表演的二度创作来呈现，诉诸欣赏者的视听感官才能最终完成。2. 过程性和流动性，是指音乐作为时间艺术，舞蹈作为时空艺术，其形象构成是在时间过程中流动展现出来的。音乐、舞蹈展现其形象的时间是虚幻的，而表达的情感是真实的。3. 节奏感和韵律美，音乐、舞蹈都以节奏为重要表现手段，通过音乐、动作的有规律反复来表达感情。节奏是形式美的重要法则之一，对于是时间艺术的音乐和舞蹈来说，节奏更是其最重要的基本要素和表现手段。艺术节奏的内涵是情感的变化，不同的节奏可以有不同的表情作用，从而使旋律、舞蹈具有鲜明的个性。

三、语言艺术

语言艺术的美是借助语言塑造典型的艺术形象或意境，深刻反映生活或丰富的情感。文学大体上可分两类：一类是诗歌、散文等，偏重于抒情性的表现艺术；一类是小说，偏重于叙事性的再现艺术。这两类艺术都是以语言为表现手段，塑造艺术形象，反映生活，表达作者的思想情感和对生活的评价。

文学语言的优点，在于它能同时诉诸听觉和视觉，并通过它们唤起生动的形象，作用于欣赏者的再创造。它永远是一种心领神会，只有充分发挥欣赏者主观能动性，才能得到意味无穷的审美享受。文学具有描写现实、表达思想的广阔可能性，在内容上较之仅仅局限于视觉或听觉形象的艺术有较大的优越性。它既可以描写现实，表达感情，也可以概括时空范围很广的事物、人内心细微的变化；既可以运用象征、暗示、含蓄等手法，又可以运用情节，在情节的发展中流露出思想倾向。文学在所有艺术中既是自由的，又是富于思想性的。

语言艺术的意蕴带有多义性，带有某种程度的宽泛性、不确定性和无限性。读东晋简文帝司马昱的《春江曲》："客行只念路，相争渡京口，谁知堤上人，拭泪空摇手。"第一个层面看，这是一首送别诗。清晨人们纷纷忙于竞渡，他们或遵循着自己既定的人生路，或奋力开拓新途，将注意力集中在即将要做的事上，而忘了在岸边送行的友人、亲人。第二个层面，王夫之对《春江曲》评道："情真事真，斯可博譬广引。古今名利场中一往迷情，俱以此当清夜钟声也。"人们竞渡在名利场，竞相奔走在官场、商场中，将亲情、友情、爱情付之脑后，甚至将自己的心灵也搁置下来，丢弃这一切"障碍"和"负累"最终都是为了在竞渡中立于不败之地。第三个层面，诗人虽然身为皇族并最终登上帝座，但是在心性禀赋上还是中国文人的文化精神和群体气质。中国文人一直处于一种两难的焦虑当中：是进是退，是仕还是隐，是兼济天下，还是独善其身，是大隐于市，还是小隐于野。伴随着他们对生命存在意义的彻悟，最后还是选择中隐隐于叠石理水、心中林泉。文人们一直在放弃，可又不能完全割舍；此种精神气质在外在上就表现为一派愁云惨雾，充溢着幻灭、死寂之感，也就是我们平常无数次听到的所谓消极避世的情绪，正所谓"万事付空烟"。可见，同样的文字在不同的读者那里会具有不同的意蕴，这是语言艺术的魅力所在。

表现性的文学，特别是诗歌，其语言具有音乐美的特性。诗歌和音乐有着类似的美学规律，在古代，诗歌和音乐本来就是统一的，诗歌最早的作用是唱和，就与音乐密不可分。古体诗的平仄、四声、迭韵等手段，以及现代诗歌在语言上的长短、高低、快慢、轻重等，一方面服务于情感，一方面也具有音乐的节奏、旋律。

语言艺术的审美特征主要包括三方面：1. 语言修辞性，是指文学中的语言，通过语言中蕴含的审美因素如语音、文法、辞格等，不仅创造出文学作品，而且本身就构成文学作品美的组成部分。文学语言的美是通过语言修辞性体现出来的。语言修辞性包括语音美、文法美和辞格美。2. 形象间接性，是指语言艺术所塑造的形象，不直接诉诸读者的感官，而是要靠读者以语言符号为中介，通过想象间接地来体味、把握和理解，然后作品的形象才能转化为读者头脑中的形象。3. 含蓄蕴藉性，是对文学活动的特殊的语言与意义状况的概括，指文学作为社会性语言符号实践，其语言组织内部包含着丰富的意义生成可能性。文学含蓄蕴藉的特点常常更充分地体现在两种典范性形态中：含蓄和含混。含蓄是把似乎无限的意味隐含或蕴蓄在有限的语言中，真实的意义被字面意义掩隐，使读者从有限中体味无限。含混，也称歧义、复义或多义等，则是指看似单义而确定的语言却蕴含着多重而不确定的意味，令读者回味无穷。含混使读者在阅读文学作品时，可能会感到其中蕴含着多重意义，有多种"读法"。

四、综合艺术

综合艺术吸取了文学、绘画、音乐、舞蹈等各门艺术的长处，利用多种艺术表现的手段和方式，从而形成了自己独特的审美特征。这些艺术形式主要有戏剧、戏曲、电影、电视等。

（一）戏剧

从广义上讲，戏剧包括话剧、中国戏曲、歌剧、舞剧、音乐剧等。从狭义上讲，戏剧主要是指话剧。戏剧是动态的艺术，它是文学、音乐、舞蹈、美术、工艺等多种艺术成分综合而成，所以又称综合艺术。戏剧的美实质在演员的表演之中。演员通过扮演角色，运用形体动作、语言、演唱等手段来塑造舞台形象，表演戏剧情节和典型的人物性格，能动的再现和反映社会生活。戏剧是形象性与过程性的完美结合，是其他艺术所不能代替的。

戏剧是演员将某个故事或情境，以对话、歌唱或动作等方式表演出来的艺术。戏剧有四个元素，包括了“演员”、“故事（情境）”、“舞台（表演场地）”和“观众”。戏剧的表演的创造性基于剧作的规定性，演员和导演的再创造所依据的是剧本的文学内容。但光有剧本的文学性不能构成完整的戏剧；戏剧需要演员在特定的空间，用形体动作以及对白等表演手段，把剧本的内容通过演出者的感受和理解具体地体现出来。舞台艺术作为戏剧艺术的不可分割的一部分，对戏剧文学又提出了特定要求，例如语言的动作性等，使戏剧文学具有区别于其他文学体裁的特点。作为舞台演出的剧本，是戏剧的文学成分，可供阅读，主要供演出使用，是戏剧表演的根据。剧本要求把生活矛盾斗争集中化，变为戏剧冲突。戏剧冲突是靠人物的言语、行动来展开的，因此，剧本要求人物语言、行动有明确的目的和个性化。戏剧必须通过角色之间的对话和动作来展开激烈的冲突和交锋，使戏剧情节得以进展，人物性格得以展现，在富有戏剧性的矛盾冲突和曲折起伏的情节中，在舞台上塑造出具有鲜明性格的人物形象。

戏剧艺术的一个重要部分是舞台艺术。它包括表演、舞台美术、灯光效果等一系列复杂的因素。其中，表演艺术是整个舞台艺术的中心。演员的表演是在导演的艺术构思指导下进行的，是通过体验导演的意图、角色的性格和在舞台的各种艺术表演中实现的。演员的表演是对剧本角色的再创造。演员必须充分发挥自己的才能、演技，对角色富有情感的深入分析和理解，根据戏剧冲突和情节的需要，自觉地进行创造，才能塑造出生动感人的、富有个性化的舞台形象。由于戏剧是以舞台作为演出的中心，戏剧的矛盾冲突必须是非常集中、非常突出的，给人以身临其境的感受和体验。它的不足是，由于舞台的限制，不能在更广阔的范围内反映生活，在反映生活本质时有局限性。演员在戏中，既是角色，又是演员，这就构成了演员的内在矛盾。在近代戏剧史上曾发生过“表现派”与“体验派”的争论。所谓“表现派”就是演员进入角色时，应冷静地运用技巧，有清醒的自控能力，创造出符合理想的角色和人物的性格。所谓“体验派”即演员的表演要进入角色时，要如实地反映角色的世界和精神面貌，作直接的活生生的体验。这两种观点都有各自合理的一面，但在理论原则上，也都有片面性的局限。对生活的情感的体验与冷静的观察，是任何艺术创作不可分割的两个有机部分，演员的体验与表现，在戏剧演出这种再创造活动中，是互相依赖、不可分割的两个方面。

戏剧艺术还可以与音乐、舞蹈结合起来，成为歌剧和舞剧或歌舞剧。在歌剧或舞剧中，情节的因素比较简单，以便于更充分地发挥歌唱或舞蹈艺术的特长。话剧是一种在近代才普遍兴起的戏剧形式。它从诗剧发展而来，既没有舞蹈动作程式的限制，也摆脱了诗体韵律的束缚，而以散文对话和以生活动作作为直接基础的戏剧动作，集中反映现实生活中比较尖锐的矛盾冲突，富有浓厚的近似对象原型的生活气息。虽然话剧的语言和表现手法比戏曲、歌舞剧更接近生活的本来面貌，但并不是说出现在话剧里的生活和语言，可以不经过服从戏剧特征的艺术加工。相反，在某种意义上说，话剧更要求重视艺术语言的锤炼。它在讲究戏剧的情节结构、表演技巧的同时，要求语言自身的表现力——例如强调潜台词。

（二）电影

电影艺术是利用现代摄影技术手段，以戏剧和绘画艺术为基础，综合和吸取了各门艺术的一些表现方式和方法而发展起来的一门新的艺术种类。电影艺术是通过画面、声音和蒙太奇等电影语言，在银幕上创造出感性直观的形象，是一门再现和表现生活的艺术。由于电影诞生在音乐、舞蹈、绘画、雕塑、戏剧、建筑之后，所以常被人们称作“第七艺术”。

电影艺术的主要特点，是强调接近于绘画的造型因素的表现力。电影发展的初期，是无声的黑白默片，后来才出现有声片和彩色片。包括所谓主观镜头在内，影片以诉诸视觉的形体和明暗、远近、色彩，并以其特有的动的画面的组合（蒙太奇），能动地和逼真地再现生活的图景。但是，电影终究不是一般的视觉艺术。虽然电影必须遵守视觉艺术的一般规律，但它既要服从情节发展的逻辑，又要服从艺术家的认识的逻辑，这种两重性的要求，规定着那些有机地连续在一起的画面的联系。因而电影的画面不仅具有平面的绘画和立体的雕塑的表现力，不仅需要依靠角色的对话和动作，以及音乐的配合，而且它那一系列互相连续的画面，在观众的感受上起着互相作用的特点，例如因为这种连续而丰富以至改变某一画面的内容。电影的个别画面不应是一般的绘画的连续排列，更不是任意的拼凑、混合。影片的每一画面，它与其他画面之间的那种密切联结、互相依赖，是构成电影艺术表现力的重要特征。在影片里，某一画面本身的独立性是很小的。与绘画的插图不同，它更带局部性，更缺少独立性，其表现力始终依赖于相互联结的整体，从属于蒙太奇的内在逻辑。因而电影画面的意义及其对观众的视觉感受的作用，跟一般绘画以及雕塑相比，都有显著的区别。

电影的美，首先就在于它可以吸引更多的观众进行审美娱乐和教育；其次，电影是最贴近生活、反映生活的综合艺术，它把绘画与戏剧、音乐与雕刻、建筑与舞蹈、风景与人物、视觉形象与语言结成统一体。其中最重要的因素是视觉形象。电影中的视觉形象不是静止的，而是富有动作性的，是不断运动着的。电影一定要求有戏剧冲突，电影故事一定要遵循开端、发展、高潮、结尾等戏剧法则。

电影与戏剧不但有历史渊源上的关系，而且故事片本身也具有以戏剧性感人的戏剧性质。然而，电影毕竟不是戏剧。由于电影可以通过拍摄和剪接等技巧加以处理，从而形成了电影独特和巨大的表现能力。电影对时间、空间的反映比戏剧自由得多，它对人物所处的环境，以及人物心理状态的细致变化的刻画等方面，比戏剧所受的限制小得多。它的能动性的表现之一，是特写的画面。不过，观众对于对象的某些组成部分在着重点方面的选择，远不及戏剧观众那样自由。但是，如果是审美价值高的优秀影片，由于导演、摄影师的高明的处理，以及经过剪接所造成的逻辑性、节奏感的作用，就会使观众觉得自己的审美活动是在合乎需要的诱导之中进行的，从而感到愉悦。蒙太奇是电影的一种特有的手段，是电影的审美本质主要特征之一。蒙太奇来自法语的译音，原意是“构成”、“装配”的意思，借用在电影艺术上指的是镜头组成和剪辑，指镜头的组合关系和联系的方法或按照总的构思把一个一个镜头连结成影片，使之产生叙述、对比、联想等作用，从而形成一部完整的影片。两个（或两个以上）画面分别单独地看来是一回事；而将它们按照一定的形式连续起来，就可以产生一种不同于它们单独存在时的涵义，也就是产生一种独特的而且是新的质。蒙太奇可以通过画面的对比、比喻等手法，极其简炼、形象而又深刻地揭示事物的本质，含蓄而又鲜明地表现艺术家对生活的态度和评价。电影运用蒙太奇的手段，把与主题密切联系的细节、场景有机地穿插、结合在一起，使电影在感染力方面具有独特的深度和强度。蒙太奇不仅体现在后期剪辑，而且也体现在前期的文学剧本和分镜头剧本，乃至各个创作部门合作完成的整个创作拍摄过程之中。从这个意义上讲，蒙太奇思维是影视艺术独特的思维方法。

电影与小说都可以有更大的自由表现人物及其所处的复杂而广阔的环境；就这种反映内容的广阔性与表现方式的灵活性而言，电影接近于小说。不过，小说是作家把所要再现的对象以及自己的感受用语言来描述，因而小说中的形象带有间接性，而电影则把反映对象的真实形象直接再现出来；由于电影镜头的转换，拍摄角度、距离等条件的充分利用，它把在小说中的语言描述，变为视觉形象的显现，从而使摄影机具备了代表人的感觉、体验、理解的眼睛和心灵的性质，产生了与小说不能比拟的表现力。同时，由于电影艺术家对生活的感受与理解，是通过直接可视可感的具体形象的特殊组合表现出来的，它就较之任何论证性的语言更便于说服欣赏者。一般的艺术，都应当使欣赏者觉得仿佛是他身临其境地直接面对着现实生活，由他主动地进行理解和判断，而不自觉其受着艺术家的影响。因为电影的个别形象是按照电影的逻辑组合起来的，形象更带有艺术家的主观性，所以对观众的认识活动更带有选择的规定性，具备着为其他艺术所缺乏的诱导性。由于观赏条件和时间的限制，电影的人物塑造与情节结构都需要比小说更加集中、紧凑、凝炼，比戏剧更不受固定舞台条件的限制，它更便于发挥主动性，例如可以更带跳跃性地变换场景，使故事情节的发展具有区别于小说或戏剧的独特的表现力和魅力。

特写镜头在电影艺术中的重要地位，还表现在它使艺术家拥有这样的自由：把他认为值得突出、非强调不可的对象、某一细节作夸张的刻画。只要不是特写的滥用，它能把观众的注意力集中到人物细致的面部表情或富于特征性的动作上来，充分利用和调动欣赏者形象感受中的理解力，使画面造型具有深刻的心理学的效果和强烈的艺术感染力。

现代电影其创意已经远远超出人类有限的视点，影片《侏罗纪公园》中的恐龙，《木乃伊》中时空的穿梭以及木乃伊的复活，《星球大战》中各种星球的生物在天际作战，《海底总动员》中小丑鱼莫尼和海洋中的许多生物，还有魔幻电影《哈利·波特》中会飞的扫把等等。这些影片中虚拟人物的设置、波澜壮阔的战争场面、温馨雅致的感情描绘，还有如童话梦境似的场景等等，其实都是“非现实”的，但视觉上却又是真实的。它在视觉表象上具有客观世界物质现实的外观，但实际上却是人工合成的。它是一个关于现实的全新版本，一个假的现实，一个虚拟非现实。它没有现实生活的来源与摹本，没有一个物质层面的现实与之比较，不是那个坚实的感觉世界，它是一个在想象现实中肆意漂浮、随便游走的虚空轨迹。奇观与现实交融的电影美学观念拓展了电影的表现方式，这种拓展的一个必要条件是技术的跟进。一百多年来，电影艺术家和技术家一直在致力于让电影更加接近“真实”，尽管电影制造了大量虚拟的影像，但是观众对影像真实感的要求却一如既往，观众的观赏习惯使得他们期待电影中的一切与他们对真实世界的记忆与经验达成统一。视觉表现能力的增强使电影更加依赖于画面，这也促使编剧、导演、摄像等电影各个环节的创作者重新思考新的表现方法。

总而言之，电影艺术对于一个电影艺术家来说，既然需要有画家的直观能力、诗人的想象力、戏剧家的构思能力，那么更需要的，是如何掌握电影艺术自身所特有的规律和技巧的美学素养。

（三）数字媒体艺术

在现代电影的拓展之路中，数字媒体技术在其中扮演着重要的角色，它不仅用于电影领域，而且可用于其它多种类型的艺术领域。数字媒体艺术是计算机图形图像数字化技术与传统艺术的融合，传统的影视媒体、广播电视媒体等技术快速地向数字电影、数字视音频方向发展，与日益普及的计算机动画技术、虚拟现实技术等构成了新一代的数字媒体技术。数字媒体艺术也是一种动态艺术，包括视觉与听觉上的感受。数字媒体艺术审美主体所承载的内容要比传统艺术多，它涉及到角色形象、三维虚拟场景、动态构图、灯光照明、运动规律、音效等多方面。

数字媒体艺术是以静态或动态的二、三维数字化图像作品为审美对象的。其本身的形态构成完全拓展与颠覆了传统艺术的表现形式，已经超越了传统艺术而发生了质的变化。在一定意义上，信息化社会里以计算机为代表的数字媒体艺术，对当今艺术审美产生着深远的影响。数字媒体艺术广泛融合了传统的影视、音乐、美术、建筑及现代科技等诸多元素，其审美特征主要表现为数字化的技术、视听语言艺术、动态化的影像、虚拟世界及互动等多方面。

数字媒体艺术与传统的媒体艺术相比，其最大的特点在于技术的发展。技术和艺术作品的结合所表现的就是技能美，也是技术美学的最高范畴。技术美与技术紧密相连，没有技术也就没有技术美。数字媒体艺术的发展完全依赖于计算机软、硬件技术发展，它的审美价值很大程度上依赖于技术的环境，在数字艺术产生发展之初，每一次视觉上产生的新冲击，都与新技术的采用密切相关。因此，与传统艺术相比，数字媒体艺术审美价值多表现为技术美。

数字媒体艺术与传统的媒体艺术相比，在于数字媒体艺术作品往往通过视觉和听觉两种方式进行主题内容的表现。通过对视觉和听觉的刺激产生美感，从而达到使观众视听感官的享受。数字媒体艺术与传统艺术中的静态画面相比，它不仅仅具有传统艺术中所包含的色彩、光影及构图等要素，同时还具有时间、空间、运动等数字媒体所特有的视觉艺术特点。视听美是数字媒体艺术的重要审美标准，它决定了是否可以带给观者愉悦的心情，视觉和听觉上的享受。著名导演詹姆斯•卡梅隆历时4年打造的三维大片《阿凡达》，带来无比震撼的视觉感受。其中有一个很重要的因素就是数字技术的发展，自主研发的数字拍摄系统、先进的动作捕捉设备及强大的CG制作团队支撑了这一切。他在影片中大量运用数字媒体技术来实现影片中栩栩如生的外星生物的形象和虚幻的场景，使我们在雄浑磅礴的音乐下体会到由数字媒体技术所带来的视听盛宴，而这些效果是传统的艺术表现形式所不能达到的。

传统的艺术，具有相对的封闭性和排斥性。每种艺术的发展历程都显示出独立和张扬自身艺术特色与风格的趋势：绘画要排除文学性，用线条与色彩凝练出纯粹的绘画语言；音乐要成为更加听觉化的纯粹的响音。然而，数字化是对各种艺术要求的兼容并举，即：艺术语言的同一性和多元化。在数字媒体艺术的构架中，广泛涉及到了学科、技术、媒体、艺术及文化诸多方面的探索，蕴涵着更多的艺术理念和文化议题。一方面，数字媒体艺术的表现形态介入了数字处理技术、网络传输技术、现代通讯技术、生物工程技术以及多媒体技术等，这些技术形成了数码图像、数码视频、三维动画、数码音响、信息设计、互动媒体以及互联网艺术的一系列的不同领域。另一方面，这些创作氛围远远超过了传统艺术的创作空间，它要求的是一个综合的文化与科学相结合的氛围。艺术家要成为艺术与科学的两栖人才，艺术的对象是综合各种艺术之长，借助数字技术，展开另一个艺术的新视野，集图文、影像、声音和互动性于一体，从多媒体、多文化、多技术以及多种艺术特色的角度去表现新的人文精神与艺术审美体验。数字媒体艺术审美带给人们全新的审美感受，充分体现了在新的科技时代背景下，数字艺术所带来的前所未有的感官体验。

数字媒体艺术审美具有互动性，它表现在艺术作品的创作者与欣赏者、过程与结果之间的互动换位，共同参与艺术体验的艺术形式。网络艺术、虚拟现实艺术等艺术形式是典型的互动性数字媒体平台。在网络艺术中，无论身处何地，只要能够进入到网络中就可以进行数字艺术的互动性体验，可以对艺术作品进行修改补充，不断完善艺术作品，从而体会到艺术创作者与欣赏者之间不同的心理感受。在网络中，艺术创作者与欣赏者之间的身份变得模糊，时而作为艺术创作者出现，时而摇身一变，成为艺术欣赏者。这些身份变化使人们体会到的是数字媒体艺术的互动性。

数字媒体艺术还具有极强的开放性和延展性的特点。传统艺术作品，在一定程度上达到了创作者的预期目的，创作者就会对作品做出最终的结论而“收笔”。尽管如文学的长篇巨著，要花上半生经历去完成，最终也仍然要写出“尾篇”划上句号。然而，数字化艺术的作品，却以开放式的作品结构，随意删改、剪切、复制，在互动、共同参与共享中，不依托原作者及原创初衷续写作品。在这种情景下，作品会自生自灭。所谓完成作品，往往是由于个人技艺发挥到了穷尽，个人的才智也被挖掘殆尽，此时的作品作为个人精神情感的物化进程达到了极点。但是数字化的艺术创作，是众多的无名士共同参与而成的，其创作的链接很难看到终结，只要作品有人接受，有人欣赏，在互联网中无限地传播，这个作品就永远不会结束与完成。

数字媒体艺术所表现的种种艺术倾向与审美特征，为我们展示了当代艺术形形色色的风格样式。同时，也预感到艺术的现状与未来所面临的来自科学、人文以及自身的挑战、碰撞和重新定位。艺术理念的重新诠释，艺术对象的拓展，艺术手段与技艺的衍化倾向，艺术家的非职业化的混杂局面，以及现代科技与现代人文思想的介入都动摇了人们以往的艺术理想与追求。

综合艺术的审美特征主要有三方面：1. 高度的综合性，是指综合艺术吸取了其他艺术的多种艺术成分，并有机融会于自己的艺术符号体系之中，使自己的艺术表现力和艺术感染力更为丰富。同时，电影、电视艺术的综合性建立在科学技术基础上，使得自己成为新型现代艺术。2. 情节的丰富性。关于这一点应从艺术表现和艺术接受两方面来理解。综合艺术以人物和事件组成的故事情节来展开矛盾冲突和塑造人物形象、体现创作风格；同时，作为观赏艺术，综合艺术要为观众提供精彩生动的故事情节，以吸引观众注意力，满足观众审美需求。3. 表演的多样性。指综合艺术的戏剧、戏曲表演与影视表演，因各门艺术美学特性不同，从而形成各自不同的表演风格。它们共同的美学要求是：表演要达到演员与角色的统一，体验与体现的统一。

综上所述，现代艺术进入 21 世纪，早已不能仅仅用视觉艺术来破译它的各种各样的现象了。摄影与美术、装置、行为等多媒体的交融和结合，不断边缘化，已经成为整个世界艺术发展的大趋势。艺术表现手法虽有新旧之分，但依然是百花齐放。尽管有时候在某个阶段会有一些主流的样式铺天盖地，但这都是暂时的。人类有喜新厌旧或追随潮流的天性，人类也有保守的不接受新生事物的心理障碍。然而重要的是，作为一个已经卓有成就的艺术家不是引领更多的后来者向你看齐，而是要将更多的后来者推向新的空间。作为艺术类院校的学生，不要保守、固步自封、一叶障目，不见泰山。

第七章
设计美

纵观美学史，20 世纪以前的美学，研究重点放在纯粹艺术方面，如绘画、音乐、文学、戏剧、雕塑等领域。美学忽略了人类生活本身，人类生活中衣食住行用等同样需要进行美学的研究，特别是现代工业文明的出现，使人类生活发生前所未有的改变，既有积极的一面，也有消极的影响。如何使人自身的生存环境更加美化和宜人化是设计美学关注的问题。

第一节　设计美的特性

“设计”一词在文艺复兴之后出现在英语中，它起源于法文“dessiner”和意大利文“disegno”，它包含了今天人们所说的绘画和素描以及计划和设计，它的意思是想法和用于表达想法的手段方法。[45]汉语中，设计就是设想、计划的意思。它是一种手段和方法，通过它改变外物，满足需求。王受之说：“所谓设计，指的是把一种计划、规划、设想、问题解决的方法，通过视觉的方式传达出来的活动过程。”[46]它的核心内容包括三个方面：①计划、构思的形成；②视觉传达方式，即把计划、构思、设想、解决问题的方式利用视觉的方式传达出来；③计划通过传达之后的具体应用。可见，人的设计实践的结果在设计实践开始时，就存在于设计师的观念之中，以观念的形式存在着。只有人类用“预想”和“目的”来从事自觉的设计活动，动物的行为往往是受本能的驱使，而且只能按照它那个“种的尺度”去生产。设计美不同于一般的艺术美，艺术美主要追求一种审美价值，而设计美往往是一种综合的美，而非单一的美，它是生活美、技术美、艺术美等有机的融合。

一、生活美

设计艺术的本质就是人类生活方式的设计，生活之美便是设计之美的终极目标，离开了生活，设计之美就失去了存在的基础。艺术设计产品与纯艺术品给予人的感受是完全不一样的，它们最大的特点就是为人们提供一种“生活美”，而设计艺术就是建立“生活美”的重要手段，是一个民族、时代、地域、社会的“生活美”的物化形态。

人类的生活离不开设计艺术，从生活用品到生活环境，即在衣、食、住、行、用等各个方面，都需要设计师精心的设计和创造。在不同的历史时期，人们过着不同的生活，不同时代的生活美的差异性就表现在不同的设计及其物化产品方面。设计之美的“生活美”具体体现在衣食住行用等方面，因而有了服饰之美、烹饪之美、建筑之美、交通工具之美、器物（产品）之美等。

服饰之美是工艺美与艺术美的融合，既能表现人的外在美——人体美，又能显示人的内在美——风度美、气质美等。服饰之美的两大基本要素为款式和色彩。服饰的款式要以合体为原则。国际奢侈品牌范思哲的服装款式设计风格非常鲜明，独特的美感、极强的先锋艺术表征让他风

45. [英] 马尔科姆·巴纳德著，王升才等译．艺术、设计与视觉文化．江苏美术出版社，2006 年版，第 59 页。
46. 王受之著．设计现代设计史 1864-1996. 新世纪出版社，1995 年版，第 7 页。

图 7.1 范思哲服装设计

图 7.2 兰博基尼

靡全球。他强调快乐与性感，领口常开到腰部以下，撷取了古典贵族风格的豪华、奢丽，又能充分考虑穿着舒适及恰当地显示体型。范思哲善于采用高贵豪华的面料，借助斜裁方式，在生硬的几何线条与柔和的身体曲线间巧妙过渡，这些设计性感漂亮，女性味十足，色彩鲜艳，具有歌剧式的超乎现实的华丽（图 7.1）。款式的选择因人而异，要与人的脸型、体型相吻合。服饰的色彩变化非常之快，有“流行色”。除此以外，色彩与人的主观情感相关，而且色彩的感觉在一般的美感中是最大众化的形式。色彩的巧妙搭配与组合，是服饰美产生的机制之一，色彩之美要符合形式美的总体法则——变化与统一，还要符合民族特性和时代需求等。

烹饪之美集中体现在“色”、“香”、“味”、“形”四个方面。“色”指的是菜肴的色泽、装饰物的颜色，盛器的颜色，摆放位置灯光的颜色应该在 3 种以上 5 种以下，并且冷暖色兼具，包括装饰物、盛器的颜色要搭配、互补，做到颜色要亮丽，引起人的食欲。“香”指原料本身的香味和调料的香味，更追求原料本来的香味。“味”指口感。“形”指的是摆放的造型。菜肴之美表现在菜肴色泽美，有嗅觉快感、味觉快感、造型美感。

交通工具的美，首先在于“用”，其次才是“美”。以汽车为例，最早的汽车外形与四轮马车相似，1908 年美国的亨利•福特设计了 T 型车，色彩几乎是黑色的。1934 年，流体力学研究中心的雷依教授，采用模型汽车在风洞中实验的方法测量各种车身的空气阻力，同年，美国克莱斯勒公司首先采用流线型的车身外形设计。1937 年，出现甲壳虫外形的汽车。20 世纪 50 年代末期，雪佛莱汽车“彩色化”，它更加符合人们的审美心理。兰博基尼 Veneno Roadster（图 7.2）拥有碳纤维一体成型车身以及 CFRP 外观套件，大部分内饰也采用碳纤维打造。它拥有绝佳的空气动力学特性、极致的设计与令人惊叹的卓越性能。

器物、产品的美是生活美的重要内容，它要符合适用性、经济性、审美性和创造性等审美标准。产品之美首先建立在适用的基础上，对人必须具有使用价值，能为人所用，使人感到方便、顺手、合适、舒畅。“适用”的含义有两层：一层是“有用的”，另一层是“用起来舒适”，在产品设计美学中也称之为宜人性，它必须尽可能地符合人机工程学原理，使人在生产和生活中，以最小的能量消耗去增进较多的舒适感，这也是产品美学中经济性的内涵。产品的审美性，不仅仅表现在产品外观形式的美化上，还存在于产品内在形式结构的合理化方面。产品内在形式结构的合理化就是要符合功能美的要求，功能美是产品在市场畅销的根本保证。如日本、德国等发达国家的产品设计，其形式结构精巧、严密。

二、技术美

从手工业时代到工业化时代，设计艺术中的工艺美或技术美一直存在着。中国第一部工艺美术文献《考工记》中就有“工巧美”的论述。

工艺美、技术美具有功利性、物质性、情感性三个特点：

第一，功利性。人类所创造的物品，是人的目的的实现，是人的本质力量的直观体现。人们面对自己创造出来的物品，自然会产生一种愉快感。这种愉快感正是在物品给人的生活带来便利的基础上产生的，因而，从审美发生学的角度看，功利性是审美的基础。设计艺术的审美就是建立在实用功利的基础上，离开实用功利性，设计艺术的审美价值就无从体现。设计艺术是实用与审美的有机统一。

第二，物质性。工巧美、技术美不是抽象的，而是实在的物质形态的美。古代的石器、陶器、瓷器、家具等都以具体的、实在的物质形态，感性地呈现出来。而技术美的物质形态是通过对材料的加工制作而产生的。技术美具有很强的物质性，设计艺术才受到多方面的制约，它至少受到材料、用途、功能、结构等因素的束缚。

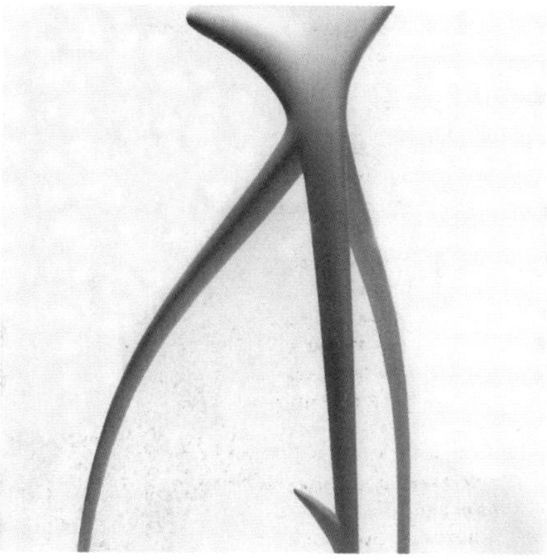
图7.3 斯达克作品

第三，情感性。情感属于心理学的范畴，人类的造物活动及其产品，包含着丰富的心理内容。工巧美、技术美和人类具有功利的关系，而且在使用过程中，让人欣赏到主体的创造力量与创造才能，人与工巧美、技术美之间就形成了一种情感认同；另一方面，设计艺术及其物化产品的技术美，也是设计师对生活美好情感的物化的结果。技术美的情感性是以物化的形式隐性地存在着的。

三、设计美

设计师是把技术与艺术、功能与造型完满结合起来的人。从具体应用的角度看，设计是把某种计划、规划、设想和解决问题的方法，通过视觉语言传达出来的过程。所以，这种视觉语言只有具备了艺术化的特征，才会体现出设计作为美的形式的特点。如简约主义的设计，其前身实际上是减少主义，减少主义的风格特点是：在形式上追求极其简单的、少之又少的艺术效果。按照“减少、减少、再减少”的原则进行艺术创作。这种设计风格的代表人物是法国的菲利浦•斯达克，他在建筑、室内、产品、服装等方面都有极其出色的表现，被称为“鬼才”。斯达克的作品总有令人惊讶的神来之笔，是技术与艺术的完美结合，具有鲜明的个人风格（图7.3）。

设计之美是技术美与艺术美的结合，也是生活美与艺术美的统一，艺术美在设计美中有重要的地位。设计美学中的艺术美，不能单纯、独立地存在着，它往往通过材料、结构、技术、功能、形式法则等因素体现出来，具体表现为材料美、结构美、形式美等。

第二节 设计审美范畴

就设计产品来说，它是一种静态的表现艺术。它美化日常生活的用品，如从家具、瓷器到各种玉器、牙雕、漆器、绒绣，以至剪纸、面塑等等，

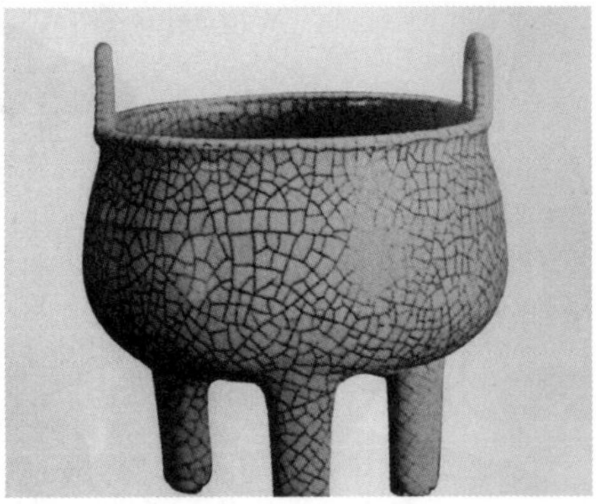

图7.4 三足鼎

都是设计美的体现。它是实用与审美的结合，通过人们对产品自觉的美化而实现的。设计产品的美，就在于借造型、色彩和线条来表现或烘托出一定的情绪、气氛、格调、趣味，并以此来影响人、感染人，起着潜移默化的作用。工艺品是表现性的，具有一定的概括性、抽象性、夸张性、变形性，它体现了一定时代的趣味和格调要求。设计审美的范畴主要有功能美、造型美、结构美、材料美和形式美等。

一、功能美

“功能美”是设计之美区别于艺术之美的重要标志。“功能美”最本质的内容就是实用美。功能主义认为凡是有用的东西都是美的，明确表现功能的东西就是美的。这是20世纪初在设计领域中占主导地位的功能主义思想的主要理论。“功能美”表现为实用功能和使用功能等物质功能，其次表现为认知功能（象征功能）和审美功能等精神功能。

1. 实用功能

设计艺术的功能美，首先表现为实用功能。实用功能是设计艺术功能美的基础，它是设计艺术用来满足人们实用需要的属性，它能反映出设计艺术中技术的、物质的、环境的性能指标。实用功能是人类造物制器的原动力。古代设计中的石器和陶器等，就是为人们生活中实用之需而创造的。原始陶器造型中，还有大量的功能性附件，如盖、耳、鼻、环、纽、座等，它们的产生以及它们在器物上的位置，都出自实用方面的考虑。至于陶器中的鬲、鼎等器物，它们在造型上的一个共同点是三足（图7.4）。李泽厚说：“它的形象并非模拟或写实（动物多四足，鸟类则两足），而是来源于生活实用（如便于烧火）基础上的形式创造，其由三足造型带来的稳定、简洁、刚健（比四足）等形式感和独特形象，具有高度的审美功能的意义。”[47]青铜鬲的三条肥大而中空的款足是由陶鬲演变而来的，放在火上烧煮时，明显地扩大了受热面积，进而缩短了烧煮的时间；同时三条款足，非常稳定，起到灶的作用，而且还增加了容器的容量。

灯具设计、家居设计等的功能美，也首先表现在实用功能上。古代的铜灯的造型设计和结构设计，都是从实用需要出发。如“长信宫灯”（图7.5），由头部、身躯、右臂、灯座、灯盘、灯罩六部分分别铸造组合而成，可自由拼拆，便于清除烟灰和擦洗。灯点燃时，烟尘通过衣袖集中于灯体之内，这就保持了室内空气的清洁，在灯座上还有一个活动的环壁形灯罩，调整灯光照射角度和强弱。长信宫灯是汉代造灯艺术的极品，结构上符合科学原理，并一改以往青铜器皿的神秘厚重，整个造型及装饰风格都显得舒展自如、轻巧华丽。现代灯具设计，与古代灯具设计相比，

47. 李泽厚著．美的历程．安徽文艺出版社，1994年版，第35—36页。

更加复杂多样，有吊灯、台灯、壁灯、吸顶灯、射灯等。

2. 使用功能

人类在使用器物的过程中，为了达到人的动作与物的动作的一致性，使器物更加适合人的动作的方向、动作的大小、动作的作用点，这就需要对器物的形状、大小、结构以及操作系统进行设计和改进。原始人用石头猎取动物，为了更有效地猎取动物，就把石头设计、加工、制作成石球，用来制造射杀善跑的动物的武器——投石索。规则的石球比不规则的石球在投掷时，更准确、有力，这就是“使用功能”的体现。

图7.5 长信宫灯

设计艺术及其物化产品的功能美，要有效地发挥出来，不仅仅表现在它是“有用”的（实用功能），而且也要具有良好的使用功能，即要表现为“好用”的。“好用”的标准就是高效、方便、安全、可靠、舒适等，“好用”意味着人们在生产和生活中，以较少的能量消耗来取得最大的工作效率。因此，“好用”的设计就建立在人机工程学的基础上，使人机关系达到和谐和最优状态。

3. 认知功能

设计及物化产品的功能美中还有一种精神功能——认知功能，即通过设计获取一定的消息。认知功能主要包括两个方面：识别功能和象征功能。在图形设计、标志设计等视觉传达设计中，识别功能非常重要。它要向受众传达一定的消息，有指示性、说明性和记录性。在视觉传达设计中，提高识别功能的设计方法很多，具体如下：①使用对比的形态和色彩；②大胆、新颖的创意；③有效地利用空白，往往能产生很好的识别功效；④采用富有吸引力的文案；⑤进行必要的编排，使视觉流程流畅。

设计及其物化产品，从功能到形式，除了识别功能，还蕴含着象征功能。象征功能是通过观察、使用物品时所得到的有关精神的、心理的、社会的等各方面的感受和体验。设计艺术就是通过形状、材质、色彩、表面工艺处理和装饰等要素来表达象征功能。

4. 审美功能

审美功能是功能美的一个组成部分。它是设计艺术在视觉、触觉等方面给人以愉悦及精神上、心理上的满足。设计艺术的审美功能，体现在设计及其物品的外观形态的赏心悦目，符合形式美的规律；还体现在设计及其物品内在形式结构的合目的性。设计艺术的审美功能正是这种外观形态的“合规律性”与内在形式的“合目的性”的统一。审美功能在设计艺术中主要表现在形态、色彩、材质、肌理、表面加工或表面处理、装饰等方面，从而获得心理上的舒适感和精神上的愉悦感。它是介于设计与人之间的一个非常重要的精神功能。

二、造型美与结构美

设计艺术是实用与审美的统一。造型美主要指设计的外观形态的美，

图7.6 悉尼歌剧院

结构美主要指设计的内在形式的美。

（一）造型美

设计艺术的造型美由形态美、色彩美等因素组合而成，它是传达设计艺术中功能美信息的直观途径，它的产生受制于实用功能，同时又对认知功能和审美功能的形成产生重要的作用。

1. 形态美

形态是物体在一定空间中所占的轮廓，它分为具象形态和抽象形态。具象形态指自然界中实际存在的各种形态，是自然形态；抽象形态是经过人为的制作，有人工痕迹，造型设计都要符合美的要求，即要有形态美。古代设计，从石器到陶器，其形态之美不断地变化着，从简单到复杂，从单一到多变，从半球体、球体到流、口、颈、肩、腹、耳、足等复杂的形态。

2. 色彩美

色彩美是设计艺术造型美中的一个必不可少的部分，它是对设计的形态进行色彩的配置和设计，从而使设计及其物品的形态对人产生重要的生理和心理的影响。色彩的感觉是建立在人的视觉感官的生理基础上，人在接受色彩刺激时，会产生丰富的生理反应和心理联想。在设计艺术中，造型设计的色彩美，不仅能有效地表达设计的认知功能，而且能提高设计的审美功能。

（二）结构美

结构是设计艺术的内在形式，是指各个功能性构件的相互连接方式和组合方式。结构设计直接关系到设计艺术的使用功能和实用功能。设计艺术的结构美，不仅取决于材料的特性，也取决于科学技术的发展，结构力学理论中“薄壳理论”的问世，使得建筑设计中出现了大面积的薄壳结构，产生了轻巧的凌空欲飞的建筑物的顶面，代表作如悉尼歌剧院（图7.6）。结构美的本质就是简洁、轻巧、方便与可靠，意味着产品结构合理，使用方便、安全可靠，还意味着便于携带或便于移动。

三、材料美

材料是设计艺术的物质基础。重视材料自身的审美属性，是设计之美的一个重要特征，也是设计艺术与纯艺术的区别之一。中国古代工艺文献《考工记》记载：“天有时，地有气，材有美，工有巧。合此四者，然后可以为良。”材料美包括肌理美和材质美。

（一）肌理美

设计美学中谈到肌理，是泛指一切材料的肌理表面纹理，任何材料的表面都具有一定的组织结构、形态和纹理，是指物体表面的组织纹理结构，即各种纵横交错、高低不平、粗糙平滑的纹理变化，是表达人对设计物表面纹理特征的感受。一般来说，肌理与质感含义相近，“质感”

是人对材料表面质地的心理感受和情感态度，这种感受主要通过人的视觉、听觉、触觉等审美感官来获得。正如日本学者所说："质感各有其独有的秩序，这种体验是不能被其他东西代替的，不是用语言所能表达的，需要直接地用肌肤或用眼睛观看，才能有生理的直接的感觉。"[48]如粗糙、暗黑的表面可以使人产生艰涩、笨拙的感觉。古代瓷器莹润、晶亮的表面，能感受到一种柔美和雅致。对设计的形式因素来说，当肌理与质感相联系时，它一方面是作为材料的表现形式而被人们所感受，另一方面则体现在通过先进的工艺手法，创造新的肌理形态，不同的材质，不同的工艺手法可以产生各种不同的肌理效果，并能创造出丰富的外在造型形式。

设计中的肌理根据来源可分为自然肌理与创造肌理。自然肌理就是自然形成的现实纹理，材料本身的（木纹、大理石纹等等）物体表面都有一层"肌肤"，在自然的造化中，它有着各种各样的组织结构，或平滑光洁，或粗糙斑驳，或轻软疏松，或厚重坚硬。这种种物体表面的组织纹理变化，使之形成一种客观的自然形态，从而给人以不同的视觉感受。肌理并不都是美的，只有当它在一个特定的空间、特定的环境、特定的光线之下才能呈现出某种美感。

创造肌理是由人工造就的现实纹理，即原有材料的表面经过加工改造，与原来触觉不一样的一种肌理形式。通过雕刻、压揉等工艺，再进行排列组合而形成。肌理应用恰当，可以使设计具有魅力。

在设计中的肌理往往是触、视觉综合性的肌理，既能通过视觉感受，又可触摸得到。因此，材料的肌理美除了纹理之外，还有视觉上的透明感和视觉、触觉上的光滑感。触觉是人体的一种特殊感觉。各种外界刺激（冷、热、软、硬、光滑、粗糙等）通过分布在皮肤的神经末梢，传达到大脑，使人体产生一种综合的感受，它较之听觉、视觉都更为复杂。比如，有经验的陶艺师通过对陶土的触摸就可以判断陶土的好坏，以及用此陶土烧制的瓷器的好坏等等。因此，触觉是带给我们肌理感受的主要手段。另一种肌理感受，则来自视觉。比如我们从高空俯瞰大海，蔚蓝的海面会通过视觉传达给我们海面的肌理感受。再如站在山巅看云海，虽然我们不能通过触觉来感受云海，但通过视觉，仍然可以感受到云海那特殊的肌理。不同的肌理，会给人带来不同的心理感受。如大理石肌理表现华贵、高雅的意境，布纹肌理传达了亲切柔和质朴的意境等等。同时，不同的肌理，因造成反射光的空间分布不同，会产生不同的光泽度和物体表面感知性。比如，细腻光亮的质面，反射光的能力强，会给人轻快，活泼、冰冷的感觉；平滑无光的质面，由于光反射量少，会给人含蓄、安静、质朴的感觉；粗糙有光的质面，由于反射光点多，会给人笨重、杂乱、沉重的感觉；而粗糙无光的质面，则会使人感到生动、稳重和悠远。在设计中，肌理不是独立存在的，而是属于造型的细部处理，也就是相当于产品的材料选择和表面处理。

不同的材料具有不同的肌理美，使得器物具有不同的美学品格。瓷器中的肌理是作为瓷器装饰美的一部分。定窑的瓷器装饰技法有印花、刻花和划花等。印花图案设计，严谨整齐、疏密得体、秀丽和谐。整体给人气韵脱俗、浑厚大度的视觉美感。汝窑的青瓷，釉中含有玛瑙，色泽青翠华滋，釉汁肥润莹亮，有"雨过天青云开处"之誉。汝瓷胎质薄，质地细润，给人幽静而沉谧的美感体验。可见，两者由于原材料、烧制工艺的差异产生不同的肌理效果，也给人

48.［日］小形研三，高原荣重旧著，索靖之等译．园林设计．中国建筑工业出版社，1984 年版，第 72 页。

不同的审美体验。

肌理在设计中具有以下作用：①肌理可以增强立体感。比如一个形态的表面和侧面分别用不同的肌理来处理，就可以增强造型的立体感和层次感。肌理的这一作用，是由肌理的形状和分割配置关系决定的。②肌理可以丰富立体形态的表情。不同的肌理会呈现形态不同的表情和特征。③肌理还具有情报意义。也就是不同的肌理会提示我们其作用和用途。如瓶盖、旋钮、开关等特殊肌理会指导我们对形体的使用。利用同类材料构成的肌理可产生协调统一的效果，但要避免单调和呆板；而用不同材质构成的肌理则会产生变化丰富的效果，但要注意避免散乱和无序。综上所述，在设计中需要选择合适的肌理来表现作品，同时，肌理与造型、色彩之间的和谐统一也是创作一件好的设计作品的保证。

（二） 材质美

材质之美不仅包括了材料表面的肌理美，也包括对材料的物理性能、化学性能、社会价值以及人类情感等内容的审美。材质的审美，不仅要有视觉美感、听觉愉悦感，还要有触觉舒适感。如高丰在《中国器物艺术论》中所说：

瓷器的釉质，不仅对于人的视觉和听觉有很好的审美感受，其光滑圆润的质感，也令人触觉有舒适的感觉，尤其是用做餐具和茶具使用时，不论是口感和手感都很好。明式家具的材质，使人有赏心悦目质感，而其圆润、润滑的各种构件，由于与人体的头、手发生密切的关系，也使人产生了舒适感。……当织物成为服装面料时，触觉即手感也就变得更为重要了。丝绸织品柔软细滑的手感，显然和葛麻织品挺粗犷的手感截然不同；而松软温暖的毛织物，又和舒适透气的棉织品，在手感上相差甚远。[49]

材质之“美”离不开“用”。建筑材料为了牢固、稳定，不得不去选用厚重的石料、坚硬的钢材、沉稳的钢筋混凝土。任何材料都有其特定的审美价值，也有其局限性。如竹材、木材、金属、塑料，这四种材料都可以用来制作家具，但由于它们材质美的不同，因而由它们制作的家具也就有不同的审美特性。贵重材料的审美价值高于一般材料，天然材料的审美价值高于人工材料。在设计中，就是要合理地选择和利用材料的特性，这是创造材质美的关键。材质美还能体现出时代精神，材质美集中地反映出一个时代的新材料、新工艺、新技术的情况。

四、形式美

任何审美活动都离不开感性形式，这些感性形式是由体、线、面、质地色彩和音响组成的复合体，是一种在空间和时间中可以感性直观的物质存在。任何审美对象都是由内容与形式组成的统一体，其中审美形式既是审美对象的直观形态，又是审美内容的存在方式。形式美是事物形式因素的自身结构所蕴含的审美价值。人的心理为什么会与这些形式因素在情感上产生契合和共鸣呢？完型心理学认为，这是由于人的心理结构与外在形式形成异质同构。对特定形式产生共鸣，说明人们具有一种形式感，他可以对形式因素的感知产生特定的审美经验。形式感构成了人的审美感受的基础，它是人的审美活动的重要心理条件。形式美的法则主要有节奏与韵律、变化与统一、对比与调和、对称与均衡、比例与尺度等。

49. 高丰著．中国器物艺术论．山西教育出版社，2001 年版，第 94—95 页。

（一）节奏与韵律

节奏与韵律是指同一现象有规律地周期反复或交替。它原本是构成音乐的重要要素，也是音乐产生美感的主要形式。从一定意义上讲，音乐的艺术感染力是以节奏和韵律产生的。这种形式美感在视觉艺术、设计艺术中也得到了充分表现。从形式上讲造型艺术与听觉艺术有区别，但从本质上看两者是一致的，节奏与韵律是它们的共性，其差异仅仅是个性。

节奏是事物在运动中形成的周期性连续过程，它是一种有规则的重复，产生奇异的秩序感。表现形式有强弱之分：强节奏是以相同形式要素的快速重复产生明显的节奏感，给人以强烈印象，但容易引起生硬和单调的感觉；弱节奏则以多种类型的同一形式要素进行间隔性较大的重复，由于形式变化较丰富显得生动活泼。节奏感是人的形式感中一个重要的组成部分。由于自然界运动的周期性，其中存在许多节奏现象，如日夜的交替、季节的变化等。人的生命运动也存在节奏，如心跳和呼吸，它对人的行为具有一定生理上的影响。

人对节奏的意识是逐渐从具体的劳动过程中分化出来的，这需要经过一些中间环节和中介因素。第一种引起分化的中介是史前人的集体性劳动。在劳动中往往用“歌唱”作为协调和组织人们之间活动的手段。这种歌即是劳动号子，是由无意义的声音序列构成的，只是用声音节奏作为运动节奏的引导。节奏是一种有规则的重复，人们有节奏的行为、劳动都更为省力。它由人们呼吸的共同频率相互联系在一起，由此把时间上的节奏与空间中的运动节奏结合起来。另一种引起分化的中介便是史前时代的巫术模仿和礼仪。巫术是史前人对“万物有灵论”世界观的体现，同时也是他们进行生产的组织方式。在巫术操演中，人们以想象的目标为对象进行劳动和狩猎模仿，并且十分严格地按照统一的节奏活动。如亚里士多德所说：“舞蹈者的模仿只用节奏，不用音调（舞蹈者通过糅合在舞姿中的节奏表现人的性格、情感和行动）。”[50]这样使节奏由原来作为实际过程就分离开来了，取得一种感性普遍化的表现形式。只有当节奏脱离具体的劳动，作为一种形式因素用于组织各种生活使之秩序化时，才使节奏变得不仅富于层次和韵律的变化，并且也使人的感受丰富起来。

节奏在艺术中通过音、形、色诸元素以时间性、变化性来体现。时间性是音的运动过程。变化性则是指运动过程中的规律性变化。音乐是以乐音的强弱、反复、交替进行系统有序的变化而产生优美的旋律。许多古典音乐形式的交响乐和奏鸣曲之所以经典、久远流传，其原因就在于此。而视觉艺术、设计艺术是以形和色有规律的连续不断的交替和重复产生美感的。节奏感的强弱与构成元素有关，元素复杂，节奏感就强烈、丰富，反之亦然。表现节奏感的关键是控制度，度恰到好处才不会显得杂乱。

（二）变化与统一

变化与统一又称多样统一，是形式美的基本规律。任何物体形态总是有点、线、面、三维虚实空间、颜色和质感等元素有机的组合而成为一个整体。所谓“变化”，就是指整体中所包含的各个部分在形式上的区别与差异性；“统一”则指整体中的各个部分在形式上的某些共同特征以及它们之间的整体联系。过分的统一会产生呆板、单调和乏味，过多的变化会导致混乱、刺激和芜杂。在变化中求统一，在统一中寻求变化。变化与统一之间存在一个“度”的问题，变

50.［古希腊］亚里士多德著，陈中梅译注．诗学．商务印书馆，1998年版，第27页。

图 7.7 对称图形

化会使设计艺术显得生动、活泼、富有生机和魅力。

变化是一种智慧、想象的表现，是强调种种因素中的差异性方面，通常采用对比的手段，造成视觉上的跳跃，同时也能强调个性。统一是一种手段，目的是达成和谐。最能使版面达到统一的方法是保持版面的构成要素要少一些，而组合的形式却要丰富些。统一的手法可借助均衡、调和、秩序等形式法则。变化与统一，在古代设计中运用广泛。青铜器的列鼎既有差异性，又有统一性；其他的漆器、家具等也都运用多样统一的形式美法则。

（三）对比与调和

对比与调和，是建立在变化与统一基础上的一个形式美的规律。各种对立因素之间的统一叫对比，对比能产生生动、活泼与鲜明的个性；调和能产生协调、稳定与柔和的品质。在设计艺术中，对比与调和主要表现在形态、色彩、装饰等方面。形态的对比有形态的大小对比、形态的虚实对比、性质对比等。色彩的对比主要表现为色彩明度的高与低、色相的冷与暖、纯度的鲜与灰等，它们之间的对比能表现出强烈的情感意味。色彩的调和就是在变化中求统一，使色彩既不杂乱刺激，又不单调乏味。古代陶瓷中的梅瓶，小口、短颈，与丰肩、深腹形成强烈的对比，在对比中产生出挺拔劲健的美感。对比是形式美感重要的生动语言，它可改变形态的呆板，造成富有生气、活泼、动感的造型，在对比中原有的构成要素最大限度地保持要素间的差异性。可以说，形态构成缺乏对比就没有活力，失去运动感。

形态构成一味强调对比，势必走向认识上的绝对化，不可能从全局的角度去控制造型表现，构成的作品从整体上看是杂乱无章、矛盾重重、支离破碎、毫无整体性的，不可能把人的视觉和触觉带到引人入胜的境地。调和是与对比相反的概念，是指立体形态构成要素共性的加强及差异性的减弱，以求获得统一。对比与调和是相辅相成、休戚与共的，是矛盾的统一、辩证的统一，从许多方面体现出对比与调和的关系。对比与调和包括：形体的对比与调和、色彩的对比与调和、实体与空间的对比与调和。

（四）对称与均衡

在远古时期，先民就发现自然界中的一个奇妙的现象，即动物体型和植物叶脉的对称现象。普列汉诺夫认为欣赏对称的能力也是自然赋予我们的。对称是事物的结构性原理。从自然界到人工事物都存在某种对称性关系。对称是一种变换中的不变性，它使事物在空间坐标和方位的变化中保持某种不变的性质。

在生产活动中，凡是出现对称的地方，总是沿垂直轴线左右的对称。这是由于人的躯体左右两侧是对称的，才使得生产活动和工具结构也具有了这种对称性。对称的物体有稳定的重心，使人在劳动中易于把握（图7.7）。在古代设计中保留着大量对称的结构特征，如中国古典建筑、家具设计、室内陈设等都体现了这一法则。在古代的装饰纹样中也有很多对称的构成，如青铜器上的饕餮纹，还有汉代瓦当、唐代的对兽纹等，都严格遵守对称的形式美法则。历代宫廷建筑、纪念馆等庄重建筑可以说是对称建筑的杰作。这是因为对称这一形式是最完美、最好的表现形式，是任何其他形式所不能取代的。在对称形式中，建筑物中心轴线两边的形和体量完全一样，当把对称的中心加以强调，安定感就会油然而生。为了从功能上体现庄重，形体越是复杂的建筑越是要强调对称性，防止视线的动荡产生不安定感。世界上许多国家的议会大厦之所以采用对称形式，就是为了体现庄重之感。这不仅是功能的需要，而且因为它是功能与表现形式的最完美和恰当的结合。

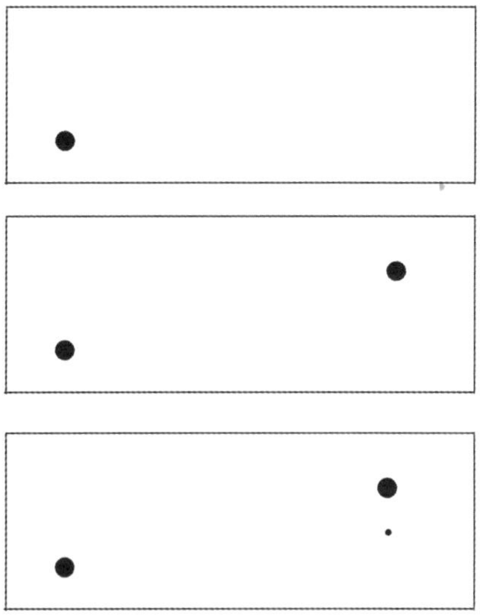

图7.8 均衡

对称的形式给人一种条理、秩序与恒定的感觉，但也容易导致单调和呆板。现代设计则更多地倾向于均衡。所谓均衡指的是左右、上下、前后等双方在布局上的等质，即双方不一定对称，没有等量感。均衡的“力的图式”能给人以美感，均衡是人们在审美过程中所获得的生理的（视觉）和心理的力的均衡（图7.8）。托•哈姆林在论建筑的形式美时指出由均衡所造成的审美方向的满足，似乎和眼睛“浏览”整个物体时的动作特点有关。假如眼睛从一边向另一边看去，觉得左右两半的吸引力是一样的，人的注意力就像钟摆来回游荡，最后停在两极中间的一点上。如果把这个均衡中心有力地加以标定，以致眼睛能满意地在它上面停息下来，这就在观者的心目中产生了一种健康而平静的瞬间。这说明从视觉到心理，均衡比对称更有活力，更能给人以美感。均衡比对称更富于变化，在静中趋向于动，它克服了对称那种单调呆板的缺陷，显得活泼而富有生气。

（五）比例与尺度

比例是整体与局部、局部与局部之间的量度上的比例关系。比例的选择取决于尺度和结构等多种因素。形体的比例不单存在于外部形态，而且存在于内部空间。在人们生活的居室环境中，人的身高与空间高度有比例，门的高度与宽度也有比例。这种比例只有科学、合理才能满足人的需求。而比例是否科学、合理需要从生理、心理上充分考虑。比例只有符合人的审美要求，才能创造出令人愉悦的氛围。

形体尺度的把握和选择往往与人对尺度的印象有关。尺度的含义有两层：一层是指物品自身的尺度；一层是指物品与人之间的比例关系，也就是说要使物品符合人的内在尺度要求。前者是“物的尺度”，后者是“人的尺度”。每种形态自身都有着相应的尺寸，人们从物理上、生理上接受和认识大小不同的形体时都会产生心理上的反映。既喜欢大的形体，也乐于接受小的形体，只要它体现出尺寸的合理性并富有美感，就会引起人们心理上的愉悦，这已经成为人们审美的共识。早在人类发展的初期，人们就对此有所察觉并在对事物的认识中逐渐完善尺度的标准。一般来说，人们对物体尺寸的认识标准有恒常性，一旦某种形体的尺寸与实际应有的尺寸不符，人们就会迷惑不解。事实上各种形态的尺寸是内在各种因素决定的。自然的形态尺寸是由自然规律决定的，人为形态的尺寸是由人与自然、环境、社会、产品所决定的，归根到底它要满足人的生存和发展的需要，体现出科学性、艺术性、合理性。因此，人们常常选择最适宜表现形态的尺寸作为尺度标准。物品自身尺度就是物品要有合适的比例关系，在设计中更多考量人的尺度。人体尺度作为一种参照标准，反映了事物与人的协调关系，涉及对人的生理和心理适应性。

三、当代设计中的问题

中国当前的设计现象繁纷复杂，一方面艺术设计空前繁荣，另一方面在繁荣的表象下却出现诸多问题。针对当下的问题，我们要充分发挥设计批评的批判精神，去认识、分析和解决这些设计问题。

（一）商业主义

自现代设计诞生之日起，设计就与商业、市场紧密地结合在一起。现代设计的标准化、批量化、效率化逻辑与大众文化市场的形成共同促成了商业设计的诞生和不断发展壮大，形成了自工业革命以来人类的独特景观。商业设计虽然并不是一种专业化的现代设计门类，但任何一种设计都与商业和大众息息相关。环境艺术设计、广告设计、展示设计、服装设计、包装设计、产品设计等，它们都与商业经营活动相关联。

商业设计在现代社会中不可或缺。从消费者的角度看，它是美化生活环境。商业设计最根本的一个特性就是对利润的无止境的追求，当商业设计完全被现代市场的特性所规定时，它可能会遗忘设计的本质，由此商业成为了设计的目的，商业设计走向另一面——商业主义设计。它是商业设计的一种异化形态，背离了设计的初衷，由此带来的危害表现在两个方面：

一是，商业主义设计表现之一是为追逐利润而设计。利润是市场的内在要求，而市场性又是现代设计的重要因素，所以商业设计离不开对利润和市场的考虑。市场是设计的重要指标，如果不遵循这个特点去从事设计，我们的设计就会日暮途穷。但是，如果由此而将这一特点无限放大，纯粹为了追逐利润而设计，那么商业设计就无异于走向绝境。如在包装设计领域，出现过度包装，在这种过度包装之下，损害的是消费者的利益。月饼最基本的功能是食用，当把月饼的包装完全当作一种促销手段或是一种纯粹的商业利润追求时，不但会出现本末倒置的结果，而且也是对社会资源和自然资源的巨大浪费。

二是，商业主义设计表现之二是为媚俗而设计。现代商业设计，依托于大众文化的兴起和蔓延，而大众文化，从消极的层面看“被证明有其自身的特征：标准化、俗套、保守、虚伪，是一种取媚于消费者的商品。”[51]依托于大众文化的商业设计也是如此，它是以“媚”来取悦消费者的，其极端形态——商业主义设计更是极尽媚俗之能事，纯为媚俗而设计。“媚俗”就是过分迁就、迎合受众，彻底放弃自己尊严，以作态取悦上级或大众的行为，而且要讨好最大多数的

51. Leo Lowenthal . Literature, Popular Culture, and Society . New Jersey: Englewood : Englewood Cliffs, 1961:10.

一种态度，为了讨好，就必须确定什么是大家都想听的，必须为固有的观念服务。任何人只要顾忌到公众的存在，而不是依从本心行事，就不免陷入媚俗的泥淖。媚俗是人类境况的一个组成部分，制定人类生存中一个基本不能接受的范围，并拒绝来自这个范围内的一切。换句话说，媚俗要求抹煞人类生存方式中一些本来就存在的东西，而这些东西有时又实在不可避免，而社会又禁止（从行为和意识两方面）人们承认这些东西。对于商业设计中的“庸俗”、“鄙俗”、“陋俗”、“低俗”、“恶俗”、“粗俗”等现象，我们必须毫不留情地加以批判。

对商业主义设计展开批判，不等于对商业设计的完全否定。商业设计在现代社会中是一把双刃剑，一方面，它有利于发展经济和提高人们的生活水平；另一方面，它导致了消费主义的产生和社会上的物欲横流。我们如何去发展商业设计，使之有利于社会的和谐发展和人们生活水平的提高，而不是走向它的反面，使人沦为商业的奴隶和消费主义的欲望机器。

（二）技术主义

“技术”一词来自古希腊“techne”（工艺、技能）与“logos”（言辞、演说）的组合，其含义是完美的手工技艺与实用的讲演技艺。20世纪初，技术一词开始广泛地使用，其含义越来越广，既包括工具、机器，又包括工艺程序、技术思想等意义。在工业革命之前，技术主要指手工技艺，它相关于匠人的手工制作，而人类的有些手工技艺在不断消亡。在工业革命之后，技术开始与艺术、技艺逐渐分离，而成为与科学并肩的技术——科学技术。“在手工操作到机械技术的转换中，人的身体的作用在技术里已经逐渐消失了其决定性的作用。而在信息技术中，人不仅将自己的身体，而且将自己的智力转让给技术。因此现代技术远离了人的身体和人的自然，自身演化为一种独立的超自然的力量。技术虽然是作为人的一种工具，但它反过来也使人成为它的手段。这就是说，技术要技术化，它要从人脱落而离人而去。”[52]在这种意义上，现代技术的本性已经不是传统的技艺，也不只是人的工具和手段，它由技术化而成了技术主义。

当这样一种技术化的力量开始走进人们的生活时，它对人而言就会成为一种异己的力量反过来操纵人、控制人。当这样一种技术化的力量在设计领域泛滥时，就会导致一种技术化的设计思维和倾向。这样一种技术主义设计，欲将技术万能化，将所有的设计物品完全技术化，从而导致一种为技术而技术、为技术而设计的设计思维。这种技术主义设计思维要求人完全按照现代技术的逻辑去生活，如机器技术的批量化、标准化、效率至上，信息技术的数字化、虚拟化等，从而使人沦为技术的奴隶。

对技术主义设计的批判并不是消极地去否定技术。对人类而言，不论是在手工业阶段还是在工业阶段，还是在信息技术时代，设计都依赖于技术。但是，当人们对现代技术的崇拜以至膜拜，导致一种技术主义设计思维的普遍泛滥时，就要引起我们的关注和警惕。技术不是万能的，它有自身的限度和局限性。技术只是人们的工具和手段，人类要学会如何使用。因此，批判技术主义设计的关键是去确定技术在设计领域中的限度和边界。

（三）形式主义

艺术设计是形式与功能的统一体。功能与形式的关系问题，也是设计界思考的核心问题之一。功能是指设计产品所具有的某种特定功效和性能，是产品的决定性因素。形式是设计产品的实

52. 彭富春著．哲学美学问题．武汉大学出版社，2005年版，第294—295页。

体形态，是功能的表现形式。功能决定着形式，但功能不是决定产品形式的唯一因素，而且功能与形式也不是一一对应的关系。形式有其自身独特的方法和手段，同一产品功能，往往可以采取多种形式，这也是工程师不能代替设计师的根本原因所在。

在工业革命之前，一方面由于生产者与设计者往往是一人，设计者有自由发挥的余地，因而生产出的产品具有丰富的个性和特征。另一方面，设计者与使用者彼此非常了解，使用者的不同需求是设计者必须去努力满足的责任。这个时期的设计，功能与设计的关系得到统一。在工业设计阶段，机器取代手工业，设计中功能与形式的关系问题成为现代设计中要重新面对的一个问题。从“形式追随功能”、“功能决定形式”到“功能与形式就是一回事”等设计理念中，可以反映出现代主义设计将功能强调到无以复加的地步，形式只是功能的自然表现。在后工业设计阶段，人们对现代主义的功能至上主义逐渐产生了厌倦，对形式的多元化需求更为迫切，“形式”不是紧紧追随“功能”，而是“形式追随情感”。

形式主义设计并不等于现代设计中的功能主义，也不同于现代设计中的式样主义。它可以以功能的面目出现，往往以追求某种形式为开端，当对这种形式的追求达到一种极端化时也就遗忘了设计的本质，滑入形式主义设计的泥潭，从而为形式而设计。对形式主义设计的批判，并不是去否定设计中的功能主义或式样主义，也不反对在市场经济中把设计作为促销考虑的因素之一。它批判的是把任何一种形式当作设计目的本身，在无限放大的形式追求中遗忘了设计的本质。

（四）西方话语垄断

设计作为一种产品创造的经济行为和一种审美文化的创造行为，直接影响着人们的生活，甚至就是在创造一种生活方式。中国现代设计直接受西方现代设计的影响，可以说是西方现代设计观念东渐的产物。从当前中国的设计理论和设计实践两方面看，都是西方的标准和话语。

从理论方面看，在我们的设计理论和批评中，理论话语基本上来自于西方，“一方面具有百年历史积淀的西方设计实践和由这种实践而来的庞大的设计话语资源，一方面是刚刚起步的中国设计现状，自己没有足够的话语资源以资利用，仅凭自己的话语很难建立起来完整系统的设计理论。”[53]西方设计话语的主导体现了试图进入当代世界设计领域的中国设计伊始的自觉，同时也表明中国设计界还没有找到自己的设计理论话语，并且需要倚重于西方的话语资源来建构自己的话语体系。

从实践方面看，中国当前的设计从建筑立面到空间设计，从家具设计到视觉传达设计，从产品结构到语汇表达，都渗透着西方的影响。从某种程度上说，西方的设计话语对中国当代的设计理论和设计实践的影响是不可避免的，也是中国设计发展必须经历的过程。对西方设计批评话语的借鉴和学习不等于完全地“拿来主义”，不等于全盘照搬。对西方垄断式批评话语的批判，并非简单的抛弃西方设计话语资源，尽管我们的设计理论和实践已经被“纳入”到一种国际性的设计场景中，我们如何站在自身需要去除他者的设计话语资源，如何去挖掘、继承和发扬自身的设计话语资源，建立中国本土的设计批评话语，是我们设计理论界要深入思考的问题。

53. 李建盛著．希望的变异——艺术设计与交流美学．河南美术出版社，2001年版，第243页。

第八章
崇高与优美

优美和崇高是一对重要的审美范畴，它们主要是西方美学史上的概念。在中国美学史上没有优美和崇高的提法，与之相对应的是优美和壮美、阴柔之美与阳刚之美。清代散文家姚鼐对阴柔之美与崇高之美有具体的论述，他说："其得于阳与刚之美者，则其文如霆，如电，如长风之出谷，如崇山峻崖，如决大川，如奔骐骥；其光也，如杲日，如火，如金镠铁；其于人也，如冯高视远，如君而朝万众，如鼓万勇士而战之。其得于阴于柔之美者，则其文如升初日，如清风，如云，如霞，如烟，如幽林曲涧，如沦，如漾，如珠玉之辉，如鸿鹄之鸣而入寥廓；其于人也，熯乎如其叹，邈乎其如有思，煗乎其如喜，愀乎其如悲。"（《复鲁絜非书》）可见，阳刚之美指一种雄伟壮阔的崇高之美，而阴柔之美则是指一种柔和悠远的优美。

第一节　崇高

一、美学史上对崇高的探讨

崇高，又称为壮美，就是一种雄壮的美、刚性的美。在西方美学史上，"崇高"最早是作为一个修辞学的范畴，指的是一种强有力的论辩技术。郎吉努斯在《论崇高》一书中将这一修辞风格意义上的崇高扩展为一种艺术风格和审美情怀，一种由一颗伟大的心灵所创造的审美境界。他认为崇高是"伟大心灵的回声"，它包括五个方面：庄严伟大的思想、慷慨激昂的感情、辞格的藻饰、高雅的措辞和尊严的结构。他在描述崇高的审美风格时常使用遒劲、雄浑、有力这样的一些概念，并认为这种风格在感性上具有伟大、无限、可怖等因素。

在西方美学史上第一个把崇高与美严格区别开来的是18世纪英国美学家博克，他详细研究了崇高与美的不同特点，他认为人的所有情感都可以归结为两大类，这就是自我保全和相互交往。前者主要与危险和痛苦相关，它不能产生积极快感，反而会引起一种明显的痛苦或恐惧的感觉，危险和痛苦的消失会产生一种愉悦。这种由痛感转化而来的就是崇高感的起源。所以，他认为崇高而伟大的对象引起我们的惊异情绪，并带有某种程度的痛苦或恐怖之感，但危险或痛苦与人隔着一定的距离，不能加害于人的时候才能产生。也就是说对象的危险是一种看起来的危险，而不是现实的存在。这样生命力或心灵就从紧张和胁迫的张力中得到缓解，恐惧感转化为快感。

崇高的对象都有一个共同性，即可恐怖性。崇高对象的感性性质主要是体积的巨大（如海洋），其次是晦暗（例如某些宗教的神庙）、力量（例如猛兽，力量由人制服后对人成为有用的，即不再崇高）、空无（例如空虚、黑暗、孤寂、静默）、无限（例如瀑布）等，都使人感到可怕，从而成为崇高的对象。力量也能形成崇高，如我们无法驾驭力量，也会产生危险感而形成崇高。因此，只有人无法征服的、自由不拘的、对人无害的力量，才会使人产生崇高感。此外，在量的方面，如庞大体积，无止境的长度，无边无际的沙漠，浩瀚无涯的汪洋大海，一望无际的天空，往往产生无限的观念，也能给人以崇高感。博克把美和崇高看作是对立的。如果说崇高感是基于人类要保存个体生命的本能，它的对象虽暗示危险而又不是紧迫的真正的危险，它所引起的情绪主要是惊惧，在情感调质上本是痛感，仿佛由"自豪感和胜利感"以及劳动或练习转化为快感；美感则基于社交本能，特别是异性间的生殖欲，它的对象一般具有引诱力，它所引起的情绪是爱，在情感调质上始终是愉快的。

康德直接继承了博克的思想，在《判断力批判》将审美判断分为“美的分析”和“崇高的分析”。康德把崇高分为两种：一种是数学的崇高，特点在于对象体积的无限大；一种是力学的崇高，特点在于对象既引起恐惧又引起崇敬的那种巨大的力量或气魄。数学的崇高是指对象的体积和数量无限大，超出人们的感官所能把握的限度。力学的崇高表现为一种力量上的无比威力。如断崖、闪电和雷鸣、火山、飓风、海洋、洪流瀑布，这些自然的力学崇高，以其巨大的无比的威力作用于人的想象力，想象力无所适从而感到恐惧可怕，因为要求理性观念来抗争它和掌握它，由想象的恐惧感转化为对理性的尊严和勇敢的快感。崇高是人对自己伦理道德的力量、尊严的胜利的喜悦，是与理性观念直接相联系。

黑格尔认为崇高是绝对理念大于感性形式，即崇高的绝对理念的内容大于或压倒于感性的表现形式，绝对理念内容与感性的现象相对立，这就是崇高的特征，崇高的内容就是绝对的理念。他认为美是理念的感性显现，崇高则是理念大于或压倒形式。在美与崇高里都是以理念为内容，以感性的表现为形式，不过这两种因素表现不同而已。在美里，理念渗透在外在的感性的现实里，成为外在现实的内在生命，使内外两方面相互配合，互相渗透，成为和谐的统一体。崇高则不然，内在意义并不能在外在事物里显现出来，而是要溢出事物之外。

崇高感是同主体的精神力量相通的。崇高体验的特征是某种具有明晰而又简单的形式的强有力的东西，它必然含有把自我投射到对象中去的意义，而力量就等于伟大，因为观赏者总是把空间的体积转化为精力和威力；崇高感毫无例外地是对于人们自己力量的一种感觉，是人们自己意志力量的扩张；人们把这种力量自发地投射到对象中去，最先创造崇高感的强力和威力，在自然界中对人们显现为自然力量的符号和标志，在建筑中显现为抽象形式的震撼力量，在音乐中显现为在旋律中的那种兴奋和努力的扩张。

根据上述各家对崇高的分析，美学范畴的崇高可以从以下几个方面加以把握：首先，崇高对象的特征。一般地，崇高的对象在内容上总是体现为可怖性或与人的敌对性。在于崇高的对象还未被人控制和征服，或者体现为形式上的无限巨大。其次，崇高感得以产生的主体条件。人处于安全地带以及要具有无所畏惧的抵抗决心。再次，崇高感产生的心理机制。内容上与人相敌对，感性形式上无限巨大的客体首先会造成对人的感官知觉的强烈刺激，在那里，主体先是感到震慑、惊惧和痛苦，感到自己的渺小、无力和无能，经历着一瞬间的生命力的阻滞。但由于人处于安全地带，对于那可怖的对象，人已经一次又一次地征服过，并在其中显示自己力量的伟大，当再次面对可怖对象时，再一次激起与之抗争的激情和决心，人感到自己已经具备能够超越对象的力量，由此而产生一种突破阻抑后的解放感，一种由痛感转化而来的快感。最后，崇高感的形而上学特征，表现为生命力从阻滞到张扬、从排斥到吸引、从痛感到快感的过程，其实就是生命超越自身有限性的过程。

在中国的传统美学中，崇高或壮美常用“大”来表述。它侧重在主体方面、社会价值方面，而不是对象方面、自然状貌方面。孟子把他所强调的人格美称为“浩然之气”。在对个体人格的评价中，他提出善、信、美、大、圣、神六个等级，提到“充实之谓美，充实而有光辉之谓大”。他所说的“大”，比一般的美在程度上更鲜明强烈，在范围上更广阔宏伟，是一种辉煌壮观的美。

这样的崇高概念与西方传统美学中的概念相比，侧重点显然不同，但如果把这种品格同有关的遭遇联系起来考察，所涉及的对象世界中同样包含引起忧患困苦的因素。

崇高是美的一种表现形态，是事物的一种客观性。它都来源于人类的社会实践，都直接或间接与社会实践有着一定的联系。崇高不仅比优美有着特殊的威力，而且有使人更崇高的特点。它能提高和扩大人的精神境界，鼓舞人的意志和毅力。它激发了实践主体的巨大的潜在能力，使人感觉到高临在平庸和渺小之上，促使人去和卑鄙、猥琐作斗争。就审美对象而言，崇高具有强大的威力，表现在人格与道德行为中、自然界事物的状貌样态中、艺术作品的形态与格调中；就审美经验而言，它使主体受到震撼，带有庄严感或敬畏感，甚至伴有某种程度的恐惧或痛苦。同其他审美范畴相比较，崇高与悲剧性相近，都伴有巨大的情感跌宕。

崇高是一种庄严、宏伟的美，是一种以力量和气势取胜的美，是一种显示主体实践严重斗争和动人心魄的美，又是一种具有强烈的伦理道德作用的伟大的美。崇高的对象给人一种压迫感。它是人尚未把握的，是与人的心理内容和感官知觉处于矛盾冲突中的客体。崇高感是人因在心理上战胜了一个可能的对象而产生的快感，是由痛感转化而来的快感。它以其粗犷、博大的感性姿态，劲健的物质力量和精神力量，雄伟的气势，给人以心灵的震撼，进而受到强烈的鼓舞和激越，引起人们产生敬仰和赞叹的情怀，从而提升和扩大人的精神境界。

二、崇高的表现

（一）现实生活中的崇高

在社会生活中的崇高，是崇高领域中的首要内容，主要是体现实践主体的巨大力量，更多地展示主体要征服和掌握客体的矛盾冲突状态。那些体现着历史前进的进步力量及其代表人，正是社会崇高的本质所在。社会进步力量要想取得胜利需要经过反复曲折的斗争，甚至牺牲生命，也正是在这一过程中，表现出实践主体力量的现实的或潜在的威力以及终将获得胜利的必然性。在这里，英勇、豪迈、伟大等成为了崇高的同义词。如岳飞精忠报国，收复失地，他一生奔走沙场，视死如归，气贯长虹，他的《满江红》："怒发冲冠，凭栏处，萧萧雨歇。抬望眼，仰天长啸，壮怀激烈。三十功名尘与土，八千里路云和月。莫等闲，白了少年头，空悲切。靖康耻，犹未雪；臣子恨，何时灭！驾长车，踏破贺兰山缺。壮志饥餐胡虏肉，笑谈渴饮匈奴血。待从头，收拾旧山河，朝天阙。"这首词气壮山河，表现了作者大无畏的英雄气概，洋溢着爱国主义激情，词的最后一句表达了要驱除胡虏，复我河山的壮志。崇高体现了矛盾的激化状态，因此它的表现形式具有粗犷、激荡、刚劲、有力的特点。它与优美所具有的那种柔和、平静、轻快、细腻的特点形成鲜明对照。崇高对于提高人们的精神境界，鼓舞人们在实践斗争中的信心和勇气，具有更为重要的意义。

自然的崇高，虽不在于自然对象的本身属性，但是自然对象的巨大的体积和力量以及粗犷不羁的形式等，都对形成崇高的对象起积极的作用。如汹涌的波涛、瀑布、狂风暴雨、雷电交加、长江、黄河、大海、夜空、山峰、悬崖等。从人类历史发展来看，人类实践还没征服和掌握这些自然对象时，这些自然对象作为异己的、恐怖的或崇拜的对象，而与人类相对立。只有当人类的实践发展到能够征服和掌握这些自然对象时，才能成为人们欣赏的崇高对象。它虽不为人们所征服，但它还是以巨大的体积和似乎不可抗拒的力量与人类抗争，因而能引起人们的惊叹和崇敬的情感。

（二）艺术中的崇高

崇高在艺术作品中得到最真实、最集中的反映。艺术中的崇高更多地通过反映激烈的矛盾冲突和高尚的人格品质来体现。在艺术作品里，崇高作为一种昂扬的激情和悲愤不平，表现得愈是激烈，愈加显得崇高。崇高的行为和言语是人性美、人情美特别是人格美的结晶。透过一些艺术作品中人物富有情趣的言语、动态、神态，可以看到行为主体的人性美、人情美，还可以看到他的人格美。如苏轼的《念奴娇•赤壁怀古》："大江东去，浪淘尽，千古风流人物。故垒西边，人道是，三国周郎赤壁。乱石穿空，惊涛拍岸，卷起千堆雪。江山如画，一时多少豪杰！"这首词以乱世、惊涛、千堆雪，描述了一幅惊心动魄、气势雄浑的景象，烘托出三国时火烧战船的壮烈场面，词人感情激荡，气势雄壮，传达了对英雄人物的向往与怀念，同时也借咏史抒发词人积极入世但年已半百仍功业无成的感慨。读完这首词，我们既被这气势恢宏的自然景象所震慑，更被苏轼本人伟大的人格力量所折服，并从心中升腾出一种豪迈的气概。

艺术中的崇高并不专属于伟人，小人物的质朴、憨厚和善良，有时也给人以崇高的印象。人在感到崇高的时候，不是恐惧而是豪迈，不是害怕而是强有力。真正的崇高感是敬佩和自豪。如长城以它的气势雄伟的形式，引起我们的崇高感，但它也是我们古老民族的象征，在它引起的崇高感之中，总是与民族自尊心、自豪感密不可分的。

第二节　优美与崇高的对比

狭义的美，指的就是优美。优美，又称秀美，它是美的最一般的形态，是一种优雅之美、柔媚之美。凡是使人感到优美的对象一般都具有小巧、轻缓、柔和的特点。自然风景中的优美景色，如桂林山水、西湖十景、九寨沟等，在生活中，女性形体柔和的曲线、小巧的盆景、小动物等都给人以优美感。在艺术作品中，具有小巧、轻缓、柔和的特点也可以用优美来概括，无论是雕塑、绘画，还是音乐、舞蹈。如女性的人体，维纳斯、龙门石窟中唐代女菩萨石像，意大利文艺复兴时期达•芬奇的木版画《岩间圣母》，桑德罗•波提切利的木版画《春》，小提琴协奏曲《梁祝》，北宋米友仁的《潇湘奇观图》等都给人以优美感。优美感一般具有和谐、平静、松弛、舒畅的心理特征，表现出对象与主体之间的和谐。在审美活动中，优美的对象首先以其整体上的小与缓、弱与柔引起审美主体的注意，主体几乎是以一种欣喜的柔情来接受它们、感知它们。由感知其小而起可爱之心，感知其缓而入平静的心境，感知其弱而起怜爱之情。主体能够非常轻松地把握对象的和谐，感到悦目、悦耳，进而与对象缓慢、安静、柔顺的情感表现特点发生共鸣，体会到生命之流平静、和谐的运行，发出心底的赞赏。

优美感既来自对对象本身具有的和谐完美的感受，也来自对对象与人之间的一种和谐亲近的关系的把握。优美的和谐、平静、松弛、舒畅使人感受到纯净的愉快和美好，感受到生活的迷人的魅力，是一种令人心醉神迷的美。

崇高和优美的区分表现为以下几点：第一，就对象而言，美只涉及对象的形式，而崇高却涉及对象的"无形式"，形式都有限制，而崇高却涉及对象的"无限制"或"无限大"。第二，就主观心理反应来说，美感是单纯的快感，崇高却是由痛感转化为的快感。美是想象力与知性的和谐统一，产生比较安宁平静的审美愉悦。崇高是想象力与理性互相矛盾斗争，产生比较强烈、激动、震荡的审美感受。崇高感是由痛感转化而来的，是一种仅能间接地产生的愉快。康德认为崇高不可能由它的形式来产生快感："我们只能说，这种对象适宜于表现出心灵本身固有的崇高；因为真正的崇高不是感性形式所能容纳的，它所涉及的是无法找到恰合的形象来表现的那种理性观念；但是正由这种不恰和，才把心里的崇高激发起来。例如暴风浪中的大海远不能说是崇高的，只能说是形状可怕的。一个人必须先是心中装满大量观念，在观看海景时，才能激起一种情感——正是这情感本身才是崇高的，因为这时心灵受到激发，抛开了感觉力而去体会更高的符合目的性的观念。”崇高感是由压抑转到振奋，观赏者的心灵处于动荡状态。下表从审美属性、类型、本质三个方面对优美与崇高做出比较：

审美形态	审美属性	审美类型	本质
崇高	宏伟、壮阔、豪放、劲见、奇特	崇高体现在主客体所受到的挑战越严重，遇到的冲突越激烈，就越能激发和显示人类自身的本质力量，也就越能令人感到崇高。	突出了主体与客体、人与自然、感性与理性的对立冲突。客体企图以巨大的气势和力量压倒主体，主体在严峻冲突中更加激发自身的本质力量与之抗争，最终战胜与征服客体，使人的本质力量得到比在优美事物中更加充分的显现。
优美	绮丽、典雅、含蓄、秀丽、纤柔、婉约	通常是指一种单纯的美、常态的美。	主体和客体的和谐统一，内容与形式的和谐统一，并且在对象世界中得到感性的显现，优美引起的审美感受是一种单纯的、平静的愉悦感。

第九章

悲剧与喜剧

在日常生活中，人们常常运用悲剧这一术语泛指一切令人悲伤、悲悯的事件，如挫折、失败、不幸、死亡等。这类事件形成的原因显然是多种多样的。生活中的悲惨事件，往往与强烈的生理刺激、特定的功利态度交织在一起，主要激起人们的伦理态度和行为，因而常常不能立即把人们引进审美领域。艺术中的悲剧，是艺术家对生活中悲剧现象进行了艺术处理和艺术净化的结果，因而它可能而且应该直接显现出巨大的审美意义。迄今为止的美学学科，有关悲剧这一美学范畴的研究，实际上是以艺术中的悲剧为主要对象的。

第一节　悲剧

一、悲剧的本质

悲剧是美学基本范畴之一，是与喜剧相对的特殊表现形态。它是指现实生活或艺术反映中那些作为实践主体的肯定性社会力量，在具有必然性的社会矛盾冲突中，遭到不应有、但又不可避免的苦难或毁灭，从而引发悲痛、同情和奋发感受的一种审美形态及其特性。

中国古代戏剧理论中没有“悲剧”这个词，只有“苦情戏”（怨谱、哀曲等）一说。“悲剧”一词来源于西方，它源于古希腊的酒神祭祀，在希腊文中叫 tragoidia，即“山羊之歌”。公元前 6 世纪，盛行于希腊农村的庆祝丰收、祭祀酒神和农神的歌舞、祭仪表演。祭祀酒神时，合唱队身披羊皮扮成半人半羊的角色，悲叹地吟唱酒神狄奥尼索斯在尘世遭受的痛苦，并且赞美他的再生。最初的酒神颂歌是由歌队提出问题，一人作答。到公元前 5 世纪，“悲剧之父”埃斯库罗斯增加了戏剧成分，加上第二演员，使合唱抒情诗变成了独立的悲剧艺术。

悲剧从诞生开始就占据了西方文学主流的地位，并一直被认为是“最高的诗”。亚里士多德第一个探索了悲剧的艺术特征并奠定了悲剧的理论基础，他给悲剧下了这样一个定义：“悲剧是对于一个严肃、完整、有一定长度的行动的模仿，它的媒介是经过‘装饰’的语言，以不同的形式分别被用于剧的不同部分，它的模仿方式是借助人物的行动，而不是叙述，通过引发怜悯和恐惧使这些情感得到疏泄。”[54]他对悲剧的理解包括以下几层含义：第一，它是对于一个严肃、完整、有一定长度的行动的模仿。悲剧艺术的目的，在于组织情节；第二，悲剧有特定的对象、特定的人物，他是一个比一般人好的人，由于犯下错误而遭受厄运；第三，悲剧所引起的对人的恐惧与怜悯之情，在积极方面能起“陶冶”作用。“陶冶”是要从道德上来理解，在潜移默化的同时，悲剧还能引起一种理性力量。在道德上震撼人心的同时给人以审美享受，提高人的思想境界。

黑格尔认为悲剧不是个人的偶然的原因造成的，悲剧的根源和基础是两种实体性伦理力量的冲突。冲突双方所代表的伦理力量都是合理的，但同时都有道德上的片面性。每一方又都坚持自己的片面性而损害对方的合理性。这两种善的斗争必然引起悲剧的冲突。悲剧中互相对立

54.［古希腊］亚里士多德著，陈中梅译注．诗学．商务印书馆，1998 年版，第 63 页。

的人物各自代表一种伦理力量，各自坚持自己的理想和所代表的普遍力量，于是相互冲突，同归于尽，造成了悲剧结局。在这个结局中，双方的片面性得到克服，永恒的正义取得胜利。黑格尔认为说明他的理论的最好例子就是古希腊悲剧《安提戈涅》。《安提戈涅》是古希腊三大悲剧家之一的索福克勒斯的作品。安提戈涅是俄狄浦斯与其母伊俄卡斯忒意外的乱伦所生下的女儿，俄狄浦斯王由于杀父娶母自行流放，他的两个儿子厄忒特俄克勒斯和波吕涅克勒斯为了争夺王位，互相残杀，一同死去。于是王位落在他们的舅父克瑞翁手中。由于波吕涅克勒斯曾勾结外敌攻打祖国，克瑞翁便命令将波吕涅克勒斯的尸体丢弃在田野里，让飞禽走兽吞食，并宣布有谁敢违犯这项法令就将谁处以死刑。波吕涅克勒斯的妹妹安提戈涅出于对哥哥的爱，不顾法令埋葬了波吕涅克勒斯。因此国王把她囚禁起来处死了。安提戈涅的未婚夫海蒙是克瑞翁的儿子，听到安提戈涅的不幸消息而自杀，海蒙的母亲听到海蒙自杀的消息亦自杀而死。

安提戈涅的悲剧实质是情与法的冲突导致的。安提戈涅若置哥哥尸首于不顾则会接受良心的责罚，若为哥哥收尸则要受到国家法的惩罚。在这两难的境地中，她以生命为代价毅然选择了接受国家法的惩罚，因为这种选择使她毕竟得到了良心的告慰。安提戈涅之所以违法是因为国家法在根本上违背了常人的情感。尽管哥哥犯了法，但他毕竟是其手足。任何一个有良知的人为其收尸都是顺理成章的事。作为法治的制度表达的法律必须符合常人的情感才有可能被遵从，否则法律的权威必然要受损。所谓常人的情感是指行为人作为普通人中的一员在具有正常的意志力与理解力的前提下对某一事物、某一现象所作的一种内心确认与内在态度。因此法治之治实质是善法之治。

黑格尔的悲剧理论具有一定的片面性，但有几点值得注意：第一，承认悲剧矛盾冲突的必然性，是两种伦理观念的冲突；第二，抹杀了正义和非正义的区别；第三，具有一定的乐观主义因素，他强调悲剧通过双方的冲突，扬弃了各自的片面性，肯定了双方的合理性。

马克思和恩格斯从人类历史发展的客观进程来认识悲剧冲突的必然性。他们认为悲剧是历史的必然要求和这个要求的实际上不可能实现之间的冲突。所谓历史的必然要求是指新生的、进步的社会力量或阶级力量，符合正义和进步的理想和追求。但由于所处的具体现实环境还远比这种历史的必然要求更为有力，更为强大，这就构成了悲剧性冲突。在这种冲突中，一方面旧势力压倒新力量，一方面又暴露出旧事物的不合理，显示了新生力量胜利的必然性。鲁迅说“悲剧是将人生有价值的东西毁灭给人看。”人生有价值的东西是指那些合乎历史必然性的人类进步要求和美好品质。“毁灭”指的是在特定历史条件下所遭受到的挫折、失败和牺牲。在毁灭中表现出正面人物的巨大精神力量。

悲剧的基本特征是以悲剧性的矛盾作为戏剧冲突，即具有肯定素质的主人公遭受挫折以至毁灭，唤起人们以悲为特点的审美感受。由此推而广之，人们把具有这一根本特征的其他文学作品，甚至把生活中具有悲剧意义的事件，统统称之为悲剧，从而使悲剧成为一个较为普泛的美学范畴。其实，作为一种美学范畴的悲剧，是广义的悲剧，称之为悲或悲剧性较为合适；作为戏剧的一种类型的悲剧是狭义的悲剧。悲剧从两个方面揭示矛盾冲突：一方面正面的事物在毁灭中显示其价值，在暂时失败中预示着未来的胜利；另一方面反面事物在其暂时胜利中暴露了它的虚弱和必然灭亡。如果说真正的喜剧接近悲剧，那么真正的悲剧则同时预言着新事物最后喜剧的到来。

二、悲剧的类型

亚里士多德的《诗学》一书把悲剧分为复杂情节悲剧、性格悲剧（或命运悲剧）、情景悲剧和苦难悲剧等四种类型，其中复杂情节悲剧为最好。在他之后西方文论界出现的诸多悲剧理论，有的是对亚里士多德思想的坚持，有的是对他理论的修正，发展。但是，他们关注的议题和理论活动的空间并没有越出《诗学》的理论格局。

黑格尔在《美学》中提出了三种类型的悲剧，即命运悲剧（古希腊悲剧）、性格悲剧（文艺复兴时期悲剧，尤其是莎士比亚的悲剧）和伦理冲突悲剧（近代悲剧）。稍后的叔本华也在《作为意志和表象的世界》中把悲剧分为三种类型，即主人公性格缺陷导致的悲剧、盲目命运导致的悲剧和社会地位相互对立导致的悲剧。在此，可以将悲剧艺术分为命运悲剧、性格悲剧、社会悲剧和存在悲剧：

（一）命运悲剧

古希腊时代所谓"命运悲剧"，反映了"超人"的社会力量与自然力量和人的矛盾冲突，社会历史必然性与自然威力作为一种不可理解和不可抗拒的命运和人相对立，人生是由神意所决定的，或由某种冥冥之中的命运所支配，这种命运是与生俱来的，无法掌握也无法逃避的。人对自己的命运往往是盲目的，这种盲目注定了一个人的毁灭或不幸。在命运之必然性的捉弄下，虽然人努力改变自己注定的命运，但最终都必将落入命运的罗网，由此而造成了人生的不幸或悲剧。这是由于古代社会科学不发达，对社会力量与自然力量还不理解，因而把社会力量与自然力量转化为"命运"与人对立。在古希腊悲剧中，虽然反映出人抗拒自然和社会恶势力的英勇斗争，但不论是人，还是神都逃不脱命运的摆布。如索福克勒斯的《俄狄浦斯王》。俄狄浦斯是希腊神话中忒拜（Thebe）的国王，是国王拉伊奥斯（Laius）和王后约卡斯塔（Jocasta）的儿子，他在不知情的情况下，竭力逃避和抗争神谕所示的命运，而这逃避和抗争却反而实践了神谕，最终杀死了自己的父亲并娶了自己的母亲。

（二）性格悲剧

性格悲剧诞生于文艺复兴时期，并持续到 19 世纪。在这个时期，由于人的自我意识的觉醒和人性的解放，人开始摆脱宗教中神的眼光而以人的眼光来看待世界和人自身。人们看到了人性的尊严和荣耀，却同时也看到了人生本性的弱点和局限性。以前人将命运归于命运，现在人们意识到人自身的性格就是命运。这样，人物的性格描写便成为艺术关注的重心，如人物自身性格的缺陷、不同于人与物之间性格的冲突、人物性格与环境的冲突等，而由这些冲突和缺陷所造成的悲剧，就成为这个时期的文学艺术描写的主要内容。这种主要由人物性格造成的悲剧，就被称之为"性格悲剧"。如莎士比亚的《哈姆雷特》《奥赛罗》和《李尔王》等，就是典型的性格悲剧。

（三）社会悲剧

19 世纪的西方近代悲剧中还有一种社会悲剧，它主要描写了社会与个人之间或社会环境本身的冲突和对抗。这种悲剧着力揭露的是各种各样的社会问题造成的个人或社会的不幸，由此引起人们对家庭伦理、社会正义、国家权力等问题进行思考。如大仲马的《茶花女》，巴尔扎克的《高老头》，易卜生的《玩偶之家》等。这些悲剧人物大多以普通人的身份表现了人与家庭、与社会的矛盾冲突。

（四）存在悲剧

19 世纪中期以后的现代悲剧的主调则是存在悲剧，这类悲剧主要揭示的不是人与神秘的命运或个体与外部的异化力量的冲突，而是人自身的矛盾，或者说生命的内在矛盾。在此，悲剧人物或许是英雄，或许是普通人，甚至可以是某种具有恶的品质的人，只要他因为某种必然性而遭受不幸，就可以构成悲剧。好人的悲剧与坏人的悲剧，在因某种复杂原因而沦为反面角色的悲剧主人公身上，还存在着某些值得肯定、令人同情的东西，这就是小人物（或普通人）的悲剧，这些小人物他们既不是旧制度的代表者，也算不上社会的新生力量，他们缺乏反抗旧制度、进行社会革命的思想、要求和勇气。他们表现出对生命的敬畏，对爱情的渴望，对未来的憧憬，为理想而抗争，他们并非英雄，但他们的悲剧同样感人至深，促人深思，引人探求生活的真理，进行伦理的追求，从而给人以深沉的悲悯、同情和激愤的强烈感受。

三、悲剧的美学价值

悲剧是人生中严肃的事情，它不是悲哀、悲惨、悲痛、悲观或死亡、不幸的同义语。作为美学对象的悲剧，必须是能使人奋发兴起、提升人们的精神境界，产生审美愉快的。现实生活中时时都发生着悲剧。但这些悲剧经常迫使人们采取严肃的伦理态度和实际行动，比如对肇事者痛恨，对亲人病故痛不欲生，对不该遭受不幸或毁灭的表示惋惜、悲痛等。它们虽然在客观上具有悲剧的审美价值，但一般很难让人产生美感，尤其是跟人的实践利益直接联系的现实悲剧，只能产生悲的效果，绝不能给人以美的享受。悲剧确实能引起人们的同情，不过它引起的同情是审美同情而不是道德同情。道德同情往往伴随着实际行动，比如同情受苦受难的人，就会给予资助。在道德同情代替审美同情时，悲剧的美学价值就丧失了，人们已看不到它的美，代之而起的是观看真实的受难场面的道德审判。因此，只有反映美的形态的悲剧艺术，才能作为审美对象，引起人们的审美愉快。

悲剧的基本特点就是通过对人物所遭受的不幸的揭示唤起人们心中某种悲的情感或感受。悲剧的苦难或不幸何以会产生一种审美的快感，亚里士多德提出过失说和净化说。他认为，悲剧的美就在于能引起人们的怜悯、恐惧，从而产生崇高感。他说，悲剧模仿比我们好的人，但他们遭受的厄运却与我们相似，用他们的毁灭来引起我们的恐惧和怜悯之情。并且他们的悲剧不是因为罪恶，而是因为他们的某种过失或弱点。人们在看到不该毁灭的东西毁灭时，感情得到净化，这就是悲剧的美感。怜悯是由于一个人遭受了他所不应该遭受的厄运而唤起的，恐惧是由于一个与我们一样的人遭到失败和毁灭引起的，这是一部悲剧产生其效果的必要前提。恐惧和怜悯并不是悲剧所追求的最终目的，它们只是一种桥梁和中介。通过它们，悲剧才能通向“净化”的终点。净化既是指使已激发起来的悲剧情感即恐惧和怜悯得到合理的宣泄和释放，也是指这些情感只有得到宣泄才能成为一种无害的快感，才使人既能在情感上得到解脱，又能在精神和道德上获得对人生真谛的认识和领悟，从而引向一种超越。悲剧中有恐怖，但悲剧绝不仅仅是恐怖。恐怖只能使人感到恐惧、害怕，最后给人以阴郁和沮丧的感觉，而悲剧却可令人鼓舞和振奋。悲剧的美学价值就在于悲剧人物所遭受的苦难或所遭到的毁灭，既表现了对旧制度的抗议，又显示了悲剧人物所代表的精神和原则永存。悲剧的悲突出地表现为社会生活中美的、有价值的人或事的毁灭。因为悲剧的冲突是不可调和的，而往往以主人公之死或出走为结局。因此，悲剧要真实描写主人公的毁灭过程，充分展示主人公的内心世界的美和悲壮行为，唤起人们的同情、怜悯、崇敬之情，使人们的思想、情操受到陶冶，产生“化悲痛为力量”的积极、振奋的效果，激发起人们为消灭悲剧根源而斗争的美好信念。

第二节　喜剧

一、喜剧的本质

喜剧是戏剧的一种类型，大众一般解作笑剧或笑片，以夸张的手法、巧妙的结构、诙谐的台词及对喜剧性格的刻画，从而引人对丑的、滑稽的予以嘲笑，对正常的人生和美好的理想予以肯定。基于描写对象和手法的不同，可分为讽刺喜剧、抒情喜剧、荒诞喜剧和闹剧等样式。内容可分为带有讽刺及政治机智或才智的社会批判，或纯粹的闹剧或滑稽剧。喜剧冲突的解决一般比较轻快，往往以代表进步力量的主人公获得胜利或如愿以偿为结局。

喜剧作为一种戏剧体裁，最早产生于古希腊。它的希腊文“Komoidia”（意为狂欢歌舞剧），是由“Komos”（意为狂欢队伍之歌）与“aeidein”（意为唱歌）合成。它起源于农民收获葡萄时节祭祀酒神时的狂欢游行，游行者化装为鸟兽，载歌载舞，称之为“Komos”。希腊本部的梅加腊人于公元前 7 世纪初把它演变为一种滑稽戏，成为喜剧的前身。此后，它作为一种戏剧体裁逐步发展成熟，并诞生了伟大的喜剧家阿里斯托芬。阿里斯托芬一生共写过 44 个喜剧剧本，但完整流传下来的只有 11 部，比较著名的包括《巴比伦人》《云》《鸟》《骑士》《阿卡奈人》等。其中《鸟》是最优秀的作品，也是古希腊现存的结构最完整的寓言喜剧，是乌托邦喜剧的滥觞。阿里斯托芬是整个欧洲的喜剧之父，正是他奠定了西方文学中喜剧以滑稽形式表现严肃主题的传统。

在西方美学史上，一直认为喜剧的主角是丑，滑稽的本质在于丑的事物以美的形式出现，亚里士多德指出：“喜剧模仿低劣的人；这些人不是无恶不作的歹徒——滑稽只是丑陋的一种表现。滑稽的事物，或包含谬误，或其貌不扬，但不会给人造成痛苦或带来伤害。”[55] 喜剧演员的面具又丑又怪，但不使人感到痛苦。黑格尔认为，崇高是理念内容超出和压倒感性形式，滑稽则是感性形式压倒理念，因缺乏理念的实体性而表现出空虚。康德认为喜剧的心理特征在于，因为期待突然转化为虚无，不仅可以产生喜剧的笑声，同样可以产生悲剧中的沉痛。

在中国，约 12 世纪才产生出成熟的喜剧艺术。但它的起源却很早，雏型可追溯到秦汉，当时的俳（即俳优），指的是以乐舞戏谑为业的艺人。到唐宋流行的参军戏，主要由参军、苍鹘两个角色表演，通过滑稽的对话和动作，引人发笑，实际上也是一种以调侃诙谐为主的表演形式。直到宋代以后，这些表演形式才有了完整的情节内容，产生出戏剧意义上的喜剧。

艺术中的喜剧以鲜明强烈的滑稽感为特色，引导人们在对人的本质力量的积极肯定中直观自身，在对丑的嘲弄中获得强烈的审美愉快，被人们称之为笑的艺术。滑稽的本质特征，不是通过丑对美的暂时压倒来揭示美的理想，不是侧重于对人的本质力量作简单的肯定，而是侧重于在对丑的直接否定中突出人的本质力量的现实存在。滑稽的审美特征，是引发人们在恶的渺小空虚和善的优越比照中，看到自身的胜利和威力，引起一种对于对象轻蔑嘲笑的审美愉悦。肯定性的笑由肯定型滑稽对象引起的，实际上是一种对人的本质力量的直接自我反映，这里对

55.［古希腊］亚里士多德著，陈中梅译注．诗学．商务印书馆，1998 年版，第 58 页。

其乖谬形式的否定与其美的内容的肯定是辩证统一的，是一种因产生喜悦之情而发生的笑，因而比较容易理解。否定型的滑稽对象同样也能引人发笑，这是因为它的丑的内容偏偏以美的外观作为掩饰，真与假、善与恶的对立显得特别鲜明触目，从而引起人们的强烈的理智批判态度，一下子领悟到它的内容的空虚。

二、喜剧的艺术特征——寓庄于谐

“庄”是指喜剧的主题所体现的深刻社会内容；“谐”则指主题思想所赖以表现的形式是诙谐可笑的。在喜剧中“庄”与“谐”是处于辩证统一的状态。失去了深刻的主题思想，喜剧也就失去了灵魂；但是没有诙谐可笑的形式，喜剧也就不能成为真正的喜剧。因而喜剧对丑的东西的批判总是间接的而又是意味隽永的，它往往要调动审美主体的积极情感去抨击丑的事物，在嘲笑中显出正义的力量，达到批判的效果。

在表现手法中喜剧善用倒错和自相矛盾的技巧，在倒错的形式中显示真实。我们看周星驰的电影，往往开始的时候哈哈大笑，看完了却有一种想哭的冲动。周星驰的电影演绎的就如同我们身边的某个人，那么熟悉的一批小人物，他们在生活中丑态百出，令我们捧腹大笑，可笑完之后，细细品味，我们却能体会到其中小人物的辛酸。有人说，周星驰是颠覆传统的后现代大师，也许就是因为他演绎的这些小人物无法在传统的现实中理想地生活，所以他们被搞得焦头烂额，在生活中出尽丑态，被人嘲笑。可是，我们大多数人却能感受到这些小人物生活的无奈，因为，我们也不过是些没有放弃生活的小人物。他的伪装斯文掩盖不了自己不堪的生活现状和失落的心境，这种欲盖弥彰的倒错产生一种强大的张力，看完让人发笑，但之后又让人唏嘘、心酸。

喜剧还善用夸张的手法，喜剧性人物虽置身于矛盾冲突之中，而且人物自身就是一个巨大的矛盾体，然而喜剧人物的根本特点就是对此没有自觉的意识，对自己的可笑境地全然无所察觉，他们既不会对外在世界，更不会对自我产生怀疑。喜剧人物或热衷于自己那蝇头微利、蜗角虚名的追逐，为那毫无意义、毫无价值的所得而心满意足，或者以不现实的、空幻的行动作为严肃的目标，实际上却使目的落了空。即便如此，喜剧人物也不会因此而痛不欲生，不会深刻地自我反省。喜剧人物在主观的虚幻中实现着自我，实现着矛盾的和解。在自我的封闭中自以为支配着环境，驾驭着自己的命运，由此而自足自乐，达到了生活的和谐，心灵的平衡。因此，喜剧常常出现皆大欢喜的收场。但是喜剧性的大团圆，总是虚构的、非现实的，人们很容易从热热闹闹的和谐一致中，见出本质与假象之间的乖讹。

喜剧艺术虽然来源于生活中的喜剧，但两者还是有区别的：第一，生活中的喜剧性往往隐藏在生活现象中，看上去很平常，也不一定引人发笑，但经过艺术家的提炼，在作品中才显示出喜剧性来。第二，生活中丑角是作为反面人物出现的，在喜剧艺术中的丑角，既可以是反面人物，也可以是正面人物。

三、喜剧的形式和特征

讽刺大多用于否定性的内容，它是以真实而夸张或真实而巧妙之类的手段，极其简练地把人生无价值的东西撕破给人看，启发人们从中得到否定和贬斥丑的精神和情感愉悦。但是，尽管讽刺的笑是具有否定性，由于讽刺的对象不同，讽刺者所持立场态度不同，笑的否定性性质和程度也不会一样，因而它们的美学意义也是不能一概而论的。它所反映的对象是社会生活中的否定现象。生活的喜剧把本质隐藏在假象中，喜剧艺术则是透过假象揭露本质。正如普希金所说："高尚的喜剧往往是接近于悲剧的。"卓别林的电影《摩登时代》是一部经典的喜剧。该片中的故事发生在美国20世纪20年代经济萧条时期，卓别林对社会的敏锐观察力及天才的想象力，对人和机器的关系提供了最为生动的演绎。观众永远忘不了主人公查理被机器卷进卷出的镜头以及被流水线的工作弄得麻木、机械，在人的鼻子、钮扣拧紧螺母的镜头，讽刺了资本主义世界所谓的"现代文明"。正如卓别林自己所说："我从伟大的人类悲剧出发，创造了自己的喜剧体系。"这部影片带给我们更多的是既介入又间离的笑声和思考。

幽默也是喜剧表现形式的一种独特形态。它不像讽刺那样辛辣，而是把内容和形式中美与丑的复杂因素交合为一种直率而风趣的形式外化出来。车尔尼雪夫斯基认为"幽默感是自尊、自嘲与自鄙之间的混合。"幽默所引发的笑，常常带有轻微的讽刺意味。美、丑因素的不同配置组合，又可以塑造出不同的幽默形象。以前者为主导，构成风趣潇洒、可亲可佩的正面形象；以后者为主导，则构成鄙陋可笑却不无可爱之处的反面形象。因此，幽默突出地反映了人们洞察事物本质和坚信历史发展趋向的乐观精神，这种鲜明的美学特征也正突出地表现了喜剧美学的一个主要方面。幽默不仅反映生活中的否定现象，而且反映生活中的肯定现象。它比讽刺更带有快乐的色彩，讽刺较严厉，幽默较轻松。

喜剧具有如下特征：第一，喜剧的主要特征是不协调性、矛盾性。人们曾经从许多方面进行了揭示，如丑－美（亚里士多德）、渺小－崇高（康德）、荒唐－合理（叔本华）、无限的预定－无限的恣肆（谢林）、机械的－有生命的（柏格森）、内在的空虚－奢求高雅的外表（车尔尼雪夫斯基）等。这表明，喜剧不协调性的结构基础，在于原本互不相干或互不相容的事物、现象与因素的对比组合，总是存在着互相排斥的特性。众多喜剧现象中，也都不同层次地呈现了性格、环境、情节、动作、语言方面的不协调性。一般来说，喜剧艺术大多以奇诡莫测、变化多端的情境给欣赏者以惊奇感，从而唤起人猜疑、探究的愿望，并在顿悟真相后获得一种突然放松的快乐。

第二，喜剧直接而突出的审美效果是笑。喜剧结构中的不协调性，可以在审美主体心理上产生一增一减、一升一降的激活波动。在笑声中，紧张变为松弛，一种激活后产生的轻松感及其带来的快乐、舒畅感油然而生。它犹如一种心理体操：主体心中先聚集起一定的能量，然后在痛快的大笑中将它释放。并且，这种喜剧性的笑又往往是连续性的。它一次次地让人体验时急时缓、时紧时松的情感节奏，在恍然大悟后获得兴奋感、快乐感。喜剧性的笑则可以调节人的心理状态，它在人由不愉快到愉快、由紧张到轻松的心理转化中，起了极大的调节、平衡功能。

第三，喜剧直接表现为一种积极、快乐的体验。对喜剧的感受则使审美主体处于放松、轻快的心境。喜剧也制造一种紧张，但又使之在不付出主体代价的前提下得以解除，令人先惊后喜、先紧张后松弛，其间没有主体心灵的痛苦与意志的压力。这种轻松自由的心理感受，充分体现为审美主体的自我肯定的优越感。喜剧一方面以优越、轻松的心境使主体得到精神松弛、平衡，另一方面也进一步培养了主体自我肯定的优越感，增强了人们笑对人生的自信心，使人们的精神生活既轻松自由又充满活力。

第十章 丑与荒诞

丑作为审美范畴之一，与美相对立。它是美的否定和反衬，又是其他审美范畴如悲、喜、崇高、滑稽等的组成因素。荒诞作为一个美学范畴，它与丑有着直接的亲缘关系，荒诞是极端的丑。在20世纪西方现代主义、后现代主义的艺术创作中，这种否定性的表现形态恰恰被作为独立的审美范畴而被肯定下来，这是西方艺术创作观念演化的结果。

第一节 丑

一、中西美学史上对丑的讨论

丑的本质从内容和形式两方面具有不同的内涵。丑在内容方面的特征是违反社会目的，与道德领域中的否定性道德价值"恶"相联系；背离客观是丑在形式方面的特征，与认识领域中的否定认识价值"误"相联系。从美学的角度来说，丑作为审美范畴，与美相对立，它是美的否定和反衬，是其悲、喜、崇高、滑稽等美感的组成因素。在美学范围之内，丑可以定义为指某种由于不协调、不匀称和不规则而引起非快感的令人厌恶的东西，也反映完美的缺失和不可能性。

美学史上对于丑的讨论远远不如对美的研究充分，几乎没有一位美学家把丑放在美面前，往往在论述美的本质时附带谈到丑。如奥古斯丁认为"美是绝对的而丑是相对的"；鲍姆嘉通以"主体的感性认识的完善与不完善"界定美与丑；叔本华以"主体意志的客观化是否充分"界定美与丑；荷迦兹认为丑是自然的一种属性，适宜可以产生美，不适宜则会变丑。总之，丑的本质与美一样是错综复杂的，可以说丑在一切方面都恰好和我们提出作为美的要素的那些品质相反。马克思、恩格斯将现实中的"丑"看作是客观事物的一种社会属性，并从历史的发展中说明丑的根源，指出生活中的丑和卑鄙、虚伪、腐朽的事物之间的联系。

中国文化早期的美丑观处在美丑善恶交混的混沌状态，是丑意识的萌芽。与西方相较，中国人更早领悟到美丑共存的辩证关系，先秦时就形成了对美和丑的独特认知。先秦典籍中多将丑作"醜"，许慎《说文解字》里解释为"醜，可恶也，从鬼，酉声。"从字义上说，丑与"鬼"相联系，这里透射出中国文化里的生命意识，丑是恶，它具有人生的负面价值。此外，在儒道互补的文化格局中，形成了不擅思辨而重视社会伦理感情的哲学基调，与此相联系，中国美学重视的不是实体和对象，强调的是对立面之间的渗透与协调，因而中国美学的最高目标仍然是伦理性的善，对于美却不甚在乎，对于丑也就较能容忍。无论儒家还是道家的思想，都把形式的美丑与本质的善恶区分开来。儒家的美丑观带有浓厚的政治色彩，相比之下，道家"以真为美"的美丑观更合乎美学的认识规律。庄子"天地有大美而不言"显示出道家"体道为美"的主张：道是万物的本源，世间事物的美丑只不过是由道演化体变而来的具体形态，因而物体外表的美丑差别没有根本性的意义。此外，庄子在《齐物论》中就深刻地论述了美与丑的辩证关系："厉与西施，恢诡谲怪，道通为一"，指出美丑的同一性；《知北游》中"臭腐化神奇，神奇化臭腐"。他认为美丑是相对的，而道是兼容美丑的。

总之，从中西方美学史中对“丑”的描述，我们可以对丑的特点做如下总结。第一，丑是在感性形式中包含着一种对生活、对人的本质具有否定意义的东西。第二，丑和恶虽有密切的联系，但是丑并不等于恶。丑是恶的表现的一个侧面。长相的丑是属于人的生理特征，并不一定和恶有必然联系。《列女传》中说嫫姆是皇帝的第四妃，“貌甚丑而最贤”，《路史》上说：“嫫姆貌恶而德充。”第三，形式丑——畸形、毁损、芜杂等。丑的事物所呈现的外观最根本的特点是不和谐。它的各个部分是残缺的，它所形成的关系是冲突的、破裂的，而不能构成一个完整的整体。这种形式丑往往表现为以下几点：1. 反整齐一律。丑的事物是畸形的、怪异的。2. 反规律。丑的事物是无规律、无节奏的，是不协调的杂乱无章的。它破坏了事物自身的发展的逻辑。3. 反和谐。丑的事物不是一个由不同的部分所构成的整体。它的各个部分是冲突的、对立的。它破坏了事物自身的多样统一性。丑的本质在于，对象以其形式状貌对主体实践效果的否定，唤起主体情感对对象存在的否定。在心理反应上表现为主体对它持否定性态度。丑所引起的审美经验是一种否定性情感，它使主体产生痛苦、压抑、惊骇、厌恶等等。

二、美与丑的关系

（一）美与丑的关系史

在原始时代，人们的审美意识还没有形成，此时美丑不分，美丑混杂。到古典时代，美丑分明，两者不可混淆，并视表现美为艺术的根本法则，即便是表现痛苦的时候也要尽量避免丑，即使是写到丑的时候也只能将其作为美的衬托，以更好地凸显美的价值。黑格尔说：“希腊人的意识所达到的阶段，就是‘美’的阶段。”据莱辛记载，忒拜城的法律甚至规定：“艺术家模仿事物要比原来的更美，不能比原来的更丑，违令者就要受到惩处。”贺拉斯也在《诗艺》中告诫人们，严防把丑的事物搬上舞台。然而不表现丑不代表丑不存在，即使是在“人性展开的最美好的社会幼年时期”的古希腊，我们也相信一定存在着丑，只不过，它没有被真正纳入艺术创作和审美的视域。实际上，在整个古典时期，本质为“不和谐”的丑也没有真正登场。它在量上没有上升到与美相抗衡的程度，它或者被美化或者只是表现为“无害”的幽默滑稽。

到近代，在个人与社会、人与社会等诸多关系形态发生质变的时代背景下，哲学和美学思想也出现了相应的发展。作为对古典美和谐关系的反拨，在近代美学史上，第一个打破丑的禁令而又有深远影响的是莱辛。他在《拉奥孔》一书中区别了古代造型艺术和近代诗歌艺术的界限，同时也区别了古代艺术与近代艺术、古典和谐美艺术与近代崇高型艺术的界限。既然真实的现实中不仅有美，也有丑，那么丑也就应该被纳入诗歌表现的对象中。莱辛这一主张具有极深远的意义，丑大量进入了艺术表现的范围。

1857 年，法国颇具影响的诗人、文艺理论家波德莱尔出版诗集《恶之花》，书中极力张扬一种丑学，倡导“以丑为美”的理论。其后出现的现代派文学和艺术则将这种丑学发挥到极致。与浪漫派认为大自然和人性中充满和谐、优美的观点相反，他主张“自然是丑恶的”，自然事物是“可厌恶的”，罪恶“天生是自然的”，美德是人为的，善也是人为的；恶存在于人的心中，就像丑存在于世界一样。他认为应该写丑，从中“发掘恶中之美”，表现“恶中的精神骚动”。波德莱尔在描绘人的精神状态时往往运用丑恶的意象。在他笔下，巴黎风光是阴暗而神秘的，吸引诗人注目的是被社会抛弃的穷人、盲人、妓女，甚至不堪入目的横陈街头的女尸。如他创作的《忧郁之四》中出现的意象全部是丑的：锅盖、黑光、潮湿的牢狱、胆怯的蝙蝠、腐烂的天花板、铁窗护条、卑污的蜘蛛、蛛网、游荡的鬼怪、长列柩车、黑旗。这些令人恶心的、丑陋的，具有不祥意味的意象纷至沓来，充塞全诗，它们显示了“精神的骚动”。总之，波德莱尔以丑为美，改变了矛盾双方事物的性质，在美学上具有创新意义。

波德莱尔之后出现的现代派文学和艺术将这种“丑学”发展到极致，他们试图以丑来克服那虚假的美，以丑来挖掘人性中那非理性的力量，以逾越来击碎那常态的梦幻，扩展人类审美活动的疆界。作为一种艺术经验的丑，当它伴着人类历史的发展而大量涌现时，它进入艺术和审美的视域就不是难以理解的事了，尤其是它作为旧有的和谐的美的经验的反拨，更能给人以真实感。

（二）美与丑的辩证关系

虽然“美”与“丑”在汉语日常用语中经常被相对地使用，在此更倾向于将“丑”看作是一种艺术与审美经验。表现在艺术作品中的丑，可以形成审美价值。美与丑具有同一性，它表现在三个方面：

1. 美丑共存。生活世界既不可能是绝对的美，也不可能是绝对的丑，而是美丑共存的。一旦有美的存在，便有丑的存在。反之亦然。因此，生活世界中的丑与美是不可分割的。

2. 美丑对立。在生活世界中，美与丑当然处于一种对立关系之中。这就是说，美要否定丑，而丑也要否定美。正是在这种相互否定的过程中，生活世界才不断地发展和变化。达•芬奇说：“美和丑因互相对照而显著。”雨果也曾讲：“丑就在美的旁边，畸形靠近着优美。”在艺术创作中经常运用美丑的对比，一种是在美丑对比中着重揭露丑，一种是在美丑对比中着重显示美。法国大文豪雨果在其《克伦威尔序言》一文中提出了著名的“美丑对照原则”，他的《巴黎圣母院》就是运用这一原则的典范作品：剧中的卡西莫多，外在的丑衬托内在的美，腓比斯外在的英俊衬托内在的丑。德苏瓦尔说：“丑是一种背景，用来增强美的光辉。”形式丑对形式美可以起衬托作用。在艺术中，以丑衬美，属于反衬，是映衬手法中的一种重要表现形式。以丑衬美的目的在于突出美。以丑相衬，美的就会显得更美。这种以丑衬美的方法，符合对立因素相生相克、相反相成的辩证规律。

3. 美丑转化。生活世界本身是变化的，这也导致美丑的变化。于是，美的事物可以转化成丑的事物，而丑的事物可以转化成美的事物。这种转化甚至是不断的。腐朽可化为神奇，而神奇也可以化为腐朽。如果说生活中的丑的事物具有审美价值还值得怀疑的话，那么艺术中的丑的形象具有审美意义则是毋庸置疑的事情。在艺术中“化丑为美”是从意象的美学效果来谈。“化”指的是一种艺术的处理方式，由生活中的丑转化为艺术丑。生活中的丑依然存在，只是经过艺术家的审美创造，使之转化而为一种艺术的美，从而获取了特殊的审美价值。

罗丹的《欧米哀尔》（图 11.1）（Heaulmiere）又译作《老妓》《丑之美》，被认为是一件“化丑为美 ”的力作。这件作品创作于 1885 年，是罗丹根据法国诗人维龙的诗歌作品《美丽的欧米哀尔》（Bell Heaulmiere）创作的。维龙的诗开头写道：“呀！欺人的骄横的衰老，为什么把我摧残得那样早？谁能使我不自伤自捶，而不在伤痛捶击中死掉！”这件作品塑造了一个年老色衰的老妓形象，她正在悲叹她的丑陋。她弯着腰无力地低垂着头，绝望地看着自己那干瘪如柴的胸部、布满道道皱纹的僵硬的肚皮，四肢筋节犹如枯干的葡萄藤。作品给人的绝不仅仅是单纯的丑造成的不适感，人们会从雕塑本身联想到许多，也许是对欲望的鄙视，也许是对年华

图 11.1 欧米哀尔

的感叹，也许是对人类自身的思考等等。这正是逼真的雕塑形象本身与作为一个人的欧米哀尔之间形成的震撼与张力。自然中认为丑的，往往要比那认为美的更显露出它的性格，因为内在的真实在愁苦的病容上，在皱蹙秽恶的瘦脸上，在各种畸形和残缺上，比在正常健全的相貌上更加明显地呈现出来。艺术家要化丑为美，就要通过饱含自身强烈审美情感和评价的意象的塑造，或揭示现实的罪恶，或鞭笞这些丑类的灵魂，使人们对此有深切的感悟，并在强烈的情感震荡与宣泄中，获得一种独特的审美满足与愉悦。这样，在自然中一般人所谓“丑”，在艺术中能变成非常的美。反面典型成为对实际生活中这些丑类的否定，从而具有了审美价值，转化为美的意象。

生活中的丑总是引起人们厌恶、不快、难受等否定性的情感反应，甚至还会引起恶心等生理上的强烈反感。人们只能在对自身本质力量的直观中才能感受到美，而丑作为审美活动中的负价值，是同人的本质力量所追求的目标背道而驰的。美和丑是可以相互转化的，而转化要有条件，条件包括如下几点：第一，艺术家通过观察、研究、分析，深刻地认识到生活丑的本质及其背后隐藏的社会意义，明确了美与丑相比较而存在，相争而发展。同时，生活丑经过艺术处理进入艺术殿堂，成为一种渗透着艺术家的否定性评价的意象，便从反面肯定了美，体现着合目的性的善。第二，生活丑获取了和谐妥帖的艺术表现形式，就构成了具有审美价值的审美意象。由此，生活丑进入艺术领域，成为反面艺术典型，就获取了一种特殊的审美价值。这是一种以其艺术的存在否定自身现实存在的美。通过对生活丑的否定，达到对艺术美的表现，这是化生活丑为艺术美的奥秘。

三、艺术中的“丑”

衡量艺术作品的美丑的标准主要不是看作品所反映的对象的美丑性质，而是看艺术家怎样去表现对象。在艺术中使用“丑”的概念常有不同的含义：

第一，艺术丑是指艺术作品的丑，艺术丑和艺术美是对应的。艺术美是对艺术家的创造、智慧、力量的肯定，而艺术丑是对艺术家创造性劳动的否定。艺术丑指艺术作品的内容虚假、腐朽、技巧低劣。艺术作品具有多层次的结构，这众多的层次可以区分为间接层和直接层两大类。间接层是艺术品所复现的、本来存在于社会物质生活中的形式。现实丑在间接层中出现，并不会使艺术品成为丑的，反倒往往成为艺术美不可缺少的组成要素。从这个意义上说，现实丑转化成了艺术美的成分。直接层是艺术品借以呈现自己的、由表现手段所建立的形式。丑的形式在直接层中出现，必然成为艺术丑。比如艺术品的创作者审美理想卑下、审美趣味猥琐，或者表达虚假情感、表现技巧拙劣、贫乏，都形成艺术丑，从而只具有否定的消极意义。

第二，艺术作品中反映丑的对象不等于艺术丑。艺术家借丑表达情绪与目的、透露主体的意志。希腊神话中的魔鬼，但丁《神曲》中的炼狱，《楚辞》中的幽冥世界，狰狞可畏的怪物，莎翁笔下的麦克白、克劳迪斯，罗丹雕塑的老妓，卡夫卡小说里的人变甲壳虫，这些作品中所反映的对象不是作者对丑的物象的随机选择，而是以艺术罗辑、情感思维有意识地组合丑陋形象，有的是为了达到否定目的，有的则是否定式的肯定。如罗丹的老妓，卡夫卡的人变甲壳虫，它们揭示社会丑陋、黑暗、对人肉体和精神的摧残，使人性异化，肉体与精神都变得畸形丑陋，这些对象形式上的丑是作者有目的的艺术发现，具有内在的意义，具有深层的审美意义。因此，艺术家表现丑的对象时，由于所塑造的形象中体现了艺术家的创造性劳动，作品本身可以是美的。在这种情况下，不能将作品的美与形象本身的丑混淆在一起，决定艺术作品内容的审美价值，主要在于如何评价和表现现实中的美丑。艺术作品中的形象中不仅可以折射出艺术家的进步理想，而且反映了艺术家敏锐的观察力和精湛的技巧。作品的美是决定于艺术家的创造性劳动，而形象的丑是体现客观对象的性质。

图11.2 丑角

第三，某些艺术中的“丑角”不等于丑。戏曲中的“丑角”不同于生活中的丑。戏剧中的丑角不一定是反面人物。就京剧丑角的艺术特色而言，就是插科打诨，亦庄亦谐，幽默滑稽。丑角在舞台上以唱、念、做、打等多种艺术手段，展示他独特的神情、韵味和风采（图11.2）。在中国戏曲艺术的角色分类中，无论“生旦净丑”或“生旦净末丑”都将丑角排最后。丑角有独特的唱腔，唱法与老生唱法有相同之处，丑角在演唱的技巧上，着重于唱腔的起承转合，勾、挑、滑、抹，诙趣花俏，声情并茂。丑角除了程式化的身段动作外，主要还巧妙地运用手、眼、身、步等艺术手段，准确地揭示人物内心世界的变化，以突现人物性格。在中国戏剧中，丑角往往以正面的人物形象出现。丑角源于优人，他们具有不畏强权、敢于针砭时弊、讽刺朝政、伸张正义的优良传统，如司马迁为名优立传，写道“不留世俗，不争势利，上下无所凝滞，人莫之害，以道之用，作滑稽列传。”丑角在中国戏曲中扮演一些肯定性滑稽人物，他们心灵美，品格高尚，但是由于处在卑下地位，在一般人的眼中则成为了逗笑取乐的“小丑”。因此，这类丑角反而成为了戏剧艺术鞭挞社会的一种手段，成为成就艺术美的重要元素。

第四，在园林艺术中山石以“丑”为美。在我国古典园林艺术中，叠山理石占有十分重要的地位。凡是有园就有山石，离开石不成园。园林艺术中山石以“丑”为美，米芾评石，提出瘦、皱、漏、透四字为准。苏轼说：“石文而丑，一丑字，则石千态万状皆从此出。”李渔在《闲情

图11.3 玉玲珑

偶寄》中写道："言山石之美者，俱在透、漏、瘦三字。此通于彼，彼通于此，若有道路可行，所谓透也；石上有眼，四面玲珑，所谓漏也；壁立当空，孤峙无倚，所谓瘦也。"清代刘熙载在《艺概》中写道："怪石以丑为美，丑到极处，便是美到极处。"他们之所以称之为"丑"，是因为所有这些特点和通常所说的形式美，如整齐一律、对称均衡、光滑细腻等是对立的，实际上是指一种不规则的变化，也可以说是一种险怪的美。在中国古代的方整的庭院中，设置上这种山石，可以打破庭院平板单调的气氛，给人一种变化的审美感受。苏州留园中冠云峰孤高特立，既漏也透。上海豫园的玉玲珑（图11.3），此石峰是太湖石，自然造化，姿态婀娜，玲珑剔透，具有皱、漏、透之美，整个石体内有72孔，从石底孔点香，烟可从每个孔中飘出，彼此要有道路可行。其实在中国画艺术中有同样类似的"丑"的妙用，病梅残荷、枯枝乱藤，外形不美，却透出深层的艺术意境，具有别样的味道。

第二节　荒诞

"荒诞"一词源于拉丁语"absurdus"，意为"悖理、刺耳"，原指音乐中的不和谐音，后演变为"不合道理和常规"的意思。最早赋予这个词现代哲学蕴涵的是丹麦哲学家祁克果、法国哲学家帕斯卡尔等人，他们把这个词和人类的基本生存状态联系在一起。帕斯卡尔指出"人的状况：变化无常、无聊、不安"，因为世界是不可知的，人类的处境是荒诞的，我们不知道是谁把我们安置在这个世界上，也不知道这个世界是什么，对一切事物都一无所知。

荒诞的出现是与人对于自身理性的全面质疑联系在一起的。荒诞感是人类历史中存在的一种永恒的情绪。从人类产生时开始就在追问"我是谁"，在《圣经》或莎士比亚的戏剧中总能听到对世事无常、生命短暂的无奈和喟叹。在古典时期，荒诞感并不能动摇人类对自我的确信，面对荒诞，总能找到一个足以安顿灵魂的最高者——逻各斯、上帝、理性等，来弥平因生命的偶在而来的分裂。只有到了20世纪，随着主体性神话的破产，荒诞成为一种普泛化的情绪，一种挥之不去的精神气质。在哲学领域，尼采的"上帝死了"正式宣告荒诞时刻的到来。现代存在主义思潮又将荒诞和虚无加以本体化，从根本上揭示了人与世界的荒诞性，揭示了人的生存本身的虚无感。到20世纪50年代，由于存在主义文学、荒诞派戏剧、黑色幽默小说等现代主义文学艺术的兴盛，荒诞作为一个独立的审美范畴进入了人们的视野。

1952年爱尔兰剧作家塞缪尔•贝克特的两幕悲喜剧《等待戈多》被看成是荒诞派最重要的剧作之一。剧本讲的是两个流浪汉爱斯特拉冈（戈戈）和弗拉季米尔（狄狄）黄昏时在乡间路旁的一棵光秃秃的树下等待戈多，他们做一些重复的动作（戈戈脱了靴子后往里面瞧了瞧，又伸手进去摸；

狄狄把帽子脱下，也是往里瞧了瞧，伸手进去摸，然后把帽子抖了抖，吹了吹，重新戴上），说一些语无伦次的话，一会儿谈到忏悔，一会儿谈到应该到死海去度蜜月，一会儿讲到《福音书》里救世主和贼的故事。戈多没来，来了奴隶主波卓和“幸运儿”。他们把波卓当作戈多，原来他们都不认识他们所要等待的人。后来戈多的使者来了，送来消息说戈多当晚不能来，第二晚来。于是第二天他们又在同一时间和同一地点继续等待戈多。狄狄焦躁地在舞台上走来走去，戈戈赤脚走上舞台，一起继续等待，他们重复着原来做的那些动作。后来戈多的使者又传来和上次同样的消息。波卓和幸运儿也来了，他变成了瞎子，幸运儿则变成了哑巴。他们想上吊，但是没有绳子，只好约定第二天再来等待。这个剧本的主题之一是人的生存是焦虑和痛苦以及无尽的等待，生活就是不断重复一些乏味的日常琐事和动作；之二是现代西方人生活在精神的荒原里，没有了精神支柱，生存也就变得毫无意义了。那么根源在哪里呢？那就是传统的理性和价值标准被推翻了，正如尼采宣布的“上帝死了。”失去了信仰就如同在茫茫大海中没有航标一样，人生就没有目的，也看不到希望。他们希望会有新的上帝，新的信仰来拯救他们游离的灵魂，尽管他们知道这种等待没有结果。在荒诞中，一切有意义的“表现”都消失了，因为表现需要逻辑的力量，需要按一定方向展示主体的意向，而在一个荒诞的世界里，一切都陷入了无从表现也无可表现的境地。荒诞只能被呈现，而不能被表现。在这里，呈现不再是意义的整合，更不是意义的寻求，而是单纯的呈现本身，因而它是非形式化的、反形式化的。

任何一个事物都需要其存在的意义。所谓的意义或者意义感是来自于人与世界的一种价值勾连，来自于人与世界的一种神圣的相遇。一个事物的基本意义的存在必须要一个更高的意义体来解释。但是，这个更高意义体的意义又必须要一个比它更高的意义体来解释。这个“解释的锁链”不可能达到一个结果，从而，没有任何东西可以拥有至高的意义。哪怕这个结果被发现了，它也有可能并不能满足我们。好比说，当一头牛发现他的“至高意义”是被人当成食物屠宰掉时，它不会对这个“意义”感到满足的。存在主义文学家加缪说：“一个哪怕可以用极不像样的理由解释的世界也是人们感到熟悉的世界。然而，一旦世界失去幻想和光明，人就会觉得自己是陌路人。他就会成为无所依托的流放者，因为他被剥夺了对失去的家乡的记忆，而且丧失了对未来世界的希望。这种人与他的生活之间的分离，演员与舞台之间的分离，真正构成荒谬感。”[56]也就是说，一旦意义的神圣链条被中断，意义就会隐匿不现。这时，荒诞感就会飘然而至。

荒诞意味着所有的终极价值、终极意义的不在场，意味着存在本身——不论是世间万物的存在还是人的存在——是无来由的，是无法解释的。所谓的存在不过是一种“恶心”的体验，如萨特在小说《恶心》中描述，恶心其实是意识对存在的一种觉醒，它为我们带来并为我们揭示了一个存在着的世界，而这个世界，处处充满着在场的物的世界，在意识将其召至一种触目的状态的同时又对我们形成一种挤压，使我们觉得自己面对这个世界完全是多余的人，由此便产生了恶心感。世界是没有意义的，人生是没有意义的，这就是荒诞感的基本内容，也是所有荒诞艺术所要揭示的一个共同的主题。

荒诞不仅意指着存在本身的无意义性、无缘由性，人与物之间既不可能达成一种契合的、

56.［法］阿尔贝·加缪著，杜小真译．西西弗的神话．三联书店，1998年版，第6页。

和谐的移情关系，也不可能达成一种表现的、象征的关系，物只是物，它无意义地呈现自身，一如人无意义地呈现自身。荒诞是一种生命情态，是生命与世界的一种非价值关联。所有的荒诞都来自于人与世界价值关联的根本断裂，来自于人对奠基其家园的大地的出离，意味着人与世界的疏离和隔膜。可见，荒诞根本上乃是人对于无意义性的一种体验和觉知。

在审美活动中，荒诞既是一种基本的事实性，亦是人对这一事实性的意识或体悟，正是在这个意义上，我们常常又称荒诞是一种虚无感、空洞感、无意义感。既然荒诞乃是对于无意义的事实性的一种意识活动，那么荒诞的情感经验当中必定还隐含着另一个更深层的意识：面对荒诞，人该怎么办？或是弃绝自我，彻底投身虚无，任由时间的洪流将自我吞没，这是一种典型的虚无主义的荒诞观。它强调的是，在荒诞中，人唯一能做的就是通过放逐自我和一切的意义关怀来寻求一种纯粹游戏的快感，通过对意义的嬉戏来缓解因意识到荒诞而来的空洞感和虚无感。这种虚无主义的听任只会使荒诞以更触目的形式呈现于世。

荒诞作为美感经验并不只具有这种消极的否定意义，它同时也是一种意识唤醒。荒诞之为荒诞，就在于它是不可解决的，而从生存论的意义上说，荒诞之为荒诞，在于它必须进入荒诞。因此，面对荒诞，人所能做也应当做的就是走向荒诞，以自己的全部生命力量担当起那一无庇护的、赤裸裸的生命的全部事实性。用荒诞来超越荒诞，这是最高的荒诞，这也恰恰是生命意义之所在。希腊神话中的荒诞英雄西西弗，将巨石推上山顶，在快到山顶时巨石又迅速滚下山，一切又重头开始。让一无凭借的人去担当、去承受如此没有意义的荒诞性事实，这不仅有赖于生命意识的觉醒，而且还有赖于决断和勇气的确立。当人领悟到自己固有一死时，他会猛然超出日常的沉沦，他会意识到“去生”的重要性，意识到那真正的无聊和常人的无所用心或麻木的荒谬性，由此激发起重生的热情和决心，使此在进入到一种本真的在世状态。而这就是所谓的“向死而生”。向死而生并不是要人去超越死亡，而是要人意识到死亡是不可逃避的，意识到他以时间性存在于世就是先行地在死亡之中了，或者说意识到存在就是虚无，就是荒诞。因此，人应当正视自己的荒诞，他应该本真地活着，应该常怀焦虑、恶心和畏惧，自由而荒诞地在世，就像被罚推动巨石的西西弗，他正是通过正视荒诞来征服自己的命运的。

在崇高中，面对巨大的感性形式，生命在经历一个短暂的阻滞之后，进而会凭借理性在想象中完成对对象的把握，实现生命的提升，因此崇高感是一种从痛感而来的快感。在悲剧中，生命面对冲突和矛盾，不是凭借理性的静观去完成生命的飞跃，而是要采取行动，要抗争，尽管悲剧的结局总是毁灭，但悲剧的意义却在于通过抗争肯定了生命的价值，肯定了某种形而上的东西的终极肯定。荒诞的本质是虚无，是终极价值的永远缺席，在那里没有崇高的心灵，也没有明知不可而为之的悲剧英雄，而只有荒诞逻辑的无限蔓延，只有在荒诞的世界中存在着荒诞的人。

第十一章
审美人生

古往今来的哲人都思考过人生存的意义问题，大体上说，人活着有三种状态：一是“谋生”，二是“荣生”，三是“乐生”。由此有三种人生：谋生——自然人生；荣生——道德人生；乐生——审美人生。乐生不是不要谋生、荣生，反而是建立在两者的基础之上，非功利性的快乐才是生活的本质，也就是审美人生。乐生具有超越性，它以功利为基础，但不停留于功利，它可以在一定程度上超越功利而成为一种自由的愉悦。乐生具有理想性，建立在现实的基础上，但不停留于现实，从现实出发，对未来有所展望。乐生具有哲理性，乐生通向人生命运的感受与思考，最后达到参透天地的含真、善、美于一体的境界。

第一节　人生境界的品位

“境”与“界”两个字是通用的，都有到此为止的意思，主要用来表示地理边界、国界。《诗经·大雅·江汉》中“于疆于理”，郑玄笺注说：“正其境界，修其分理”，《说文解字》：“乐曲尽为竟”，就表示乐曲终止、完结。秦汉以后，出现了“境”、“界”二字合用表示边界、国界的情况。东汉刘向《新序·杂事》中的“守封疆，谨境界”也是同样的意思。班昭《东征赋》云：“到长垣之境界，察农野之居民。” 这些文献中所说的“境界”与疆界、境地同义。

“境”、“界”并不只是用于时间、空间现象的描述，也有用来表示精神现象的。《庄子·逍遥游》说：“定乎内外之分，辨荣辱之经，斯已矣。”可见，“境界”是中国早已有之的，这一概念是一个东方学术中的范畴，而且是一个指称精神的特性的范畴，而不是实体性范畴。在佛教禅宗哲学中，“境界”则借用来指一种感觉的真实，有时又指一种造诣。如禅宗三祖普璨《信心铭》：“极小同大，忘绝境界。”《五灯会元》卷二“南阳慧忠国师”条所载“果然不见，非公境界等即是。”朱熹曾说从自然山水中“随分点取，做自家境界”，意指借山水自然以印证自身心性修养所达到的程度。总体而言，“境界”通常指人的行为、观念和精神的某种状态及其所处的某种层次。

一个人的人生可以分为三个层面。第一个层面，是一个人的日常生活的层面；第二个层面，是工作、事业的层面；第三个层面是审美、诗意的层面。一个人的人生境界在人生的三个层面都必然会得到体现。从表面看，一个人的境界就是一个人的人生的意义和价值。一个人的境界对于他的生活和实践有一种指引的作用。一个人有什么样的境界，就意味着他会过什么样的生活。每个人的境界不同，宇宙人生对于每个人的意义和价值也就不同。

根据每个人对自身意义和价值的不同定位，不同学者将人生境界做了不同的区分。宗白华把人生的境界区分为功利境界、伦理境界、政治境界、学术境界和宗教境界五种，并依次主于利、爱、权、真、神。介于后两者之间还有一种境界主于美，即艺术境界。冯友兰把人的境界划分为四个层次，它们依照高低次序排列为：自然境界、功利境界、道德境界和天地境界。所谓自然境界，顺习而行，即按照人的生理的自然要求而行事，“照例行事”，即不自觉地因袭传统照章行事，并不清楚他所做的事的意义。功利境界则是指人的行为以自身利益为目的。在自然境界中人没有自我与“私利”的自觉，而功利境界中的人则已经具有这种自觉。他可以积极奋斗，也可以做有利于他人的事，甚至牺牲自己，但目的都是为了自己的“利”。道德境界是一种较高的精神境界,已经具有审美境界的层面内容。具备这种境界的人对人性已经觉解。处于此种境界，人的行为是以“贡献”为目的,而有别于功利境界中的人的行为以“占有”为目的。前者重“与”，后者重“取”，处于道德境界的人，即使“取”，其目的也在“与”。他的行为都是为了行“义”，所谓“义”指的是社会的“利”。他已经意识到人是社会的一部分，只有在社会中，个人才能实现自己，发展自己。天地境界是人生的最高境界，其实也是一种审美境界和宇宙境界。在这一境界中，主体丧失了一己之情感而获得人类共有的生命意识并使宇宙意识与生命意识同构、物我一体、天人合一，自然万物的内在生命结构与人的内在心理结构相契合，人与自然处于和谐统一之中。这种对宇宙人生的最终觉解的体味与把握，使人生获得最大的意义，以实现自我，让人生具有最高的价值。

这四种人生境界之中，自然境界、功利境界的人，是人现在就是的人；道德境界、天地境界的人，是人应该成为的人。前两者是自然的产物，后两者是精神的创造。自然境界最低，往上是功利境界，再往上是道德境界，最后是天地境界。它们之所以如此，是由于自然境界，几乎不需要觉解；功利境界、道德境界，需要较多的觉解；天地境界则需要最多的觉解。道德境界有道德价值，天地境界有超道德价值。在自然境界中，人不只有“我”；在功利境界中，人只有“我”；在道德境界中，人无“我”；在天地境界中，人无“我”，此处的无“我”指的是真正了解“我”在社会和宇宙中的地位，因而充分发展了“真我”，就是一种超越了“自我”的有限性的审美境界。

第二节　审美与人生

中国古代很多思想家都表述了对审美境界的追寻。《论语》中记载，一天，孔子与他的学生子路、冉有、公西华、曾点一起谈到人生志向的问题，子路说，他的理想是从政，如果他被任命为相，可以让一个“千乘之国”兵精粮足，社会安康。冉有说，他的能力不如子路，但可以管理好方圆六十七公里的小国。公西华说，他的理想是在宗庙祭祀仪式上做一个司仪。最后，曾点说他的理想是：暮春时候，穿着新做的春服，与五六个青年朋友，带上六七个儿童，去郊外踏青，在温暖的阳光下沐浴。孔子听完说，我和你一样。在孔子看来，前三人的理想还只是社会的人生，曾点所说的“暮春者，春服既成，冠者五六人，童子六七人，浴乎沂，风乎舞雩，咏而归”才是最高的人生境界。可见，儒家虽然主张要成就一个道德的人生，人格理想是要成为圣人，但是审美的人生才是最高的人生境界。

魏晋时期随着人的觉醒，士人已经不再要从当下感性之物超越出去，不再要由物见道，更强调对当下之物的肯定和欣赏，并从中感到和欣赏自然的感性形式之美及其所蕴含的生命情趣，成就审美的人生。在魏晋之后，对审美与人生关系的讨论较多的是宋明理学家。如程颢说：“万物静观皆自得，四时佳兴与人同。”“云淡风轻近午天，望花随柳过前川。”他体验人与人的和谐，人与大自然的和谐，“浑然与物同体”。有了此种胸怀，对于世俗的富贵贫贱，对于个人的得失都不会介怀，这就是审美对人生的影响。审美的生存状态就是突破时空界限的澄明透彻的心境。这心境用庄子的话来说，便是“无我”、“虚静”；用禅宗的话来说便是“空灵”，“透彻”。用苏轼的话来说，便是“静故了群动，空故纳万境”的“空”；从王夫之的话来说是“明中纵横漫烂”；用王国维的话来说，便是“无我之境”。实质上，这种“无我”不是没有自我，而是超越了“为物所役”的“我”，超越不自由的心境。中国古代思想家不仅要注重自己的学问，更注重拓宽自己的胸襟，涵养自己的气象，提升自己的人生境界，并以审美作为人生的最高境界。

梁启超在《美术与生活》一文中指出：“美是人类生活一要素，或者还是各种要素中最要者，倘若在生活全内容中把‘美’的成分抽去，恐怕便活得不自在，甚至活不成。”真、善、美是人生三大追求，美是最高的。一个有着最高人生境界即审美境界的人，必然追求审美的人生。

审美的人生是怎样的人生呢？叶朗认为审美的人生就是诗意的人生，创造的人生和爱的人生。所谓诗意的人生就是跳出“自我”、跳出主客二分的限隔，用审美的眼光和审美的心胸看待世界，照亮万物一体的生活世界，体验它的无限意味和情趣，从而享受“现在”，回到人的精神家园。所谓创造的人生，就是一个人的生命力和创造力高度发挥，甚至发挥到了极致。这样的人生就充满了意义和价值。在审美活动中，人在万物一体的境界中，人必然深刻地感受到作为无限整体的存在对个人存在的支持，激发人心中无限的喜悦，激起人们对人生的爱。[57]审美之于人生，可以净化和提升人的生命活动中的意欲——冲动机能，提高和完善人的超道德的自由选择能力。审美给予人生的，不独是创造，而且是超越。审美人生，应该是超越的人生。具有超越境界和创造能力的个体，可以“无为而无不为”、“随心所欲而不逾矩”，他不受情欲冲动和理性模式的强迫，追求一种自由生活，从而创造性地投入社会和自然，去实现主体与客体、个体与社会、人类与自然的多层次的融合统一。人的生命活动不应只在心灵的不同层次、不同形态上实现自由，而应在现实生活中去实现自由，即把心灵中的自由，化为自由的物质造型力量，逐步创造一个有序、和谐和自由的生活，实现从“必然王国”到“自由王国”的飞跃。从人类历史进程的高度去理解，审美之于人生，可以赋予人的生命以某种自由，由心灵生命走向现实生活的自由。审美人生，应该是自由的人生。审美并非宗教，审美始终是现实的，从心灵走向现实的，其人生价值和意义就在于赋予人生以创造、超越、自由。审美的人生态度要求人更加珍惜人生，更加严肃认真地对待人生，因为具有审美人生态度的人，更能深刻地感知到人生的美，才会对生活产生最深沉的热爱和珍视，才会为了让生命焕发出它本身应该有的光彩和美，而去有价值有尊严地生活。

总而言之，人们在追求审美人生的过程中，同时就在不断扩宽自己的胸襟、涵养自己的气象，不断提升自己的人生境界，不断提升人生的意义和价值，最终达到最高的人生境界即审美的人生境界。在这种境界中，真、善、美获得了统一，人的心灵超越个体生命的有限存在，得到一种自由和解放。在这种最高的人生境界中，人回到自己的精神家园，从而确证自己的存在。

57. 叶朗著．美在意象．北京大学出版社，2010年版，第482-491页。

第十二章 审美教育

审美活动是一种特殊的人生实践活动，审美是一种最高的人生境界。如何达到此种境界呢？或者说，我们如何去成就一个审美的人生呢？在此，我们可以通过审美教育的方式引导。

第一节 美育的内涵、目的与特点

美育的历史几乎同人类文明的历史同样悠久。原始时代主导性世界观是巫术世界观，农耕时代主导性世界观是宗教世界观，工业革命时代主导性世界观是工具理性世界观，而当代主导性世界观则应该是审美的世界观。美育在当代社会发展中的重要作用，它在培养审美世界观上具有不可替代的“综合”与“中介”作用，以审美的态度对待自然、社会与自身就是审美世界观的表现。

一、审美教育的内涵

康德最早从自然的人到文化的人的生成的角度论述了审美的特殊意义。他说人在离群索居的自然状态是不知道审美的，人只有作为社会的人、在社会之中才知道审美、知道装饰自己。中国古代的《乐记》也说“是故知声而不知音者，禽兽是也”。可见，只有经过美育的熏陶才是一个具有文化的文明的人。

那么，什么是审美教育？“审美教育”（德文 Asthelische Erziehung）最初是由德国古典美学家席勒提出的。他在《审美教育书简》中提出美育的概念，他认为在每个人身上都具有两种自然要求或冲动，一种是“感性冲动”，一种是“形式冲动”，又叫“理性冲动”。“感性冲动”要求使理性形式获得感性内容，使人成为一种物质存在；“理性冲动”要求使感性内容获得理性形式，要求使千变万化的现象见出和谐和法则。人身上的这两个方面、两种冲动，在经验世界中常常是对立的，必须通过文化教养，才可能得到充分发展，并且使两者统一起来，这时，人就会兼有最幸福的存在和最高度的独立自由。席勒认为，在古希腊时期，人的感性冲动和理性冲动是统一的，他们既有丰富的形式，同时又有丰富的内容，既善于哲学思考，又长于形象创造，既温柔又刚毅，他们把想象的青春性和理性的成年性结合在一个完美的人性里。但到了近代，严格的社会分工和等级差别使人身上的两个方面分裂开来，他说：“（近代社会）是一种精巧的钟表机械，其中由无数众多的但是都无生命的部分组成一种机械生活的整体。政治与宗教、法律与道德习俗都分裂开来了；欣赏和劳动脱节，手段与目的脱节，努力与报酬脱节。永远束缚在整体中一个孤零零的断片上，人也就把自己变成一个断片了；耳朵里所听到的永远是由他推动的机器轮盘的那种单调无味的嘈杂声音，人就无法发展他的生存的和谐；他不是把人性印刻到他的自然上去，而是变成他的职业和专门知识的一种标志”。[58]

在席勒看来，感性冲动使人受到自然要求的压力，理性冲动使人受到理性要求的压力，在这两种压力面前，人都是不自由的。人身上的和谐被破坏，整个社会的和谐也就被破坏了，这

58. [德] 席勒著，冯至，范大灿译. 审美教育书简：第六封信. 北京大学出版社，1985 年版。

是近代社会面临的一个重大危机。如何解决这个危机呢？他由此提出第三种冲动，即游戏冲动，他认为游戏冲动可以消除这两方面的压力。他所说的游戏冲动就是审美冲动。他说："用一个普遍的概念来说明，感性冲动的对象就是最广义的生活；这个概念指全部物质存在以及凡是呈现于感官的东西。形式冲动的对象，也用一个普通的概念来说明，就是同时用本义与引申义的形象；这个概念包括事物的一切形式方面的性质以及它对人类各种思考功能的关系。游戏冲动的对象，还是用一个普通的概念来说明，可以叫做活的形象；这个概念指现象的一切的审美的性质，总之，指最广义的美"[59]。

席勒所说的游戏冲动的对象指的是广义的美，是"活的形象"，因此，席勒又把游戏冲动称之为"审美的创造形象的冲动"。这活的形象是生活与形象的统一，感性与理性的统一，物质与精神的统一，即审美意象。在审美中，人摆脱关系网的一切束缚，使人从一切物质和精神的强迫中解放出来，使人对纯粹形象的显现转而成为无所为而为的自由的欣赏。因此，只有游戏冲动（审美冲动）才能实现人格的完整、人性的完满，只有在游戏冲动中人才能摆脱功利的、逻辑的"关系网"的束缚而成为自由的人。由此，席勒大力推行美育，希望通过审美教育引导人们去追求人性的完满，使人从"感性的人"变成"审美的人"。美育是为了追求人的全面发展，但这里所说的"全面发展"，不是知识论意义上的。美育可以使人获得知识，特别可以使人在科学、技术知识之外更多地获得人文的、艺术的知识，但这并不是美育的根本目的。美育的根本目的是使人去追求人性的完满，学会体验人生，使自己感受到一个有意味的、有情趣的人生，对人生产生无限的爱恋、无限的喜悦，从而使自己的精神境界得到提升。

审美教育本身具有特殊的属性，以及在实践中审美教育与其他教育之间存在着错综复杂的关系，因此，从古至今都有人有意或无意地否认美育的独立性，把审美教育仅仅看成是从属于其他教育形式的一种手段。如卡冈认为："不能把个人和全体人民的审美教育看作某种特殊的、独立自在的教育形式。既然人对生活的审美关系的培育与人对劳动的关系的形成，与他的政治教育、道德教育、宗教或者无神论教育、体育，最后与艺术教育不可分割，那么，审美教育只是其他各种教育活动形式的一个方面，或者特殊部分。审美教育并非独立的教育形式，因为它没有自身的独特对象——审美价值不形成某种区域性的对象领域，而是在人掌握整个感性可感的世界的过程中产生出来。同时，无论哪种教育活动形式，如果它不包括审美教育成分，就不能达到巨大的效果。"[60]他认为审美教育不是独立的教育形式，但是与其他教育形式密切相关，并对其他教育效果的达成具有重要的作用。但事实上，审美教育同其他教育形式一样存在与发展，也是以实际存在着的审美互动为其身后的现实根基的。审美活动作为一种重要的人生实践是一种活生生的现实存在，它不能被任何一种人生实践活动所取代，并以自身独特的存在方式这样或那样地影响着人、作用着人、塑造着人，起着其他人生实践难以奏效的效果。

历史上的美学家和教育家从不同角度探讨了审美教育，主要有以下几种看法：审美教育是人格教育、审美教育是情感教育、审美教育是艺术教育。

1. 审美教育是人格教育的观点有着深厚的历史渊源。古希腊的史诗教育和音乐教育与中国

59.［德］席勒著，冯至，范大灿译．审美教育书简：第二十七封信．北京大学出版社，1985年版。
60.［前苏联］卡冈著，凌继尧等译．美学教程．北京大学出版社，1990年版，第197页。

先秦的诗教和乐教，都可以看作是一种以艺术为手段的人格教育。早期的教育本身就是一种人格教育，一种如何培养统治者或如何使统治者具有相应的品性的教育，所有的教育形式由此也都成为人格教育的手段。但是美育是人格教育也只是指示了美育的间接效应和终极指向，而未能揭示出美育独有的价值内涵。将美育看成是人格教育，不仅可能导致把美育无限丰富的内容狭窄化，用道德吞没审美，而且还可能造成对美育独立性的漠视以至于取消。人格教育主要还是一种道德教育或者广泛地说是一种“完人”教育，与美育相关，但并不能等同。

2. 审美教育是情感教育的说法起源于康德的知、情、意三分说。审美活动与情感密切相关，但审美教育并不能归结为情感活动。中国美学所讲的“兴”就不仅仅是指情感活动，而是指人的精神在整体上的感发。然而，将审美教育仅仅界定为情感教育只是把握了审美教育的中介形式及其直接效应，却并没有揭示出审美教育整体的价值目标。因为情感作为主体对客体的心理反映形式和主体对客体是否满足自身需要所流露的一种主观态度，它本身并没有内在的目的性，也没有稳定而持久的价值指向。情感无论在审美过程中还是在审美心理结构中，都占据着重要的地位，发挥独特的作用，没有情感就没有审美。但还需要指出的是，就审美效应而言，它并不单纯地仅仅表现为情感的满足，“审美快乐不仅多来自视、听等高级感官的感受，而且还要从这种感受一直贯穿到心理结构的各个不同层次（如情感、想象、理解），这种贯通性，会使整个意识活跃起来，多种心理因素发生自由的相互作用，产生出一种既轻松自由、又深沉博大的快乐体验。”[61]审美愉悦并不等于情感的快乐，它不同于日常生活中的一般情感，在审美情感中既渗透着认识、评价等理性因素，又溶解于想象力与理解力的和谐运动中，正是这种整体的心理过程才表现为一种审美愉快。将情感从整体的审美心理结构中剥离出来，作为审美教育所追求的目标对象，并不符合审美教育本性。

3. 审美教育不同于艺术教育。就艺术的审美实质而言，艺术是审美经验、审美意识的物态化，它与人们特定的审美态度、审美感受、审美理想有关，并与构成审美经验的多种心理要素关系深厚。艺术是复杂的又是发展的，它是审美经验、审美意识的物态化，但这绝不是静观的反映，而是能动的观照。审美经验与认识是因人、因时、因地而异。就艺术与审美的范围而言，艺术包含审美。艺术与审美既有差异又有联系。艺术创作是一个综合的心理过程，既有审美经验、审美意识的物态化，还有伦理心理结构、认知心理结构等的参与。于是，艺术除了审美之外，还同时具有认知的、道德的、社会功利的其它内容，因此，艺术大于审美。如果将审美教育简单地等同于艺术教育会带来以下两个问题：一方面过于夸大艺术在审美教育中的地位和作用，除了艺术之外诸多自然和社会现象也可以成为审美教育的内容，这些艺术以外的审美现象所具有的审美价值、所产生的审美效应并不是艺术所能取代的；另一方面这种观点也遮蔽了审美教育更深刻的目的和更高远的价值追求。审美教育并不仅仅只是培养人们对艺术的感受力、鉴赏力和创造的能力，它有更多、更高的追求。

综上所述，审美教育是施教者按照一定时代的审美意识（审美观念、审美趣味、审美理想），借助多种多样的审美媒介（社会美、自然美、艺术美），向受教者施加审美影响，使他们从中获得愉悦，并培养鉴别、欣赏、创造美的能力，从而达到对思想情操、生活趣味、性情与心灵的

61. 滕守尧著．审美心理描述．中国社会科学出版社，1985 年版，第 305—306 页。

陶冶塑造的目的，使人们在成长的道路上完成全面的素质教育，得以健康发展，服务社会与人类。陶冶塑造性情是审美教育的实质问题，它与智育、道德教育、体质教育廓清了界限，从而也就确定了审美教育在整个教育体系中的特别地位。

二、审美教育的特点

审美教育的过程是一个享受的过程，所谓“乐者乐也”。但是审美教育给人的快感决不是生理快感，而是一种精神的愉悦。此外，美育对人的影响是潜移默化的。美育的特点主要有形象性、体验性、愉悦性与陶冶性四个方面。

（一）形象性

审美教育的形象性特点主要是从其施教手段上来看的。审美教育总是通过一定的媒介来施行的，而作为这种媒介必定是具有生动感人的形象的审美对象。作为审美对象，其存在是具有可感的外在形式，以感性的形象诉之于人。人们通过形象进入审美的世界，使情感活跃起来，逐渐远离尘世，进入对象的意蕴世界，在一种摆脱了世俗功利欲望的自由境界中体味到最纯粹的美。当经过审美的观照，人的心灵得到净化，当重返日常生活，主体会获得更多的启示。

审美教育运用美的形象感染人、教育人，使受教育者于感性直觉中领会理性内容。人们欣赏美的事物总是面对具体生动的形象直接地进行的，无论是观赏自然风光、还是欣赏戏剧或音乐，都是从直观美的对象中获得美的享受。这种方式比单纯理论说服具有更大的吸引力，更容易为人们接受和理解。在审美教育中，人们往往是在直接感知美的事物的过程中甚至过后才意识到自己从中所受到的教育或启示，慢慢地消化其中的理性内容。

形象教育与直观教育并不是美育专有的，在智育中人们也常使用形象教育，如“寓教于乐”，使人们在美的愉悦享受中受到教育。孔子说：“知之者不如好之者，好之者不如乐之者”，寓教育于娱乐之中，在愉悦中接受教育。审美教育通过美的形式吸引人们的注意力，激起受教者的兴趣和感情共鸣，在轻松情绪中接受教育。但智育主要是通过概念、判断、推理的逻辑形式施行于受教育者，它追求概念的明晰性、判断的准确性与推理的严密性，并不要求在受教育者的情感上激起波澜。智育直接作用于人的理性能力，不完全以形象为媒介，而美育自始自终都是形象教育。智育的最终目的是求真，要求从形象到抽象，要求形象为说理服务。当达到获得目的之后，过程就会被扬弃、淡忘。

德育的主要方式也是说理，通过理性的教育使人们接受一种某个社会共同体的所有成员都必须遵守的行为规范，并逐步在实践中内化为人的道德意识。德育的过程也是可以有形象的，特别是使用艺术形象，往往能达到说理所达不到的效果。夏商周时的艺术品铜器，如彝器、九鼎，《左传》中记载：“昔夏之方有德也，远方图物，贡金九牧，铸鼎象物，百物而为之备，使民知神奸。”在这些器皿上有象征善的羊、龙、凤等动物，有象征恶的饕餮，通过器皿上的物象使人知善、恶，从而达到“民知神奸”的教化作用。先秦人物壁画盛行，它也成为教育后代的一种方式。《孔子家语》中记载：“孔子观乎明堂，睹四门墉，有尧舜之容，桀纣之象，而各有善恶之状，兴废之诫焉……孔子徘徊而望之，谓从者曰：此周之所以盛也。夫明镜所以察形，往古所以知今。”孔子通过观看明堂四周刻画的历代帝王的画像及画像旁的相关记载和国家兴废的诫言，得到启示：镜子可以用来整容貌、正衣冠，今人可以古人为鉴，从而使褒善贬恶的观念得到彰显，使后来的君王积极向善，做明君。艺术形象来自于生活又高于生活，既包含着艺术家对社会真假善恶的评判，从而使人去伪存真，避恶从善。美育的手段对德育也有重要的作用，美育对人的情感的陶冶，往往也能起到道德上的净化作用，进而使人达到高尚的人格境界。德育最后的目的是求善，也要求从形象到抽象，要求形象为说理服务，形象也不是德育的重要手段。

（二）**体验性**

审美教育的体验特点从受教者的受教方式来看的，这是审美教育最显著的一个特点。这个特点是由审美教育要在审美活动中展开所决定的。

在审美活动中，由于审美对象的激发，参与审美活动的人首先对对象产生一种情感态度，即形成肯定或否定的态度。这种态度是决定着审美教育能否顺利实施的关键。如果受教者对于作为审美教育的必要媒介的审美对象在情感上是否定的，那么就会中止这种活动。体验是沟通主客体的中介，是对对象的意蕴的直觉性领悟。正是在这种体验中，生活的底蕴才能向人们呈现出来，使人在体验中获得教益。

审美教育的情感体验性也使它与智育、德育能加以区分。智育与科学知识相关，科学的品质决定了它是一个最不需要情感参与的领域，它追求的是知识的客观有效性，展示的是理性的力量。道德教育主要是为了把外在的行为规范内化为人们的道德意识和观念，它更多地涉及到人们对善恶的认识和评价。人们对善恶的认识和评价更多地联系在一起，而且评价是具有客观性与道德性的，不同于审美教育中个体的独特的情感体验。因此，审美教育的情感体验性也是区别于智育与德育的主要特征。

（三）**愉悦性**

审美教育的愉悦性即享受性是从受教者的受教效果上来看的。审美活动是一种高级的精神消费或精神享受，审美教育也同样。审美教育如果不能给人以精神上的享受与愉悦，就不能取得预期的效果。审美教育从不采取强制的方式，受教者却会自觉自愿地参与。美育的享受是寓教于乐，不是为娱乐而娱乐，而是要在娱乐和享受中接受教育，陶冶性情。

（四）**陶冶性**

审美教育的陶冶性是从这种教育对人产生影响的整体特点来看的，也可以看作是审美教育的最根本的特征，它与审美教育本质上是一种情感教育相联系。审美教育着眼于“以情感人”，“由情入理”，是以依靠美的形象打动人的情感、陶冶人的情操为基础，人的情感陶冶不是一次完成的，而是逐渐改变的过程，梁启超称这一过程是“熏”、“浸”。他说：“熏也者，如入云烟中而为其所烘，如近墨朱处而为其所染，”“浸也者，入而与之俱化者也。”[62]审美教育具有这种潜移默化的特点，是由于它不像理论教育那样依靠抽象概念的逻辑推演，而是运用形象思维，为感觉直接感知，能够使对象在受教者头脑中留下鲜明印象，在对感性形象的意会中不知不觉地受到教育和影响。

审美教育的教育作用不是突发性的，是通过接触感情形象，耳濡目染，逐渐增强起来的。“熏浸之力，在使感受者不觉。”[63]审美教育是让人进入审美活动之中，是在对审美对象的感知与体验中获得愉快的感受。这种愉快的感受对于人的性情是一种陶冶，即熏陶、培养、塑造。在这个

62. 舒芜，陈迩冬等编选．中国近代文论选（上册）．人民文学出版社，1959 年版，第 158 页。
63. 舒芜，陈迩冬等编选．中国近代文论选（上册）．人民文学出版社，1959 年版，第 159 页。

过程中，通过对审美对象的观照、把握，人的一般的心理能力得到培养、训练，转化为审美能力，并使审美能力走向丰富和成熟，具有自由运用和创造形式的能力。更重要的是，通过对审美对象所蕴含的意义的感受、体验、领略，不断使自己的情感、心灵得到震荡、洗涤、超越，逐步培养和建立起一种超越实用功利的人生态度，改变人的心性与性情。这种对人性情的改变具有稳固性和延续性，这就是陶冶的作用，使受教育者在不知不觉中接受教育。人们在美的欣赏中，其主观意识完全沉浸在作品的美之中，正是在这种美的享受中不知不觉地接受其中理性内容的熏陶。这是任何理性教育都达不到的，是美育的独特功能。

综上所述，审美教育与其他教育方式不同之处在于，它以艺术和各种美的形态作为具体的媒介手段，通过展示审美对象丰富的价值意味，直接作用于受教者的情感世界，从而潜移默化地塑造和优化人的心理结构，铸造完美人性。

第二节　审美教育的历史考察

“审美教育”这一名称尽管出现较晚，但人类的美育实践活动，却可以追溯到很早。不论在中国还是西方，古代的美育实践还是不自觉、不成熟、不独立的，在此，撷取部分中西美学史上一些重要的美学家或教育家有关审美教育的思想和学说。

一、西方美育思想略述

早在古希腊时期，雅典在建筑、音乐、戏剧、文学等领域取得了辉煌成就。在这个时期，最早以教育为专门职业的是一批自称为“智者”的人，它们经常周游各地，创办学校，聚徒讲学，主要讲授辩论术、语法和修辞学，同时还开设文学、音乐、几何学、天文学和声学等科目。在古代雅典的教育中，美育占有相当重要的地位。从幼儿教育到成人教育，从学校教育到社会教育，无不贯穿并渗透着美育的内容。诗歌、音乐、舞蹈、戏剧、体育竞技构成了他们社会生活和文化活动中极为重要的内容。“在雅典，文学和音乐的教育是和公共的宗教节日联系着的。每一年中，这种节日大约有六十次。一些主要的节日不但以游行队伍、体育比赛和竞技，而且还以公众合唱和戏剧表演来庆祝。每一节日都有新的剧本上演，作家们也在热烈竞争之中。”[64]雅典有一个巨大的可以容纳一万多人的半圆形露天剧场，政府定期发给公民一定的津贴，让人们可以免费去看戏，可以说，观赏戏剧已不是一种单纯的个人行为，而表现为带有全民性质的重要社会活动。在古希腊人的生活实践中包含着大量的审美实践，这个时期在建筑、雕刻和绘画方面，也产生了许许多多的杰作。整个雅典就是一个美术博物馆，而卫城则是中心。

古希腊时期对美育问题进行系统的理论总结和思考，并做出突出贡献的人是柏拉图。他认为必须从幼年起就对人实行严格的教育，他明确提出“这种教育就是用体操来训练身体，用音乐来陶冶心灵。”[65]他想通过健康、高尚的文艺作品来对青少年施教，培养和陶冶他们的心灵。但他对于大部分文艺作品持否定态度，并且从有利于培养、教育城邦保卫者的角度出发，从内容、表现形式到风格等方面对文艺施行严格的规定和监督。亚里士多德也非常重视美育的作用，他不仅肯定了艺术对现实的模仿可以达到真实性的高度，而且认为诗比历史具有更高的价值，他

64.［美］海斯，穆恩，韦兰著，费孝通等译．世界史（上）．三联书店，1975 年版，第 151—152 页。
65.［古希腊］柏拉图著，徐学庸译注．理想国．商务印书馆，1986 年版，第 70 页。

认为诗的起源有两个原因，一是模仿，一是音调感与节奏感，这两个方面都出于人的自然天性。他充分肯定了艺术对于培育和塑造人的心灵的重要作用。与此同时，他指出音乐学习有三种功能：教育、心灵的净化和精神的享受。艺术是在给人以“无害的快感”的同时使人获得教益。

古罗马的诗人和文艺理论家贺拉斯提出“寓教于乐”的思想，将文艺的教育、娱乐功能统一起来，对文艺的审美教育功能作了扼要而准确的概括。中世纪的普洛丁将灵魂的形式看作是感性美与知性美的根源，并认为只有灵魂才能见出知性美，因此，灵魂的纯洁程度就直接关系到美的有无与高下。他强调主体的修养与精神的陶冶，认为心灵本身如果不美也就看不见美。到近代，法国启蒙思想家卢梭认为，除了以艺术来发展学生的视、听、触觉以外，还要培养一种内在的感觉，他称为“共通的感觉”，即想象力。

到近代席勒将美育作为解决矛盾的工具，希望通过审美教育的活动先解决人内心的矛盾，从而达到解决现实的矛盾。

二、中国美育思想略述

在中国，早在两千年前，著名思想家和教育家孔子便十分重视对“诗”、“乐”的学习。他把规范社会政治制度及伦理观念的“礼”和进行艺术审美教育的“乐”相提并论，共同置于学校教育科目“六艺”——礼、乐、射、御、书、数的前列，六艺设定礼、乐双修的举措，表明孔子已经对美育、德育、智育、体育之间的关系有较深的理解。同时，他非常重视艺术的教育作用，他说：“诗可以兴、可以观、可以群，可以怨。迩之事父，远之事君，多识于鸟兽草木之名。”（《论语·阳货》）他认为将诗教、乐教与礼教相互配合，可以造就完善的人格，即所谓“兴于诗，立于礼，成于乐。”（《论语·泰伯》）即学诗可以“兴情”，感发情志；学“礼”可以“立身”，确立处世的行为规范；学乐可以“成性”，陶铸优良的性格。这种以“成于乐”为核心的审美化、情感性的人生境界，是一种闲适的生存状态。所以，孔子说：“志于道，据于德，依于仁，游于艺。”这个“游”正是“从心所欲不逾矩”的自由状态。孔子希望通过道德实践和美育实践，来获得各种现实的、历史的、美学的知识，陶冶自己的情感，提高自己的审美能力，完善和不断建构自己的审美心理结构；同时人还必须加强意志的克制和锻炼，主动严格约束自己，成就君子品格，完成个体人格的塑造，并最终自觉地达到“仁”的最高境界。荀子在此基础上进一步指出：“夫乐者，乐也，人情之所比不免也，故人不能无乐。”又说：“夫声乐之入人也深，其化人也速。”这不但强调美育的重要性，而且也指出美育有感化于人的作用。

在美育实施中审美境域构筑的认识问题上，道家美育和儒家美育是有不同之处的。儒家美育主要是从人与他人、人与自身的关系及其内在精神意识的活动与主体潜能的释放和发挥，并实施于客体对象而达到主客体的交融合一着眼，来镕铸其思想体系。道家美育则主要是从人与自然的关系着眼，以建构其审美境界论与美育思想体系。道家美育是一种无为而教的美育，从老子提出的“虚静”、“无为”，到庄子的“忘物”、“丧我”，都强调主体必须超越尘世生活，摆脱心智欲求的羁绊，“绝圣弃智”、“绝巧弃利”，根绝世俗杂念，做到“见素抱朴，少私寡欲”，“摄志”、“一度”，以实现“复归于婴儿”，“复归于无极”，“复归于朴”，也即体露真常、臻于本我、复归自我的自然本心本性。这样，才能使主体自我化归于健动不息、流衍变化的宇宙运动中，以达到“天地与我并生，而万物与我为一”的审美境界。在道家美学看来，只有使自然、天地、万物与作为审美主体的人相交合一，妙与宇宙韵律合德无间，由此始能发挥主体自身的最大创造力，进入到与宇宙生命息息相通，主客、物我交融而协调的最高宇宙之境。

中国古代美育实施的目的不是求知，而是做人。儒家美育要做圣人、仁人，道家美育要做真人、圣人。儒家美育讲“文以致用”、“微言大义”，道家讲修养身心、超世拔俗，禅宗美学追求“即心即佛”和“无念为宗”。儒、道、禅宗都很重视心灵问题，都建构了各自的美育思想。它们都是从“存在”的意义上解释心的，认为心是一种精神存在，是自然生命与精神生命的结合体，境界就是心的存在方式或存在状态。从重视人生出发，他们都热爱生活、热爱生命、热爱社会与自然，无论是儒家的“孔颜乐处”、“曾点气象”，还是道家的“见素抱朴”、“乘物以游心”以及禅宗的“清贫自乐”、“随缘任远”，都表现出一种珍惜生命、体味生命的审美意趣，其美育诉求都是心灵的超越和升华，都以天人合一的审美境域为追求。这是中国古代美育思想在其独特的文化背景下所形成的独特品质，即注重人品规范和审美整体效果，强调美育的人品价值和人生体验，注重美育的人生审美诉求。

20 世纪初，随着中西文化的交流和思想解放运动的掀起，王国维、蔡元培等也积极传播了西方的美育思想。1912 年，蔡元培出任民国政府第一任教育总长时，就着手教育改革，把美育规定为教育方针的内容之一。此外，他还创办音乐、美术的专门学校，开设美学课程，聘请教师甚至亲自授课。蔡元培先生在 1930 年答《时代画报》记者问时说道：“我提倡的美育，便是人类能在音乐、雕刻、图画、文学里又找见他们遗失的情感。我们在听了一支歌，看了一张画，一件雕刻，或者读了一首诗，一篇文章后，常会有一种说不出的感觉……知道了享受人生的乐趣，同时便知道了人生的可爱，人与人的感情便不期然而然地更加深厚起来。”在审美活动中，人从物化的现实桎梏之中摆脱出来，并从自我迷失之中返朴归真，彰显其率直和坦诚的一面，重新以一种清新无蔽的眼光看待世间万物，使人的生命变得自由活泼，绵延圆润，从而实现生命内涵的丰富完整和生命质量水平的跃进。

可见，从古代思想家到近代教育家都认识到审美对于人生具有重要的价值，那么，审美教育直接关系到世界观、人生观和价值观的建构，因此，审美教育显得尤其重要。

第三节　审美教育的功能、地位和实施

审美教育不仅限于“审美”或“美感”，还涉及到心理结构的完善、人生态度的优化和人格的全面建构等广泛的问题。美育是人类全面发展教育的组成部分，是人类实现自我发展需要的重要途径。

一、审美教育的功能

美育作为动态过程，包含施教者、媒介、受教者三个环节。施教者按照特定的审美趣味和审美理想，选择适当的审美媒介向受教者施加审美影响，从而陶冶其情性，塑造其人格。审美教育属于特殊教育，它的特殊性主要表现为综合性。因此，审美教育在性质上应当是全面性的教育。这种教育同其他教育相比，属于更高层次，是随着人类文明程度的提高，越发显得更加重要。美育可以从多方面提高人的文化素养和文化品格，主要有以下几个方面：

（一）培育审美心胸

审美心胸就是审美态度，它是人对待世界的一种特殊方式，它不同于科学认识的态度和实用伦理态度。卡西尔说：“在日常经验中，我们根据因果关系或决定关系的范畴来联结诸现象。

根据我们所感兴趣的是事物的理论上的原因还是实践上的效果，而把它们或是看作原因或是看作手段。这样，我们就习以为常地视而不见事物的直接外观。”[66]在概念化和功利化的世界没有审美，在审美中，人所获得的是自由的愉悦感，从而使感官的生理愉悦经内省转为精神愉悦，得以深化，经形式化而摆脱功利羁绊，得以净化。在审美的过程中，进入到对宇宙人生价值意义的体验，升华为超越感，即“心游神越”的最高悟悦。感性与理性，情与理的和谐统一，彼此渗透，审美活动发挥着深化、净化和升华情感的独特功能。

在美育的过程中陶养情感，完善审美的心理结构，使知、情、意在内的整体心理结构得到全面、均衡的发展，得到合理而有效的整合。情，是知与意的中介，审美心理结构的完善，能避免智力结构与伦理结构的片面发展。审美的超越性质，尤其可以使人忘怀于现实的利害得失，宠辱不惊，并由此焕发大无畏的精神，勇猛精进，不断为人生开拓新的境界。审美态度的建构，人性的完整与自由的实现，这是审美教育的实质，也是其终极目的。

（二）培养审美能力

审美能力，就是审美感性能力、审美直觉能力，也就是对无限的感性世界和它的丰富意蕴的感受能力。在瞬间的审美直觉中，情景交融，生成审美意象，伴随着审美的愉悦。在这种审美的愉悦中，我们体验人生的意味和情趣。陶渊明诗“此中有真意，欲辩已忘言”，“真意”就是人生的意味，人生的情趣。

审美活动与科学研究不一样。科学研究是要去发现客观事物的本质和规律。科学研究的结果是得到一种知识，或一个知识体系。例如进行物理学研究就是要掌握物理世界的规律，建立一个物理学的知识体系。审美活动是对感性世界、感性人性的一种体验，体验人生的意味和情趣，所以审美能力说到底是体验人生的能力。这种能力是包含审美直觉、审美想象、审美领域等多方面因素的综合能力。它需要一个人整体的文化教养作为基础，需要通过直接参与审美活动（包括艺术活动）的实践来培育，而且和一个人的人生经历有着十分内在的联系。从这个意义上说，美育不应该孤立起来进行，而是不仅要十分重视受教育者直接参与审美活动、艺术活动的实践，而且应该和提高一个人整体的文化教养结合在一起来进行。同时，在美育的实施过程中，要十分关注一个人的人生经历对他心灵的深刻影响。

（三）培养审美趣味

审美趣味是一个人的审美偏爱、审美标准、审美理想的总和。审美趣味集中体现一个人的审美观（审美价值标准）。审美趣味和审美能力有联系，但不能把二者等同起来。

审美偏爱是个体审美心理的指向性，也就是对某类审美客体或某种形态、风格、题材等优先注意的心理倾向。审美偏爱的健康发展，表现为兴趣的专一性与兴趣的可塑性之间的一种张力平衡关系。这就是说，审美偏爱有其相对固定的中心，但又不是偏狭刻板的，而是有一个弹性的兴趣范围，并常常处在一种变化发展的动态过程中。审美标准是个体在审美活动中形成的审美判断的尺度，是个体对审美客体好坏品级理解的某种参照物。审美标准的形成，受到审美偏爱的影响，但更重要的是和主体的文化艺术修养以及主体的审美活动的经验有关，也和主体在艺术史、艺术鉴赏、文化背景等多方面的知识有关。随着个体审美偏爱和审美标准的形成，

66. [德] 恩斯特·卡西尔著，甘阳译．人论．上海译文出版社，1985 年版，第 216 页。

个体的审美理想也逐渐形成。审美理想是个体的一种理性概念，是个体在审美活动中的追求和期待。它不仅影响着审美标准和审美偏爱，更主要的是它指导和激励主体在审美活动中奔向人性的完善。

审美趣味不仅决定一个人的审美指向，而且深刻地影响着每个人每一次审美体验中意象世界的生成。因为意象世界（美）是情感世界的辐射，是情景的融合，是一瞬间发现自已的命运的意义的经验。

二、美育在教育体系中的地位和作用

人的意识分为知、意、情三个部分，王国维在《论教育之宗旨》中说："完全之人物不可不备真善美之三德，欲达此理想，于是教育之事起。教育之事亦分为三部：智育、德育（即意志）、美育（即情育）是也。"也就是培养"完全之人物"必须有培养"智力"的智育、培养"意志"的德育，培养"情感"的美育。这三方面的教育对造就全面发展的一代新人都是不可缺少的，以任何方面取代另一方面在教育史上都证明是错误的。

审美教育不同于德育、智育、体育，有其自身的特点。美育对于德智体各育具有独特的渗透协调作用，在整个教育体系中都具有特殊的不可取代的地位。美育在教育体系中的特殊地位表现在以下两个方面：一方面，美育最充分地体现了全面发展教育，德育、智育、体育都侧重于发展和培养学生某一方面的能力和素质。美是真、善、美的统一。真与善是指美的社会内容与美的形式两者的统一。审美教育包括美的内容与美的形式两方面。"真"作为合规律性的认识本来属于智育的对象，"善"作为合目的性的认识应当属于德育的对象，但审美教育却不能离开"真"与"善"。从这种意义上看，审美教育是包涵德育与智育的成分，而且特别有利于人的各种能力和素质的协调发展，因而表现出综合性或全面性。另一方面，德育、智育、体育可以利用美育的手段和方式来提高教育的效果，以情动人、寓教于乐教学等教学方法和手段。美育与德育、智育乃至体育的关系错综复杂，我们分别理清美育与它们之间的关系，以见出美育在整个教育体系中的独特地位。

（一）**德育与美育**

美和善既有区别，又有联系。美并不就是善，但它离不开善。善是美的灵魂，美的事物从本质上讲应该是善的。正因为美之中包含着善，所以历来重视美育的人也都重视其德育的效果。美育与德育的最高目标是一致的。道德的最高境界也就是审美的最高境界。美育与德育关系密切，它们相互配合、补充、渗透，但不能互相代替。无论就性质来说或是社会功用，美育和德育有着本质的区别。

1. 就性质来说，德育和美育作用于人的精神，都引导人们去追求人生的意义和价值，都属于人文教育，但两者有区别：德育是规范性教育，在规范性教育中使人获得自觉的道德意识；美育是熏陶、感发，使人在物我同一的体验中超越"自我"的有限性，从而在精神上达到自由境界。这种自由境界通过德育是不能达到的。这是美育和德育的最大区别，也是德育不能包括美育的最根本的原因。德育主要作用于人的意识的、理性的层面，作用于"良知"，而美育主要作用于人的感性的、情感的层面，美育对人的影响更多是一种"潜移默化"，它影响人的情感、趣味、气质、性格、胸襟等，对于人的精神具有更深层面的影响，德育的作用是有限的。

2. 就社会功用来说，德育主要着眼于调整和规范社会中人与人的关系，它要建立和维护一套社会伦理、社会秩序、社会规范，避免在社会中出现人与人关系的失序、失范、失礼。美育主要着眼于保持人本身的精神的平衡、和谐和自由。美育使人通过审美活动而获得一种精神的自由，避免感性与理性的分裂。美育使人的情感具有文明的内容，使人的理性与人的感性生命沟通，从而使人的感性和理性协调发展，塑造健全的人格和完满的人性。德育和美育的区分和联系，在中国古代思想家的论述中表述得非常清楚。德育是“礼”的教育，它的内容是“序”，也就是维护社会秩序、社会规范；美育是“乐”的教育，它的内容是“和”，也就是调和性情，使人的精神保持和谐悦乐的状态，达到人际关系的和谐以及整个大自然的和谐。德育与美育互相补充，互相配合，也就是“礼乐相济”，但不能相互代替。

图 12.1 掷铁饼者

（二） 美育与智育

智育指的是培养人认识和领会世界发展的内在规律的能力教育，它包含知识信息的传播和知识能力的发展两方面。美育对智育的促进，在于人们借助对美的欣赏，扩张自然和社会的知识，获得对客观世界全面、正确的认识，求得真知。美育还能调节人们智力的和谐发展，智力结构主要由观察能力、思维能力、记忆能力、分析能力和实际操作能力等要素组成。美育则是沟通这个网络结构的桥梁。美育对于智育的实施，也有着不可忽略的独特作用。通过美育，能够以美导真。人们通过对自然美、社会美、艺术美的欣赏，可以在愉悦精神的同时，了解历史、自然、社会，获得各种自然科学和社会科学的知识。

（三）美育与体育

人的容貌是先天遗传决定的，而体型、肌肤、动作等却与后天的自我努力相关。所谓健美运动，就是采用各种锻炼方法发展人体外形的一种包含审美在内的体育运动。体育以身体运动为手段，促进个体发育生长，增强体能、改善体质，与此同时也达到健美的目的。因此，在中西方历史上人们都注重体育运动。

在中国，前文中所提到的“六艺”，其中射、御是军事训练项目，相当于现在的体育。古希腊的城市会修建运动场，让青年接受系统的肌体与肌肉的锻炼，以达到强身健体的目的。古希腊的奥林匹克运动会就是人展现其健美体魄的场所。在竞技场上获得桂冠的运动员，格外受到人们的尊重，为他作诗、雕塑、歌唱。古希腊人在从事体育运动时，男子往往赤身裸体。他们认为完美健康的人体是人的骄傲，是神性的体现。如《掷铁饼者》（图 12.1）的雕塑，取材于希腊现实生活中的体育竞技活动，刻画的是一名强健的男子在掷铁饼过程中铁饼摆回到最高点、即将抛出的一刹那，有着强烈的“引而不发”的吸引力。虽然是一件静止的雕塑，但艺术家把握住了从一种状态转换到另一种状态的关键环节，达到了使观众心理上获得“运动感”的效果。雕像的重心落在右腿上，因此右腿成了使整个雕像身体自由屈伸和旋转的轴心，同时又保持了雕像的稳定性。掷铁饼者张开的双臂像一张拉满弦的弓，带动了身体的弯曲，呈现出不稳定状态，但高举的铁饼又把人体全部的运动统一了起来，使人们又体会到了暂时的平衡。整尊雕像充满了连贯的运动感和节奏感，打破了艺术上时间和空间的局限性，传递了运动的意念，把人体的和谐、健美和青春的力量表达得淋漓尽致。

体育以身体的活动，通过直接、生动、鲜明的体态语言美激荡人的情感和产生感情共鸣。体育教育不是靠说理，而是靠实实在在的练，靠具体的体态形象感染人、打动人，特别是那种意境高远的体态语言，更容易令受教育者在不知不觉中得到美的享受及陶冶。体育偏重于感性的、生理的层面，还有诸多通向审美的渠道。人们在体育活动中，形体动作合乎既定规范，要求动作的均衡、协调，身体在运动中通过奔跑、跳跃、旋转、翻腾、滚动、摇晃、碰撞、冲刺、滑行、升降等动作，强烈刺激着人的神经系统和感觉器官，引起运动感、肌肉感、节律感、对力量的震撼，对速度、灵敏的惊奇，对柔韧、协调、耐力的赞叹，身体的各感官有可能获得最充分的刺激，获得一系列最基本的感受。这些感受是人的全面发展所必须的，也是通向审美境界的初步阶段。参加体育活动的人由于运动的感知也能形成美的自我体验，通过愉快、满足、赞赏、舒畅等心理反应对身体运动形象进行充分肯定。与此同时，也使观众感受到美，如篮球、排球、足球、羽毛球、乒乓球等体育活动的竞技对抗，要求成员间巧妙配合，令观众体验到激烈对抗中的群体和谐。在体育运动中，运动者遵循既定规范完成形体动作，就能化被动为主动，求得形式美与动作精确性的高度一致，体育成为健身与审美兼备的活动。

体育能完善人的审美心理结构。调控的结构是完善运动技术和塑造体育美，具体地说，是消除动作的牵强、紧张现象，去掉多余与错误的动作，使动作准确、协调和轻快起来，身体运动向对称、均衡、协调等方面演进，从而使身体结构、生理节律和活动含规律性，以显示体育美。此外，调控的结构通过反馈，完善个体的体育审美心理结构。因此，体育不仅可以塑造形体美，而且可以塑造心灵美和行为美，并使三者在运动实践中得到完美的结合。运动中的形体美、动作美、节奏美、服饰美以及行为举止美都将给人以强烈的美感体验，使人得到美的享受和情感的陶冶与升华。审美教育和智力教育存在互补效应。毫无疑问，体育教育与审美教育也存在互补效应。

三、审美教育的实施

审美教育是由施教者、审美对象以及受教者三个因素构成。审美教育作为一种特殊的教育方式，其独有的内涵和性质，并不能由人主观任意地设定，而是由其所使用的媒介手段、所达到的直接和间接效果，以及作为其实践基础的审美活动的根本价值所必然决定的。审美教育是一种有组织的教育互动，但更重要的是如何具体实施和操作。在讨论如何实施之前，有必要了解审美教育的过程具有何种特点。

首先，美育是自由自觉的过程。美育既以情动人，美育过程不能有外在的强制，一切抽象的说教都是没有意义。审美的欣赏与创造，决定性的步骤是创设情境，诱发审美态度，使受教者主动去感受、鉴赏、创造。只有充分尊重受教者的个性自由，切实保证审美中感知、想象、情感、领悟等心理功能和谐自由的活动，使美感始终不失其自由愉快的本色，美育才能发挥其“怡情养性”的功能。

其次，美育又是意识与无意识交互作用的过程。美育对于施受双方都是自觉的、有意识地设定和参与的，但审美活动予人情性的陶养，却又“随风潜入夜，润物细无声”般无声无息地实现。从美的欣赏看，主要表现为美感心理的内化，即“内在图式”的建立。山水诗画的长期欣赏，能养成从山水美的形式发现诗情画意的独特眼光，即形成某种“图式”。它反过来指导人的山水游赏，产生无处不是风景的感受。从美的创造看，主要表现为操作从技能训练到无意识的熟练技巧的转化。

最后，美育的心理效应是一种远期效应。审美能净化情感，唤起意志，增强毅力，建构人格，这需要日积月累。它不像智育，可以用定量定性分析检验效果，也不像德育，可以从受教者外在行为的改变与否见出成败，美育导致的情性变迁，是经历熏染、浸润而产生的内在心理能力的优化和结构的合理调整，渐而深，微而妙，体现出美育效应特有的沉潜性与长期性。

基于对美育实质的分析，美育实施要采用多种方式相配合以实现效果的优化。

首先，对受教者的审美感受力的培养。这是美育最基本的内容。审美感受能力，指的是审美者在审美过程中对具体形象的内蕴的感受能力。这种能力表现为对审美对象形式整体的直接把握和领悟，从而产生一种审美愉悦。它是人类长期社会实践的产物，就个体而言，可以从以下几种美育途径培养、训练、提高。第一，通过自然美。审美感受力多来源于自然，在自然美的欣赏过程中，培养和提高他们的审美感受、审美想象等感受能力。第二，通过生活美、现实美。生活美、现实美是围绕着人的劳动和生活所展开的灿烂多姿的美，人每天处于其中，更容易直观感受。第三，通过艺术美。艺术美是自然美、现实美的集中和典型化反映，通过文学、音乐、美术、戏剧等艺术形态的美育，可以培养对形象更为深刻的审美感受能力。

其次，审美鉴赏力的培养。审美鉴赏力就是对审美对象的鉴别与评价的能力。它既包括对审美对象美丑的识别，也包括对审美对象的审美性质的深刻理解，还包括对审美对象类型、形态的领悟与鉴别的程度，并能做出恰当的审美评判。它是比审美感受力更高层次的审美能力，审美鉴赏力具有更强的积极主动性，有着很明显的理性因素，理智的程度显示着审美鉴赏力的提高。从本质上讲，对人的审美鉴赏力进行美育，不单是对某一项个别能力的美育，也是对人自身人格的美育，即当人在鉴赏某对象或客体世界进入审美鉴赏力的具体现实活动或行为时，也实现着对自身人格境界的观照和审美。审美鉴赏能力的培养可以从以下几个方面着手：第一，文化和艺术知识的准备是提高审美鉴赏力的关键；第二，审美实践活动的全面，是提高审美鉴赏力的“突破口”；第三，优秀艺术作品的品位，是衡量审美鉴赏力提高的尺度。

最后，审美创造力的培养。审美创造力是一种表现美和创造美及欣赏美的能力，培养和开拓这种能力是审美教育更重要的任务。人们认识世界是为了改造它，人们感受和鉴赏美是为了创造美，完善对美的种种设想，这包括一切艺术美的创造，生活美的设计，自然美的丰富及对艺术品实施审美活动使其得以最终完善的审美欣赏性创作，它构成对人的素质综合水平提高的一个重要方面，这些都需要经过审美教育。审美感受力，鉴赏力的培养、训练、提高，为审美创造力的开拓打下了好的基础。审美教育为艺术的完善和审美素养的提高提供了锻炼的机制。

在审美教育的整个实施过程中要注意以下三条原则：一是手段与效果一致的原则，艺术和美作为审美教育的手段，它既要服从于审美教育的目的，又以其特殊性必然会反过来制约审美教育的目的，要将审美与教育统一起来；二是直接效果和间接效果兼顾的原则，通过审美教育，在个体身上产生陶情怡性、意志感发、心灵愉悦等直接效果，此外通过审美教育直接效果的不断积累，从而导致个体心理结构的重大变化以至形成完美人性的终结性成果效应；三是独特性原则，审美教育不同于智育、德育、体育等其他教育形式所独具的本质属性，美育的独特性在于它通过对人内在情感的直接感染，调动起人的各种心理能力并使之和谐运动，从而潜移默化地实现对人的塑造，以不断提升人的精神境界。[67]

教育是要求面向社会的全体成员的，也就是说教育是一种全民教育，那么，审美教育也是一种全民教育。美育不只是一种阶段性的教育，也是一个人终其一生都应当进行着的教育活动。

67. 朱立元主编．美学．高等教育出版社，2002 年版，第 353—355 页。

第十三章 当代艺术的相关问题

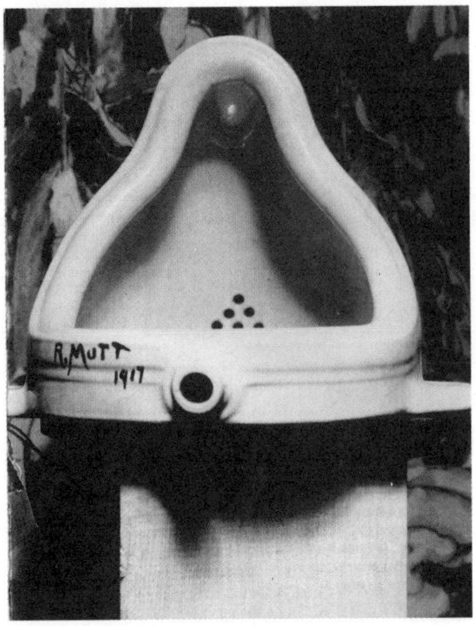

图 13.1 《泉》

图 13.2 《蒙娜丽莎》(杜尚)

在后现代，正如没有传统意义的哲学一样，也没有传统意义的美学。美和艺术的意义就是无规定性和非确定性的，是复杂的、多元的和断裂的。于是，美学问题就是语言和文本的解释问题，是话语分析的一个独特的领域。从此出发，后现代也打破了现实和艺术的界限，消解了原本和摹本的二元模式。

第一节　艺术与非艺术的界限

西方现代艺术与后现代艺术认为应该取消艺术与非艺术的界限。1917 年，杜尚把一小便器署上“R・Mutt”（美国某卫生用品的标记）取名为《泉》（图 13.1），标志着西方现代艺术的产生。杜尚说：“Mutt 先生是否亲手制作了‘喷泉’，这并不重要，重要的是我选择了它，创造了新的概念，想法。”他又说：“一件普通生活用具，予以它新的标题，使人们从新的角度去看它，这样，它原有的实用意义就丧失殆尽，却获得出了一个新内容。”这一方面表明他对传统艺术形式上的嘲弄，同时也表明一种新的艺术创造途径。由此引发争论，艺术与非艺术有何区别？普通的生活用品、现成物，在上面签上名字，将它从实用的语境中抽离出来并且将它放入到艺术品的语境中，这个做法，其意义就在于抹掉艺术品与现成品的区分，艺术与非艺术的区分。杜尚另一件“现成品”代表作是在《蒙娜丽莎》印刷品上，给美丽的夫人加两撇小胡子，以表明对传统绘画的蔑视（图 13.2）。 杜尚以后“现成品”成了创造的一种方式，艺术与生活的界线开始消解。因此，有的评论家把杜尚称为后现代主义的鼻祖。

在他的影响下，现代西方艺术认为要消除艺术与非艺术的区分，如波普艺术、观念艺术。波普艺术萌发于 20 世纪 50 年代英国，20 世纪 50 年代中期鼎盛于美国。在艺术追求上继承了达达主义精神，作品中大量运用废弃物、商品招贴电影广告、各种报刊图片做拼帖组合，故又有新达达主义的称号。将日常生活用品的现成物，破鞋、旧轮胎、木桶、罐头盒等通过泼洒颜料、拼接等方法将它弄成模型以及奇异的组合，这种种手法使它变得鲜艳，这样的现成物就是艺术品。它的代表性人物是安迪・沃霍尔，他把一种叫布里洛的肥皂盒，搬到美术馆，命名为“布里洛盒子”(图 13.3)。波普艺术试图通过外在的艺术时空的氛围譬如通过画廊、画框来完成此问题，但是能否实现转化关键在于他们的作品本身能否生成意象，若作品内在没有任何意蕴，也没有灵魂、没有生命，不能生成意象，便不是艺术。但不可否认，某些作品也会给人以感受。

观念艺术（Conceptual Art）兴盛于20世纪60年代中期到70年代前期。“观念艺术”也是受杜尚的启示而产生的。杜尚说过：“观念比通过观念制造出来的东西要有意义得多。”一个“现成品”之所以成为艺术，就在于艺术家赋予它一种观念。约瑟夫•孔苏斯说：“杜尚的现成品构成了从外表到观念的变化，所以是观念艺术的开端，在观念艺术家那里，一些东西，文字、行为、地图、照片、方案等等，只要是能够传达观念的，都可以是艺术。”杜尚的《喷泉》无关形式或材料，而是关于观念和意义的。观念艺术认为观念比通过观念制造出来的东西要有意义得多。欧美各国都有不同的观念艺术活动。观念艺术排除传统艺术的造型性，认为真正的艺术作品并不是由艺术家创造成的物质形态，而是作者的概念（concept）或观念（idea）的组合。当一件物质形态的艺术品呈现于观众面前时，观众所获得的信息并不比某一事物的概念或某一事物的意义在时空中更强烈。观念艺术对艺术对象作为独特的、可收藏的或可买卖的传统地位提出了挑战，由于作品不再以一种传统形式出现，它需要观众作出更为积极的反应。事实上，观念艺术不只存在于观众的头脑参与之中，照片、教科书、地图、图表、录音带、录相乃至艺术家的身体都被用作观念艺术的传达媒介，这些形式常常也会结合在一起。通过提出一种对艺术的彻底批判、表述和它们被使用的方式，观念艺术对大部分艺术家的思想产生了决定性的作用。

图 13.3 布里洛盒子

图 13.4 一和三把椅子

观念艺术的美学追求主要表现在两个方面：其一，记录艺术形象由构思转化成因式的过程，让观众把握艺术家的思维轨迹；其二，通过声、像或实物强迫观众改变欣赏习惯，参与艺术创作活动。语言是观念的物质媒介。观念艺术最初的表现样式与语言密切相关，它被陈述，同时可以无数次地重复。观念艺术的先驱者约瑟夫•柯史士，曾作了一件《一和三把椅子》（图13.4）的作品，把真实的椅子和椅子的照片，以及辞典上有关对椅子的解释条目，拷贝放大，三种一起展出，从实物到照片，最后是抽象的概念。法国艺术家F•阿尔芒1960年在巴黎举办个人画展，展品是两卡车垃圾。荷兰艺术家S•布朗1960年展出一份文字说明，上写“阿姆斯特丹所有鞋店都举行我的作品展览”。意大利艺术家P•曼佐尼在展览会上陈列装着大便的玻璃筒杯。这就是观念艺术。他们用这种极端的手段反对传统的艺术表现和美学观念，追求非美学的艺术表现。因此，观念艺术在实际上排除了艺术创作，以及通过艺术形象显示的美感，而把艺术限定在形态学的范畴之内。

在音乐上，艺术家们也做了相应的尝试。1952年8月29日是世界音乐史上一个被震颤的日子，在纽约的伍德斯托克的演奏大厅内，钢琴演奏家戴卫•图朵儿默默无声地静坐在钢琴前，面对几百名听众，他一坐到台上就开始计时。屋顶的雨声风声，正与听众烦躁的私语混响，他为此感到十分满意，音乐就是要隔断意识，让真实的声音填充这空白。经过4分33秒，他站起来宣称：一曲奏毕。这就是迄今为止乐坛上最为让人惊叹的创作奇闻《四分三十三秒》。曲作者是美国先锋派音乐随机主义作曲家约翰•凯奇。据报道，当时的演奏大厅一片哗然，人们震惊之极，失望的叹息声、愤怒的吵叫声、狂热的赞美声，此起彼伏，以至于当时连演出都无法进行下去。乐评界也随之引起一次舆论大战：有人认为《四分三十三秒》创造了先锋音乐的颠峰之作，写下了一首乐曲无限休止"零"的神话。而更多的人们却在骂凯奇是音乐史上"皇帝新装"的制造者，是掩盖作曲家音乐创造力贫乏的一种鬼把戏。甚至在一场为现代艺术家演出的先锋派音乐会上，《四分三十三秒》也被认为是超先锋的过头创作或是先锋音乐的"黔驴技穷"。

激浪艺术对当代艺术的形式革命有着极深远的影响，在当时对传统"博物馆式艺术"、"庙堂式艺术"是完全颠覆的。激浪运动的代表人物白南准，在听凯奇音乐时所获得的无聊感与他听禅学讲座时的感受一样，诸如"空"的概念。他从凯奇的音乐中获得对西方音乐的革命性启发。他于1962年创作《禅之电影》，电影是这样的：在一间室内挂着家用银幕，一架倒放的钢琴和一排鲈鱼，电影放映机并不投影任何影像；在30分钟之内，放映机将一盘4米长的胶片放完。这个作品剥离了电影的各种功能，颠覆了观众对电影的心理期待，在放映的环境中增加了表演的可能性因素、电影强加给自己的支配权。因为既没有声音也没有形象，观众可以自由想象；而每一次放映过程中胶片上自然的划痕、污迹也都被投射到屏幕上，因而每一次放映的都是一部新片。激浪派艺术团体主张取消艺术与非艺术的界限。他们的代表人物乔治•马西欧纳斯在1962年6月发布的一份宣言中说："激浪艺术既非艺术，也非娱乐。它要摒弃艺术与非艺术之间的区别，摒弃绝对必要性、排他性、个性、雄心壮志，摒弃一切关于意义、灵感、技巧、复杂性、深奥、伟大、常识和商品价值的要求，为一个简单的、自然的事件，一个物件，一场游戏，一个谜语或者一种讽喻的非结构的、非戏剧化的、非巴洛克式的、非个人的本质而斗争。"[68]它们摒弃艺术与非艺术的区分，就是摈弃一切关于意义的要求。波普艺术、观念艺术还有行为艺术，它们的一些代表人物否定艺术与非艺术的区分。这些艺术实践挑战艺术的边界，挑战长期以来人们在何谓艺术的问题上形成的共识，认为由于被称作艺术作品的东西之间没有任何共同的本质特征，由此带来了一个新的问题，即有关艺术的定义的问题。

第二节　艺术的定义

传统美学认为艺术是可以定义的。如模仿说、表现说。古希腊的人都主张模仿说，即艺术是现实世界的模仿。柏拉图认为现实世界是对理念世界的模仿，艺术是模仿的模仿。亚里士多德也主张模仿说。他认为艺术是真实的，而且他认为艺术表现了普遍性，所以比历史真实。18世纪浪漫主义思潮，艺术是情感的表现，或认为艺术是主观心灵的表现，或认为艺术是自我的表现。

一、韦兹：艺术不可定义

当代美学关于艺术定义的理论的源头追溯到兹夫（P.Ziff）、肯尼克（W.Kennick）和韦兹

68. 马永健著．后现代艺术20讲．上海社会科学院出版社，2006年版，第106页。

(M.Weitz)等新维特根斯坦主义者。韦兹认为将一个东西归为艺术作品，不是根据充分和必要条件，而是根据“家族相似”，艺术是一个开放概念，各艺术成员之间不存在任何共同的本质，因此对艺术的定义是不可能的。他进一步主张，由于艺术的创新本性，任何艺术定义一旦确定就会立即遭到艺术实践的颠覆；反过来说，为了维持艺术的创新本性，艺术概念就应该保持开放而不是封闭，由此艺术不仅不能定义而且不该定义。由于韦兹等新维特根斯坦主义者认为艺术概念是一个开放概念，各艺术成员之间不存在任何共同的本质，因此他们也被认为是反本质主义者，以区别于传统美学主张艺术有共同本质因而可以定义的本质主义者。

在韦兹看来，正因为艺术是无法定义的，才需要理论解释来识别某物是否是艺术作品。这一点很大程度上能够解释为什么有艺术哲学而没有金子哲学。是理论解释而不是直观在识别某物为艺术作品的问题中扮演了至关重要的角色，这一点预示了丹托的“艺术界”理论。

曼德鲍姆认为传统艺术定义力图从艺术的外显特征方面去下定义。艺术的定义特征不是我们从艺术作品上能够直观到的某些外显特征，而是隐藏在艺术作品背后的某些非外显的特征，这一点得到了当代艺术定义理论的普遍认可，它构成了当代艺术定义理论与传统艺术定义理论的显著区别。他认为新维特根斯坦取消了艺术定义的可能性实际上是一种懒惰的做法，而无助于艺术理论的进步。

二、丹托的艺术界理论

丹托在《艺术界》这篇文章中表达的思想包括以下四个方面：1. 一个东西是否是艺术不是由作为实在对象的它自身决定的，而是由一种围绕它的理论氛围所决定的。2. 艺术作品的可能性总是成对出现的，可以由一对相对谓词来谓说，既包括F也包括非F，也就是说如果表现性是艺术的一种可能性的话，那么非表现性就也是艺术的一种可能性。3. 艺术的发展总是在前一代艺术家所展现的可能性中进行的，或者说总是受到前一代艺术家所展现的可能性的限制。他说：“授予《布里洛盒子》和《泉》以艺术地位，与其说是一种宣告，不如说是一种发现。那些专家是真正的专家，就像天文学家是关于某个东西是否是星星的专家一样。他们发现那些作品具有这些意义，而它们那难以识别的类似物却缺乏这些意义，而且他们还发现这些作品具有这些意义的方式。”[69]《布里洛盒子》和《泉》在它们产生的50年前不可能成为艺术作品，因为50年前的艺术家的艺术实践没有展现它们成为艺术作品的可能性。艺术家的创作是在过去的艺术实践所展示的可能性中进行的。4. 对于艺术界中的诸成员了解得越多，对于其中的任何成员的经验也就越丰富。

总之，艺术作品的辨认、艺术作品的创新、艺术作品的欣赏都与对艺术界成员的了解有关，都与艺术理论、艺术史组成的理论氛围有关。如毕加索由于一时的灵感将他的一条旧领带画成闪亮的蓝色，这与小孩将父亲的领带画成蓝色两者是不一样的，但它仍然不是艺术作品，因为它不关于任何东西。这个小孩的行为决不是艺术天才的显露。再如，滴在空罐头上的雨点可以发出与莫扎特的某段交响乐完全一样的声音，按照丹托的理论，只有后者是艺术作品，前者只是雨声，因为莫扎特的交响乐具有雨声所不具备的特性，正是这些特性才是使一个东西成为艺

69. 彭锋著．回归——当代美学的11个问题．北京大学出版社，2009年版，第30页。

术作品的关键。莫扎特的交响乐与空罐头罐上的雨点发出的声音不能从声音的物理属性上去寻找它们之间的差别，它们之间的不能一定是某种声音之外的东西的不同，而不是声音本身的不同。从音乐史上来看，莫扎特的交响乐拓展了奏鸣曲的范围，形成了一种新的奏鸣曲类型，并引发了海顿的创作，如此等等的特性，显然不为雨点所具备。而这些特性不是通过简单的感知来把握的，而是通过理解，通过深入到艺术史、艺术理论和艺术评论等构成的“理论氛围”中才能把握。

三、迪基的体制理论

尽管丹托的艺术定义比传统的艺术定义已经有了很大的不同，传统的艺术定义是从艺术作品中可以直观到的外显特征方面来定义，丹托的艺术界或理论氛围是通过直观无法从艺术作品中识别出来的，我们必须深入到艺术史和艺术理论的领域，才能识别艺术作品在艺术界的位置，才能判断它是否是艺术作品，但是在迪基看来，丹托的定义理论存在曲线，无法将所有艺术作品囊括进来，也无法将所有非艺术作品排除出去。

迪基区分了两种艺术定义，一种是功能性的，一种是程序性的。包括丹托的艺术界理论在内的以往所有的艺术定义都从艺术功能角度来定义，只有他的艺术体制理论是从某物要成为艺术作品所必须经过的程序方面来定义。迪基从程序方面给艺术下的定义是：“一个艺术作品在它的分类意义上是①一个人造物品②某人或某些人代表某个社会体制（艺术界）的行为已经授予它欣赏候选资格的一组特征。”[70]这个定义与艺术作品的功能和特征毫不相关，它不涉及审美经验、再现、表现或其他任何诸如此类的功能，也不涉及比例、和谐、有机统一或其他任何诸如此类的形式上的特征，它只涉及一个东西要成为艺术作品所必须经过的程序。这个定义暗示的程序有两个：首先，艺术作品必须是由人制作的东西，尤其是由艺术家有意作为艺术作品来制作的东西；其次，艺术作品必须被艺术界所接受。经过这两个程序的东西就是艺术作品，否则就不是，不论这个东西具有怎样的功能或特征。

迪基的这个定义引起了广泛的争议。为了回应各方面的批评，迪基对自己的艺术定义做了一些修正，他提出了一个更完善的定义，它由如下五个命题组成：

1. 艺术家是有理解地参与制作艺术作品的人。

2. 艺术作品是创造出来展现给艺术界公众的人工制品。

3. 公众是这样一类人，其成员在某种程度上准备好去理解展现给他们的对象。

4. 艺术界是所有艺术界系统的整体。

5. 艺术界体系指的是一种将艺术家的作品提供给艺术界公众的框架结构。[71]

迪基的这个由系列定义组成的艺术定义也招致了多方面的批评。这里存在循环论证，但他强调这里的循环论证是必要的，因为艺术是一个文化概念，关于任何文化概念的定义都得采取这种迂回论证的方式。他说：“艺术是一个文化概念，文化人类学家是研究人类现象的科学家。我自己的关于艺术作为一个文化现象的信念可以通过艺术的体制理论显然是一个文化理论这个

70. George Dickie, Art and the Aesthetic: An Institutional Analysis (Ithaca, N.Y.: Cornell University Press, 1974), p. 34.

71. George Dickie, The Art Circle (New York: Haven, 1984), pp. 80-82.

事实来得到阐明，并且长期以来我一直以某种形式来为艺术的体制理论做辩护。”[72]文化概念的艺术，它所拥有的是文化性实在。这种文化的性质是（或者可能是）一个更大的实在的一小部分，这个更大的实在是由（或者可能是）人的社会所建立的关系之网建构的。艺术的这种文化性实在不是由艺术界的成员决定的，而是由文化人类学家所发现的。他相信，文化人类学家通过调查研究将揭示出如同艺术的体制理论所设想的那种其基础性作用的文化结构。体制理论阐述了艺术作品在其中被创造出来并发挥作用的文化结构，这种文化结构本身是依据多种文化功能来得以阐明的。

图 13.5　《自画像》（伦勃朗）

四、古德曼的符号理论

古德曼在《如何是艺术》一文中指出，我们不能问某个东西是否是艺术，而只是问它何时是艺术。比如，伦勃朗的一幅油画自画像（1657 年创作）（图 13.5），如果被用来遮挡窗户，它就不是艺术，因为这时伦勃朗的这幅油画作品根本就不起符号作用。符号作用或者符号表达，一定是用一个东西指称遮风材料，就具有遮风材料的性质。当某物自己就是某物的时候，它就不是在指称另外一个东西，因而就只是具有，而不是符号表达。当伦勃朗的这幅油画作品被当做他自己的再现或模仿的时候，即为我们提供关于伦勃朗的外观的消息的时候，它也不是艺术作品。因为任何一个事物都可以再现另一个事物。伦勃朗的这幅肖像画作为艺术作品，并不是因为它再现了伦勃朗，而是因为它例示了某些特性，比如老人的睿智与无奈，或者颜色与笔触的某些特性，或者某种特定的风格。总之，当伦勃朗的这幅自画像在起例示作用的时候，它的语言或者符号表达就具备那些审美征候，因而就是艺术作品。当伦勃朗的这幅自画像在起再现或者具有作用的时候，它就不具备那些审美征候，就不是艺术作品。

从总体上来看当代美学中的艺术定义理论，我们可以发现，这些相互竞争的定义理论在揭示这个时期的艺术的某个方面的特征的同时，又遮蔽了某些方面的特征。艺术应该为事物的显现提供庇护，为自我的逗留提供空间。因此，事实上并不像某些人所宣称的那样，今天什么都可以成为艺术，什么都可以不是艺术。

第三节　艺术终结了吗

杜尚摘掉了戴在传统艺术品头上的“光晕”，直接将来自现实生活的

---

72. George Dickie, “Defining Art: Intension and Extension”, in Peter Kivy ed., The Blackwell Guide to Aesthetics (Oxford: Blackwell, 2004), P.55.

产品纳入到艺术系统之中，打破了非艺术与艺术的分界，由此也启发了“艺术终结”论。艺术的终结是20世纪西方艺术哲学中引起广泛讨论的一个主题。这个主题早在19世纪就由黑格尔明确提出，黑格尔得出艺术终结论并不是基于现实中艺术终结了，相反，在他所处的时代，艺术蓬勃发展。因此，他所说的“艺术的终结”乃至后人的“终结论”是何种意义上的终结呢？

一、黑格尔的艺术终结论

在黑格尔看来艺术的终结就是美学的终结，美学不是感性学科而是艺术哲学或者更确切些就是“美的艺术哲学”。他得出此“艺术终结”的结论是出于自身理论体系推导的结果。他认为艺术、宗教和哲学都是绝对精神的表现，这三者的区别在于表现形式上，或者说体现在绝对精神认识自身的不同形式上：“第一种形式是一种直接的也就是感性的认识，一种对感性客观事物本身的形式和形状的认识，在这种认识里绝对理念成为观照与感觉的对象。第二种形式是想象（或表象）的意识，最后第三种形式是绝对心灵的自由思考。”[73]第一种形式是艺术，第二种形式是宗教，第三种形式是哲学。按照黑格尔的思想逻辑，艺术向宗教最后向哲学的过渡是必然的。这是因为“艺术本身还有一种局限，因此要超越这局限而达到更高的认识形式。”[74]所谓的“局限”指的是艺术用感性形象表现绝对理念的局限，因为绝对理念是无限的，感性形象是有限的。宗教可以克服这种局限，“如果艺术作品以感性方式使真实，即心灵，成为对象，把绝对的这种形式作为适合它的形式，那么，宗教就在这上面加上虔诚态度，即内心生活所特有的对绝对对象的态度。”[75]但是宗教也仍然不是表现绝对精神的最高形式，因为宗教“情绪与观念的虔诚还不是内心生活的最高形式。我们必须把自由思考看作这种最高纯粹的知识形式，哲学用这种自由思考把和宗教同样的内容提供给意识，因而成为一种最富于心灵性的修养，用思考去掌握和理解原来在宗教里只是主体情感和观念的内容。这样，艺术和宗教这两方面就在哲学里统一起来了：一方面哲学有艺术的客体属性，固然已经把他的外在的感性因素抛开，但是在抛开之前，它已把这种感性因素转化为最高形式的客观事物，即转化为思想的形式；另一方面哲学有宗教的主体性。不过这种主体性经过净化，变成思考的主体性了。”[76]这是黑格尔提出艺术终结论的理论背景。黑格尔根据他提出的“美是理念的感性显现”这一命题，将艺术的类型分为三种：象征型艺术、古典型艺术和浪漫型艺术。

象征型艺术代表艺术的原始阶段，主要代表是东方艺术，其艺术作品都是无形式的或是形式虽明确却丑陋不真实，而形式的缺陷总是起于内容的缺陷，作品的内容和思想本身仍然是不明确的，或是虽明确却低劣的，理念的抽象性和片面性使得形象在外表上离奇而不完美。内容只是对形式的挣扎和希求，只是图解的尝试，抽象的理念所取的形象是外在于理念本身的自然形态的感性材料，理念与形象两方面互不符合，二者的统一是直接的，不自觉的。

古典型艺术则克服了象征型艺术的双重缺陷，代表了艺术发展成熟的阶段，主要代表是希腊艺术，其艺术内容是人性与神性的直接的自在的统一，其特征在于它本身就是具体的理念，

73.［德］黑格尔著，朱光潜译．美学（第一卷）．商务印书馆，1996年版，第129页
74.［德］黑格尔著，朱光潜译．美学（第一卷）．商务印书馆，1996年版，第130页
75.［德］黑格尔著，朱光潜译．美学（第一卷）．商务印书馆，1996年版，第132页
76.［德］黑格尔著，朱光潜译．美学（第一卷）．商务印书馆，1996年版，第132-133页

这种个别的特殊的心灵性的意蕴以人体形状作为完全的心灵的外在存在和自然形态，只有在心灵自己所特有的身体里，心灵才能圆满地显现于感官。理念自由地妥当地体现于在本质上就特别适合这理念的形象，把单纯的绝对表现于独立的出自绝对本身的外在实物，形成自由而完满的协调，达到了最高度的优美。只有古典型艺术才初次提供出完美理想的艺术创造与观照，形成一种自由的整体，成为艺术的中心。

浪漫型艺术代表艺术开始解体的阶段，其构思方式的主要特征是内容与形象的分裂，主要代表是中世纪西方基督教艺术，基督教把神理解为心灵或精神，不是个别的特殊的心灵，而是在精神和实质上都是绝对的心灵，人性与神性的统一成为可以意识到的统一，这种统一只在心灵中实现。因为人的心灵不只是绝对的永恒的心灵，艺术范围自身的局限性使得感性的具体的艺术形象无法完整地表现在本质上是无限的具体的普遍性（即心灵），也就是说艺术的对象——表现主体自由的具体的心灵生活，不能完全由感性形象显现出，艺术作品中“故意的改变”是由意识的内容所要求和决定的，其内容上升为自为的统一、可以意识到的统一，“艺术超越了艺术本身”。

作为整体来看，三种艺术类型形成一种进化过程。理想，即真正的美的概念，在这三种艺术类型中，始而追求，继而到达，终于超越。艺术美的理想，就是古典型艺术，这种美，用自由的独立自主的意义作为它的内在因素，本身就显出精神性的因素，既是主体又是客体。在各门艺术之中特别适宜于表现古典理想的就是雕刻，它表现出单纯的镇静自持，表现出普遍的神性，离开一切对本身不协调的有限事物的关系，回到纯然专注自我的状态。精神仿佛完全渗透在它的外在形象里，可是同时又仿佛从外在形象里退出来，凝聚在精神本身上，现出一种无时间性的精神。按照希腊人的直接现实生活去看，他们生活在自觉的主体和伦理实体的这两种领域的恰到好处的中间地带，因而创造出一种具有最高生命力的艺术。

最利于表达象征型艺术的是建筑，最利于表达浪漫型艺术的是绘画、音乐和诗。三种艺术类型是通过各门艺术系统获得实际存在；但每一门艺术也有其各自的进化过程：准备期、繁荣期、衰落期，它并不依存于所对象化的那三种艺术类型，而是依其进化过程独立的变化或发展。三种艺术类型所在的三个世界观的时期，都是多门艺术共存的时期，但每一门艺术所自处的进化时期却不同，只有处于完满发展的繁荣期的某一门艺术才可能成为那一时期的代表。

由于精神是无限的、自由的，古典艺术的形式是有限的、不自由的，随着精神的继续向前发展，和谐的古典艺术就要解体，让位给浪漫艺术。浪漫艺术在较高阶段上回到了象征艺术所没有克服的理念与现实的差异和对立。精神最终必然会彻底突破有限的感性形式的束缚，浪漫艺术也要解体，艺术最终要让位给哲学，艺术的历史也就终结了。

二、丹托的艺术终结论

丹托认为艺术发展的历史就是艺术不断通过自我认识达到自我实现的历史，也就是艺术不断认识自己本质的历史。20 世纪的艺术实现了它的最终目标，因此艺术的历史走到了它的终点。

首先，他主张艺术作品总是深植于社会——历史背景之中，作品的艺术特性总是依赖于它们的历史和文化处境，因为关于作品的解释也参与作品的构成，换句话说，艺术作品本身就包含着“一种理论氛围”，即丹托所说的“艺术界”。由于这种理论氛围会因为时间和地点的不同而不同，因此脱离作品的历史和文化语境是无法把握作品的艺术特性的。他认为，艺术作品的艺术特性深嵌在它的历史文化背景之中，不深入了解它的历史文化背景，不进入环绕它的理论氛围，我们无法理解作品。艺术总是历史语境中的艺术。艺术家的创作总是会受到前辈的影响，即使他们力图拒绝前辈艺术家的风格和技巧，他们的作品也会从这种批判行为中获取意义。艺术作品总是处于与艺术传统的各种牵掣之中，总是处在传统的某个适当的位置之上。艺术作品在艺术传统中所占有的位置，其实就是艺术史、艺术理论和艺术批评等构成的“理论氛围”，它们一起参与构成艺术作品的身份。

其次，由于艺术作品是从其历史上下文中获得身份和意义，而历史又是有方向的、不可重复的，因此艺术上的变化也是有方向的、不可重复的。艺术可能具有的发展方向，不仅由技术革新影响的“艺术界”所引导，而且可以由先前艺术家引领的“艺术界”所引导。没有事先准备好的“艺术界”，就不会有任何艺术革新运动，因为任何新的艺术都是以从前的艺术实践所展现的可能性为基础，都是在挑战先前出现的各种艺术形式。杜尚在15世纪不可能使一个小便池成功地变成艺术作品，因为在15世纪的艺术传统中还未展现出艺术发展的各种可能性，根本没有它的位置。只有在杜尚那个时代的艺术情形中，杜尚的革新才是可能的。正如利奥塔所说：“塞尚挑战的是什么样的空间？印象主义者的空间。毕加索和布拉克挑战的是什么样的物体？塞尚的物体。杜尚在1912年与何种预先假定决裂？与人们必须制作的一幅画——即便是立体主义的画——的想法。而布伦又检验了他认为在杜尚的作品中安然无损的另一预先假定：作品的展示地点。”[77]只有经过了印象派的实践，塞尚创新的可能性才被展现出来；只有经过塞尚的实践，毕加索创新的可能性才被展现出来；只有经过毕加索的实践，杜尚创新的可能性才被展示出来。对于塞尚、毕加索、杜尚等人的理解，必须将他们放到艺术史的语境才有可能。艺术的发展变化是有方向的，这种发展方向有最终的目标，是一致的。根据最终目标的不同，丹托区分了三种艺术史模型，即艺术的再现、表现和自我认识。他反对前两种艺术史模型，而主张第三种艺术史模型。他认为艺术是不断朝向自我认识的目标发展的。

最后，艺术发展史的最终目的，就是艺术最终认识到自己是“艺术界”的产物，是理论解释的结果。一旦认识到自己的本性，艺术发展的历史就走到了尽头。因为作品理论解释的艺术其实就是哲学，艺术最终在哲学中终结了自己的发展。今天的艺术实践不再是艺术创造，只不过是一种延续的习惯而已。

严格说来，丹托的艺术终结论并不是说艺术真的终结或死亡了，而是说艺术的宏大历史叙述不再可能，艺术不再有进步的历史。进入“后历史”阶段的艺术是无法识别时代的艺术，历史上出现过的各种艺术都可以再一次出现，由此，关于艺术的历史叙述不再可能。但是，我们必须承认的是，进入后历史阶段之后依然存在历史，只不过它与历史阶段的艺术非常不同而已，其中最大的不同就是，在艺术的后历史阶段，没有什么东西是艺术，也没有什么不是艺术，其中起决定作用的不是艺术自身，而是艺术意识、艺术态度、艺术解释，是一些与艺术有关的、无法用感官来识别的理论氛围。

综上所述，黑格尔的艺术终结的原因在于艺术在表现绝对理念上的缺陷，丹托的艺术终结论原因在于自从康德以来的美学的独立或艺术的自律。艺术具有自律性，艺术只是跟自身有关，

77.［法］利奥塔著，谈瀛洲译．后现代性与公正游戏．上海人民出版社，1997年版，第138页。

艺术的唯一规定性就是跟此之前的艺术不同，这就是所谓的艺术创造。艺术正是在这种创作的压力的驱使下，穷尽了自身的可能性，而最终走向终结。一旦艺术摆脱形象表现的束缚进入概念思考的范围，它就不是艺术而是科学或者科学的哲学了。从这种意义上，可以说艺术有终结，因为艺术可以为科学或哲学取代，而科学或哲学则不会终结，因为它已经是人类把握绝对理念的最佳形式。

事实证明，黑格尔的预言没有完全兑现，丹托的预言同样也不会实现。艺术并不会因为理论家宣布终结而终结。因为艺术概念本身就是一定历史阶段的产物，不同时代对艺术有不同的理解。即使黑格尔、丹托心目中的那种艺术的确已经终结，也不能因此就认为艺术终结了。丹托心目中的艺术指的是一种自律的高级艺术，即从 18 世纪以来逐渐确立起来的那种美的艺术。丹托的艺术终结论最多只能适用于这种艺术。由于自律的高级艺术真的已经不能满足自身不断创新的要求，由此需要颠覆整个自律的艺术体制。前卫艺术正是在满足自律艺术的创新的条件下走向了自律艺术的反面，进而发现一种新的让艺术继续存在下去的理由。黑格尔并没有说艺术会死亡，艺术与宗教和哲学成为理解真理的不同方式，没有必要指出一个取代另一个或者迫使另一个终结。

哲学的出现并没有导致艺术的终结，艺术可以继续存在，但不再是独立存在，而是存在于哲学的阴影之下。哲学的确取代艺术成为真理的主要显现形式，但并不意味着艺术已经死亡。艺术可以继续存在，这种继续存在的艺术被人称为“后历史”阶段的艺术。后历史阶段的艺术有两个显著的特征：首先，艺术不再体现出前后相续的历史；其次，艺术总是意识到自己是艺术，因而总是显现在哲学反思之中。以丹托为代表的当代艺术终结理论的最大错误在于：将具有哲学维度的艺术直接等同于哲学，从而宣布艺术因为转向哲学而走向终结。机械复制技术高度发达的今天，艺术必须意识到自己是艺术，才能与机械复制产品区别开来。艺术的这种自我意识，就是艺术中蕴涵的哲学维度。理论对于新兴的艺术实践已经无法解释，因此终结了的是艺术理论，而不是艺术自身。

第十四章 日常生活审美化与审美日常生活化

日常生活的审美化打破了审美活动与日常生活的界限，使得审美活动与审美因素大举进入日常生活空间（如美容院、健身房、街心花园、购物中心、旅游胜地等）。面对这种现象，美学与文艺学工作者应该突破审美活动的自律性观念，打破美学研究的传统对象，关注日常生活的审美化并寻找美学研究的新的生长点。必须警惕日常生活审美化中存在的新的不平等现象，批判性分析新媒介人阶层的社会角色与意识形态，揭示审美化与大众消费主义意识形态以及市场逻辑的合谋。

第一节 “日常生活审美化”的内涵

所谓“日常生活审美化”，就是直接将审美的态度引进现实生活，大众的日常生活被越来越多的艺术品所充满。如此，在大众日常生活的衣、食、住、行、用之中，“美的幽灵”便无所不在——外套和内衣、高脚杯和盛酒瓶、桌椅和床具、电话和电视、手机和计算机、住宅和汽车、霓虹灯和广告牌——无不显示出审美泛化的力量，当代设计在其中充当了急先锋。就连人的身体，也难逃大众化审美设计的捕捉，从美发、美容、美甲再到美体都是如此。可见，在当代文化中，审美消费可以实现在任何地方，任何事物都可以成为美的消费品，这便是“日常生活审美化”的极致状态。

英国社会学家迈克•费瑟斯通首次明确构造“日常生活审美化”一词，并对之作了专门界定。费瑟斯通认为，“日常生活审美化”包含三种含义。第一，它指那些消解艺术与日常生活间界限的艺术亚文化，如一战以后出现的达达主义、超现实主义等先锋派运动。（这包括两方面，一是消解艺术作品的神圣性，二是认为艺术可以出现在任何地方、任何事物上。）第二，它指将生活转化为艺术作品的谋划，如福柯、罗蒂等人把生活伦理看作艺术作品的思想。第三，它指充斥于当代社会日常生活之经纬的符号与影像之流，包括从马克思“商品拜物”到波德里亚、杰姆逊等人的“类象”思想所描述的现象。费瑟斯通认为这三个方面是当代消费时代审美文化发展的中心。第一方面讲的是艺术走向生活，第二方面讲的是生活靠近艺术，第三方面是讲艺术和生活在消费社会的客观环境下，如何互相渗透，艺术融入日常生活中，日常生活逐渐审美化。他看到了当今社会的突出变化，表征了审美艺术向日常生活大举进军的所谓后现代现象。

韦尔施在 1998 年出版的《重构美学》(Undoing Aesthetics) 一书中提出了日常生活“审美化”(aestheticization) 概念。他认为当代社会正铺天盖地经历了一个叫人瞠目的审美化过程，审美涉及的领域非常广泛，包括日常生活、政治、经济、生态等领域。在此书中，他详细地分析了审美化的各种表现：“今天，我们生活在一个前所未有的被美化的真实世界里，装饰与时尚随处可见。”[78]它们从个人的外表延伸到城市和公共场所，从经济延伸到生态学。就现实而言，审美化最明显地见于都市空间之中，商业区正在被设计得优雅、别致、生机勃勃，城市环境正在整个高

78. [德] 沃尔夫冈•韦尔施著，陆扬，张岩冰译．重构美学．上海译文出版社，2002 年版，第 109 页。

度修饰、装点、美化。

“日常生活审美化”显然包含了一个基本假定,即审美不限于艺术,审美还可以存在于生活中。但这一点远不是人人都会接受的。恰恰相反，众所周知，现代西方美学主流正好是对它的否定。现代西方美学的核心是审美自律性，而审美自律性往往就等于审美对生活的独立性，因而往往意味着审美与艺术的合一或审美只存在于艺术中。现代西方美学之所以通常被等同于艺术哲学就充分表明了这一点。可以说,现代西方美学乃至现代西方艺术本身就是反对“日常生活审美化”的结果，而主张“日常生活审美化”本身就意味着对现代美学和艺术主流的抛弃。因此，“日常生活审美化”的提出和普及本身就是一个新时代的现象。

20 世纪 60 年代为生活审美化摇旗呐喊的最重要理论家和活动家首推赫伯特•马尔库塞。马尔库塞比现今某些“后现代”美学家（如韦尔施、舒斯特曼等）更早提醒人们，在美学之父鲍姆嘉通那里，美并不等于艺术，美指一切感性的满足，远远大于艺术。在他看来，审美因素可以有两种基本存在方式，一是存在于虚幻世界中，二是存在于现实世界中。艺术只不过是美以虚幻方式的存在形态。马尔库塞在很长时期内抱有一种非常独特的思想，那就是：艺术必须被扬弃。马尔库塞复活了黑格尔著名的“艺术终结”论，并为“艺术终结”提供了不同的解释。他认为，克服艺术肯定性质的基本方式是“实现艺术”，也就是使艺术所表现的东西不再停留于艺术中，而是打破艺术的框架，成为现实。“艺术的终结”不是像黑格尔所说的那样是艺术让位于宗教和哲学，而是艺术让位于现实（当然是新的现实）。艺术的终结等于艺术在黑格尔意义上的“扬弃”，是保存艺术中合理东西的同时消除艺术中不合理的东西。艺术需要消除它的意识形态因素而保存它的真理性因素。而艺术的这种扬弃就在于打破艺术的“形式”,保存艺术的“内容”。他所谓艺术的扬弃就是艺术的现实化。

“日常生活审美化”的另一面是“审美日常生活化”。如果说，“日常生活审美化”更多关注在“美向生活播撒”、关注美学问题在日常现实领域的延伸的话 ，那么，“审美日常生活化”则聚焦于“审美方式转向生活”,并力图去消除艺术与日常生活的边界。自从 1895 年维尔德提出“艺术与生活真正结合”的憧憬，到未来主义艺术家打出“我们想重新进入生活”的纲领，现代主义艺术早就开始了艺术向生活的转化。1950 年可以被视为分界线，纽约现代美术博物馆举办了题为“在你生活中的现代艺术”的展览。从此以后,现代主义与日常生活便发生了更紧密的关联，尤其是波普艺术以其通俗的（为广大观众设计的），短暂的（短时间解答的），可消费的（容易忘记的）,便宜的,大批生产的品质,成为了大众文化的同谋。然而,现代主义的先锋艺术仍是“艺术化的反艺术运动”，在这种精英艺术试验的内部，是不可能实现审美方式“生活化”的根本转向的。

自 20 世纪 70 年代始，当代欧美“前卫艺术”又以另一种“反美学”(Anti-aesthetics) 的姿态，走向观念（conceptual art 即观念艺术）、走向行为（performing art 即行为艺术）、走向装置（installation 即装置艺术）、走向环境（environment art 即环境艺术）……也就是回归到了日常生活世界。这种“反美学”所反击的还是康德美学传统，因为，按照康德美学原则建构起来的审美领域与功利领域是绝缘的，它必然要求割断纯审美（艺术）与其他文化（非审美）领域的内在关联。在这种传统美学视野内,美和艺术的长处就在于其不属于任何实际的（如日用）和认识的（如科学）领域，但行为艺术和装置艺术恰恰要进入到生活实用领域，以“非视觉性抽象”为核心的观念艺术也是可以纯理性认知的。

总之，当代前卫艺术在努力拓展自身的疆界，力图将艺术实现在日常生活的各个角落，从而将人类的审美方式加以改变。在这种“艺术生活化”的趋向中，艺术与日常生活的界限变得日渐模糊。这也就是美学家阿瑟·丹托所专论的“平凡物的变形”如何成为艺术的问题。可以说，博伊斯、凯奇、沃霍尔这类的前卫艺术家考虑的只是“原本不是艺术的现成物”如何被当作艺术来理解的，他们延伸艺术概念、打破艺术边界的诉求，恰恰是与“日常生活审美化”相反的。在分析美学传统占主流的欧美学界，学者们试图用“艺术界”、“惯例”、“艺术实践”、“文化语境”等一系列观念对此加以解读。

实际上，真正值得反思的地方，在于艺术与生活的“接缝”处。前卫艺术不仅抛弃了审美的传统经验而且扰乱了“艺术自律性”的领域，同时，也在努力恢复艺术与其所处的社会和文化环境的联系，并以此来解决“生活和艺术”的著名争论。由此可以推想：前卫艺术所致力的方向，是否就是一种艺术回归于生活的必然归途？既然艺术是脱胎于原始人类生活而起源的，它最初就是归属于生活世界的，那么，艺术的终结之处是否还是人类的生活世界？

第二节 “日常生活审美化”的特征——后现代生活方式

有些理论家并不一定认为日常生活审美化与某种艺术运动有关，更不一定认为它是某种艺术运动的结果，而认为它是一个全新时代的生活方式。也就是说，日常生活审美化是后现代的生活方式。据舒斯特曼说，在西方，这种意义上的“日常生活审美化”不仅仅是一种理论的构想，而且已经是一种实际的存在。它也并不局限于知识分子小圈子内，而是已经成为一种大众现象。人们对愉悦的需要压倒了对义务或责任的承担。这些都证明审美化生活方式已经非常流行。

美与日常生活构成了一种“现象学的关联”。可以说，作为“本质直观”，美的活动就是“回到事物本身”的“本真生活”方式之一。作为一种特殊的生活，美的活动虽属于日常生活，但却是与非日常生活最为贴近的日常生活；它虽是一种非日常生活，但却是非日常生活中与日常生活最为贴近、最为亲密。美的活动，正是位于日常生活与非日常生活之间的特殊领域，美的活动介于日常生活与非日常生活之间，并在二者之间形成了一种必要的张力。就本源意义而言，“美的活动”就是“本真生活”的一种原发状态。只不过，这种“本真生活”为日常生活的平日绵延所逐渐遮蔽，被非日常生活的制度化所日渐异化，从而表现出介于两者之间的独特形态。

回归生活世界来重构美学，可以摆脱欧洲美学的思维方式的樊篱，可以避免欧洲美学那种主客二分、感性与理性割裂的思维传统，因为“美看来应当是最明明白白的人类精神现象之一。……它的品格和本性根本不需要任何复杂而难以捉摸的形而上学理论来解释。美就是人类经验的组成部分；它是明显可知而不会弄错的。然而，在哲学思想的历史上，美的现象却一直被弄成最莫名其妙的事。”[79]在美的活动中，一个意向地被意指之物，就是一个被直接把握的、直观性的、原初经验性的美之现象，它是超越了主体与客体、感性与理性对立的“意向性”存在。这种存在不仅是非实体性的现象存在，而且，也是一种蕴涵着意义的关系性存在。

大众文化以其商业性和娱乐性消解了“审美非功利性”的诉求，文化工业则利用其“有目

79.［德］恩斯特·卡西尔著，甘阳译．人论．上海译文出版社，1985年，第175页。

的的无目的性”[80]驱逐了康德美学的“无目的的合目的性”。这样，康德以来的欧洲美学传统就受到了作为“自在的美学”的大众美学的置疑，将审美消费置于日常消费领域的不规范的重新整合，取消了自康德以来一直是高深美学基础的对立：即感官鉴赏与反思鉴赏的对立，以及轻易获得的愉悦——化为感官愉悦的愉悦，与纯粹的愉悦——被清除了快乐的愉悦对立。这是由于，康德美学始终持一种“贵族式的精英趣味”立场，这使得他采取了一种对低级趣味加以压制的路线，试图走出一条超绝平庸生活的贵族之路，从而将其美学建基于文化分隔与趣味批判的基础之上。

在康德所处的“文化神圣化”的时代，建构起以“非功利”为首要契机的审美判断力体系自有其合法性。但是，雅俗分赏的传统等级社会，使得艺术为少数人所垄断而不可能得到撒播，所造成的后果是，艺术不再与我们的日常生活和整体的直接利益具有任何直接的关系。而在当代商业社会，不仅波普艺术这样的先锋艺术在照搬大众商业广告，而且，众多古典主义艺术形象也通过文化工业的“机械复制”出现在大众用品上。大众可以随时随地地消费艺术及其复制品，高级文化与低俗文化之间的沟壑似乎都被填平了。

日常生活审美化的最突出呈现，是仿真式“类像”在当代文化内部的爆炸。当代影视、摄影、广告的图像泛滥所形成的“视觉文化转向”，提供给大众的视觉形象是无限复制的影像产物，从而对大众的日常生活形成包围。这些复制品由于与原有的模仿对象发生了疏离，所以就成为了一种失去了摹本的“类像”。它虽然最初能“反映基本现实”，但进而又会“掩饰和歪曲基本现实”，最终“掩盖基本现实的缺场”，不再与任何真实发生关联。这种类像创造出一种“第二自然”，大众沉溺其中看到的不是现实本身，而只是脱离现实的“类像文化”。如此一来，类像世界与观众之间的距离消失了，类像已内化为大众自我经验的一部分，幻觉与现实混淆起来。“虚拟真实”与“实存真实”区分的抹平，带来的正是一种“超真实”的镜像。

作为商品的日常物品日趋外观化。如果把任何可供人使用的东西叫做物品，那么，外观是任何物品都必然具备的一个方面。其反面可称为实质，它是物品功能性（可发挥实际功用）的部分。因此，外观可定义为物品非功能性（不发挥实际功用而仅供观赏）的部分。一件物品的“使用价值”可能只在其实质方面（如最普通最粗糙的碗碟），也可能只在其外观方面（如昂贵的花瓶），但绝大多数物品却兼具实质和外观两方面的使用价值。现代社会的物品主要是作为商品来生产和消费的，不同的商品发展水平对外观与实质之间的比例要求不同。任何一类商品都像一个语言符号一样，并非独立的存在，而是处于与其他商品的差异关系中的存在。商品生产总是一个等级化差异系统的生产。因此，每一件商品都不只是物质产品，而且是社会身份地位的象征。而商品的符号特征又主要从外观方面显示出来。在消费社会出现以后尤其如此。消费社会是商品经济发展的高级阶段，其显著特色就是商品符号外观方面的重要性似乎远远压倒了实质方面，商品符号的观赏性压倒乃至取代了实用性。

日常生活的审美化导致了传统的符号等级秩序的解体，这被有些学者称为审美、艺术与文化的“民主化”。现代传媒工业的发展与批量化的文化生产为文化的普及提供了可能。我们的时代不仅在制造大量的即时消费的平面化影像商品，而且把传统的高雅文化低俗化、平面化，把

80. [法]霍克海默，阿多诺著，渠敬东，曹卫东译．启蒙辩证法．重庆出版社，1990年版，第148—149页。

它们改造成为面向大众的消费品。具有崇高艺术规则的、有灵气的艺术，被折价转让。在当今中国，我们同样可以看到，经典艺术作品或它们的仿制品，被摆放在各种面向大众的旅馆、饭店或超级市场，而经典音乐则被用作广告的配乐。高雅的艺术品与大众化的文化消费形式在文化市场与文化产业的大熔炉里被一锅煮了。与此同时，最琐碎的日常生活也成为审美的对象，在我们的闲暇消费场所以及城市建筑中，融入了大量的设计、风格以及时尚等文化与审美的形式。

第三节 “日常生活审美化”的反思

“日常生活的审美化”对当代文化现实的误读和在审美价值观上的混乱又确乎有着诸多的负面效应。

首先，“日常生活的审美化”的观点可能导致人们对于中国社会文化当代现实的片面的、错误的理解。闪烁的霓虹灯、巨大的广告牌、美女靓丽的时装、“小资”们潇洒的休闲、流行歌曲的声浪、滥情武打电视剧的热播确是当今城市文化中最具“征服性”的文化景观，但是我们是否更需要关注被这种繁华所遮蔽的种种深层的文化冲突？事实表明，当代中国社会文化发展的根本性任务，仍是社会文化现代性的建构。对于广大的民众而言，在真正意义上实现从生产到生活的全面的现代化，仍是远未实现的目标。“日常生活审美化”是“我们时代日常生活的美学现实”这一结论，实际上只是忽视日常生活的审美化的语境条件，将少数人的话语操作在学术研究的合法名义下潜在地偷换为普遍性话语，在理论研究的对象和方法上都是相当错误的，对于当代中国文化、文学艺术理论研究的健康发展也是不利的。

其次，“日常生活审美化”这种以“感官享乐”为指归的“审美价值观”从根本上说是“非审美”甚至“反审美”的，是以“审美”为名的消费主义、享乐主义的理论变相。事实上，各个阶层的文化产品的消费者既需要文化艺术对于他们日常生活的现实关注和在文化产品中获得娱乐、休闲的一般需要的满足，更需要通过健康向上的文化艺术产品获得审美享受和文化熏陶，进而产生更高的精神追求。人需要感官享受，但人之为人，就在于他能够在自身的生命活动中超越感官享受，这是人与动物的重要区别之一。因此，都市消费文化无论怎样进入市场流通领域、进入人的消费生活之中，都不应改变精神文化特别是文学艺术区别于一般商品的重感情、重娱乐、追求不同层次的审美价值创造（生产）与消费的特质，它所生产和提供服务的精神产品，不应停留于满足人们的娱乐、休闲、享乐的“现实关怀”层面，不应对广大的弱势文化群体的文化现实和文化需求视而不见，而应不断提升各种文化产品的精神价值，引导大众的艺术审美向着更高层次攀升，使包括文学艺术欣赏在内的人们的日常审美活动更为多样化，使人们的日常生活更为丰富多彩。

最后，“日常生活的审美化”表面上是对人的感性的解放，实质上却是工具理性对于人的更为严酷的操控。它认定日常生活里人的各种审美趣味“无可争辩”地落实在各式各样的实体形式上，赋予人们以“感性解放”、“感官享乐”的“自由”的承诺，颂赞技术力量在人的日常生活审美化方面的巨大作用，实质上是仅仅将“自由”定位于“自由的消费和消费能力”，根本否定了人文理性、价值理性对于人的存在与人类社会发展的重要意义，全然肯定了工具理性的技术力量乃至金钱的统治性力量而缺乏必要的分析与批判。必须看到，以各种形式的现代传媒为手段的消费文化也许在某种意义上拓展了城市文化艺术的空间，但现代电子传媒所营造的图像与音响凭借其对于接受者更为直接的影响力，也往往使接受者置身于媒体制造的“视觉文化之网中”，在潜移默化之中受到电子传媒的控制，甚至认同都市消费文化中所包含的一些低俗的、消极的价值观念。在媒体的强大力量面前，弱势文化群体更缺乏足够的辨析与抵制力量。因为各种强势媒体对话语的控制，实质上是一种更为隐蔽的权力技术。都市消费文化力图消解以往文化的政治权力关系，但又内在地包含着不可否认的金钱权力关系，人们从政治权力关系中挣脱出来获得的自由，又可能不由自主地丢失在金钱权力关系之中。以“日常生活的审美化”为旗号的各种消费文化所包含的种种意识形态内容，正是通过其娱乐性、媒介化的特殊方式呈现的。在这样的权力网络中，人们也许可以借助于经济力量获得“感官享乐”的自由，也正因此而将自由出卖给了“审美化”的消费文化。这样的“自由”并非大众的自由，而仅仅是少数人的“自由”，其意义与价值都是有限的和值得怀疑的。

因此，我们应对“日常生活审美化”进行应有的分析与批判，仅仅满足于单向度的认同和极力地为其寻找理论根据进行单方面的辩护，甚至竭力与商品社会新的权力机制、与现代传媒合谋把自己打造成新的精英和中心、建立自己的话语霸权，这些行为是极不妥当的。对于现代中国社会的文化发展而言，我们需要的决不只是给“审美化”的消费文化锦上添花、涂脂抹粉，更需要为普通大众的文化需求、为弱势群体的文化需求雪中送炭，更需要在工具、理性、金钱、力量独霸的消费文化日趋扩张之时，保持清醒的人文理性与批判精神。

十五章

身体美学

伴随着后现代社会的来临，身体问题在思想领域得到了前所未有的重视。这理所当然地关涉到作为感性学或者感觉学的美学，因为身体不仅是感性世界中的一个重要方面，而且还具有感觉的机能。身体美学或关于身体的美学正成为美学学科中一个重要的分支。人们不仅试图将身体美学体系化，而且极力重构中国和西方美学史中的身体问题，以至于要描述出中国身体美学史和西方身体美学史。于是身体美学自身面临着泛化的问题。

第一节　中西身体理论

关于身体的谈论不仅是人们最一般的日常话题之一，而且也是当前最重要的文化现象之一。为什么要谈论身体？人们日常性的谈论比较简单，它主要相关于身体的疾病、健康和快乐等；人们文化性的谈论则比较复杂，它不仅批评历史上身体的缺席，而且追求现实中身体的解放。这在身体写作中已成为一个口号。如此，身体意味着什么？

个体在时空中的存在就是身体。它似乎是直接、简单的且不证自明的。但事实上身体在我们的语言中却缺少一个同一的意义，而具有多重的边界。与动物的躯体相对，它是人体；与死去的尸体相对，它是活体；与精神相对，它是肉体，如此等等。同时不能确定的是：身体是自然遗传基因所给予的，还是历史话语所建构的？这都给关于身体的谈论带来各种困难。

关于人和身体的关系的论断支配了人们的相关谈论模式。但在历史上，它们却具有不同的形态。中国的传统思想对于身体持有独特的观念。在中国传统文化视域里，身体常常被当成祸患之始，它就像是拖在灵性之后的一个阴影，是那种纯粹透明的精神的负累。老子说：“人大之患，在吾有身。”庄子甚至反对人的身体从与自然的同一性中独立出来：“今一犯人之形，而曰‘人耳人耳！’夫造化者必以为不祥之人。（《庄子大宗师》）一个人只有“形如槁木，心如死灰”才能接近审美状态，只有“吾丧我”才能“闻天籁”。此外，它强调身体的整体性，认为“形与神俱”，“形神合一”，同时认为天人同构，身体是一小宇宙，宇宙是一大身体。在此基础上，道家给予身体自然的规定，身体从属自然并要回归自然。与此不同，儒家给予身体以社会的规定，身体必须合于礼的尺度。正是礼说明了身体哪些是可做的，哪些是不可做的。但中国的思想在思考自然和社会对于身体规定的时候，忽略了身体自身的特性，即它是个体的、差异的，并且是充满无限欲望的。魏晋人物品藻的重心仍然是在人物的“神”，但此时的“神”已不复是外在于个体生命的普遍性，而是直接与生命的感性表现相关，“神”见于身体，常常成为生动之“韵”，如“体韵”、“神韵”、“风韵”、“情韵”等。看重从一个人的形相把握到“神”、“韵”，并不是要把身体工具化，成为向至高的“道”飞升的中介。

西方人虽然在其不同的历史时期表达了关于身体的不同观念，但长期以来身体被理性所规定。在存在者整体中，矿物、植物和动物是非理性的存在。上帝是理性的，但不是理性的动物，而是理性的存在。惟有人是理性的动物。人一方面凭借理性区分于动物，另一方面凭借于动物性不同于上帝。作为理性的动物，人是身体和思想的统一体。对此人们当然还可以作更细致的划分：肉体、灵魂和精神，但其中灵魂只是肉体和精神的过渡要素。因此，人主要被描述为肉体和精神的二元性统一。肉体是人的动物性，是其欲望和冲动。精神就是人的理性，它作为思想的最高的要素，是原则的能力，建立根据和说明根据。鉴于肉体和精神的差异和对立，肉体是邪恶的和肮脏的，精神是美好的和纯洁的。于是不是肉体规定精神，而是精神规定肉体。由此，肉体要被控制，肉体的欲望要被禁止。这是柏拉图主义和基督教思想的基本原则。

随着现代思想对于传统思想的反叛，身体的意义得到了重新的理解和解释。不再是理性，而是存在或生命规定人的身体。在存在和理性的关系上，存在是更本源和更基础的，因此不是理性决定存在，而是存在决定理性。同时，在理性和思想的关系上也发生了根本性的变化。理性不能等同于思想，甚至也不是思想的原则，而是思想的一个部分，并且要置身于思想的经验之中。

如何让身体自身作为自身显示出来。我们关于身体及其审美表现有各种各样的观念，这些观念既可能是日常的，也可能是理论的和逻辑的。让我们思考身体自身。任何一个存在于此的身体当然是自然给予的，是父母生育和基因遗传的；但同时也是文化塑造的，是社会和历史的成果。因此身体是自然与文化的双重产物，而且是一个始终自身更新的作品。

这一作品的直接呈现是肉身，即血肉之躯。它表明，身体是活的生命的存在。这往往导致将人理解为动物或者具有动物性。其实这只是一种似是而非的判断。人与动物无疑具有相似性，但他们之间存在着不可逾越的缝隙，即人的肉体不是能与动物的肉体置换的。这就是说，人的肉体从一开始就是人的肉体，而不是动物的肉体，因此人最初并不是一般的动物或者只是具有动物性。同时人的身体是有感觉、意识和语言的，这充分地标划了人的身体的独特性。人感觉和意识到自己的身体，并且说出自己的身体。于是人的身体不仅现实地存在于此，而且在感觉和意识领域里呈现出来。由于语言，身体既是自然的，又是文化的，成为了自然和文化相互生成的本源性的场所。

第二节　身体美

人都具有身体。人不仅可以体验和观察自己的身体，而且也可以观察和体验他人的身体。但身体的美学现象是如何被经验的呢？实际上身体的美学现象十分普遍。身体的审美趣味早在古希腊时期就以人体的刚健或柔和的形象呈现了出来：如米诺斯人的青铜雕塑爱好表现人与动物的竞技娱乐；奥林匹克运动会雕塑追求人体的健美与轻巧；奥林匹亚神殿的神像注重人体线条的柔和、优美等。从古希腊开始对身体的审美趣味一直未中断过，就是禁欲时期的中世纪，也有奉献给神的哥特式人体艺术。这些审美活动以身体的形体为审美对象，但身体并未获取自身的独立意识。

在当代生活中人的衣食住行具有广泛的美学意味。衣着不只是为了遮羞和保暖，也是为了美丽；饮食不只是为了充饥和美味，而且也是为了美观；居住在实用的同时，更强调其装饰；旅行除了为了公共和私人的目的之外，更多的也是为了观光。所有这一切都直接和间接地相关于身体的审美活动。但身体的美学意义更多地由体育、时装表演、按摩、美容、人体摄影等显示出来。这是由于现代社会里人与世界的观念发生了转变。人们不仅注重物，而且也注重人；不仅强调精神，而且也强调身体。就身体自身而言，人们追求的不再只是健康，而且也追求快乐。现代社会作为消费社会主要是推动以人的身体为中心的消费。不仅一切物是为了满足人的身体的消费，而且身体自身也是为了满足人的身体消费。消费社会流行的大众文化在主体上就是身体的消费文化，它所奉行的娱乐至上原则在根本上是让身体快乐起来。

当然，身体最直接的审美表现是在各种形态的艺术之中。有些艺术样式本身就是身体的直接呈现，如人体雕塑和绘画等；有些艺术样式在很大程度上也是身体的运动，如舞蹈、杂技、戏剧、歌唱、电影、电视等；有些艺术样式虽然既不是身体的直接呈现，也不是借助身体的运动，但也描述和表达身体的活动和感觉，如文学和音乐等。在这样的意义上，任何一种艺术都是直接或者间接地关涉人的身体的。没有对于身体的刻画，也就没有了关于人的艺术。艺术的一个重要特性就是身体自身的揭示。

但身体是如何在艺术中显示自己的呢？作为艺术自身，它是多元的和复杂的。各个民族都有自己的艺术，每个时代也都有自身的艺术。我们在此只是简单地描述身体在中国和西方艺术中的不同的特性及其历程。一般认为，中国的传统艺术没有直接表现身体，因此没有裸体艺术。这在于中国传统思想对于身体具有一种无法克服的羞耻感觉。所谓羞耻是对于边界的意识并且拒绝越过边界。身体表现最大的边界线就是身体自身的遮蔽和显现。对于中国艺术来说，身体只能遮蔽，不能显现。除此之外，各种不同的艺术、如儒道禅的艺术对于身体还有更为复杂的规定。儒家是礼乐化的身体，道家是自然化的身体，而禅宗是戒定慧中的身体。但与主流艺术对于身体的处理有别，那些非主流的艺术，如性爱、色情和淫秽的艺术却不仅描述了身体，而且还表达了身体的欲望，并主要是性欲。这在明清甚至发展成了洪流。

与中国相比，西方对于身体有更坦然的态度，艺术中的身体是敞开的，不是遮蔽的，因此裸体艺术是西方艺术中一个重要的领域。虽然身体甚至是裸体直接在艺术中得以呈现，但不同的时代赋予身体不同的意义。古希腊的维纳斯显现了爱与美的观念；中世纪在十字架上的上帝不仅意味着道成肉身，而且意味着死而复活；近代蒙娜丽莎神秘的微笑正是人性的光辉；现代艺术的各种身体表现了个人存在的焦虑、无聊和失望等；后现代艺术的身体则是各种欲望机器的变式。这样的艺术历程既表明身体从非身体化存在走向身体化的存在，同时也表明对于身体的审美从心灵化转向肉身化。

一个作为肉身的身体的审美化是如何形成的？任何一个人的身体都是自然给予的，也就是父母生育的。身体的自然性当然具有动物性、生理性，甚至具有物质性。但人身体的动物性在根本上不同于动物的动物性，因此人的身体区别于动物的躯体。不仅如此，人的身体既是自然的，也是文化的。换言之，身体是在人的生活世界中不断得到塑造的。人自己培育自己的身体，他人也培育了自己的身体，由此身体是不断生成的。下面我们描述这一生成过程。

身体的欲望是身体存在的直接表现。人是欲望者，世界是所欲之物。欲望建立了人和世界最原初的关系和通道，使人走向世界，并使世界走向人。人最基本的欲望是饮食男女，也就是吃本能和性本能。吃本能的实现维系了个人的存在，性本能的实现则维系了种族的繁衍。但任何欲望的实现都必须借助工具。工具作为身体与世界的中介是技术性的。从欲望出发，人所使用的技术主要是两种形态，一个是生产的技术，另一个是生殖的技术。在此基础上，人还使用了各种生活的技术。这种种技术都影响了人的身体。当身体作为手段的时候，它自身已经被技术化了。虽然机械技术和信息技术远离了身体，但它们却成为了人的外在的手脚和大脑。于是身体自身始终被技术所规定。

无论是欲望，还是技术，它们与大道相关。因此身体的塑造依赖于大道的指引。大道就是智慧和真理。它划分边界，开辟出身体行走的大道。一方面，它为欲望划分边界，指出哪些欲望是可以实现的，哪些欲望是不可以实现的；另一方面，它为技术划分边界，标明哪些技术是可以使用的，哪些技术是不可以使用的。从这种意义上说，身体是在智慧的引导下而成为自身。

事实上，身体就是欲望、技术和智慧的游戏之所。这三者构建了人的身体。一些人生了，一些人死了，又有一些人生了。如此生生死死，死死生生，生死无穷。身体作为一个偶然性的存在既是生命的赞歌，也是死亡的挽歌。在这样的身体的历程中，我们看到了什么？它是人的身体的唯一性，亦即不可替代和不可重复。但正是身体的唯一性建立了自我与他者的关系。任何一个他者都是不同的、差异的，并因此是神秘的。自我与他者关系的不同形态也是以身体的不同关系表达出来的。日常生活中的人与人之间的握手、拥抱、亲吻、爱抚、交媾就是如此。但在所有的身体关系中，男女身体的交往是自我与他者的关系最大的敞开。它一方面是差异的，另一方面是同一的。

所谓身体的美就是欲望、技术和大道的游戏的显现。它当然是感觉的和被感觉的，甚至也是主体的和客体的。但身体的美在根本上在于身体自身的表演，也就是它在欲望、技术和大道的游戏中是如何显示自身的。但身体美学的基本问题，最后只是关于身体的审美教育问题。在所谓的后现代里，身体如何获得审美教育？对此问题的回答，简而言之，无非有三：其一，化欲为情；其二，由技到艺；其三，肉身成道。

身体的审美化是多方面的。首先是作为被感觉的身体，如形体、容貌、气质、风度等。此外，衣服特别是时装对于身体的美化具有重要的意义。就某一身体部位而言，衣服既是遮蔽，也是显露。其次是作为感觉的身体，如视觉、听觉和触觉等。除了对于身体之外的感觉，人还有对于身体之内的感觉，如心跳的快慢，呼吸的急缓，体温的冷热以及一些不可言说的感觉。最后是作为感性活动的身体，它包括了由食欲和性欲所推动的人的身体的活动。这既表现在日常生活世界里人的衣食住行和人际交往，也表现在艺术、体育等专门领域的身体的表演。

但从审美的角度来看，身体在其历史中遇到了许多问题，它们是反审美的、非审美的和伪审美的。这首先是“无身体”的思想。人们在思考身体和它的相关物时，往往遗忘了身体自身。身体是缺席的和不重要的。特别是在“身心”和“内外”的二元模式中，人们重心轻身，重内轻外。于是心灵美高于身体美，内在美高于外在美。他们忽视了身心的互动及其统一。其次是对于欲望的误解。人们或者认为欲望是丑恶的，对它限制，主张禁欲主义；或者认为欲望是美好的，对它放纵，主张放纵主义。但欲望本身只是欲望，无所谓美丑。欲望的问题在于它是否超出了其历史性的边界。因此，关键是检查欲望给予它一个历史性的度。最后是关于身体的技术化。在我们这个技术时代里，除了自然性的身体和文化性的身体，还出现了技术化的身体。人们不仅能够美容和美体，塑造“人造美人”，而且能够改变性别，重分男女。技术化在介入身体的产生的同时，也介入了身体的消费。借助于技术满足人的身体最自然的欲望在现代已是公开的秘密了。

第三节 身体美学的兴起

从身体的视角来审视美学的历史，我们发现，传统美学一方面忽略了身体的意义，另一方面包含了思考身体的可能性。这在于感性总是作为身体的感性，它是一个在已思考中尚未思考的问题。现代对于作为存在的身体和后现代对于作为欲望的身体为身体美学提供了许多思想的资源。

身体美学当然主张身体成为美学的主题之一。人们对于美的范围有许多分类。传统美学将它划分为自然美、社会美和艺术美等，现代美学则将自身的触角伸向了日常生活世界和科学技术领域，关注生活美和科技美。但身体不仅与它们相关，而且就是它们的聚焦点。身体美是自然美的顶峰，是社会美的载体，是艺术美尤其是造型艺术和表演艺术美的中心。日常生活的美和科学技术的美也与身体美学建立了直接和间接的联系。因此身体美学的构建不仅突显了身体美的独特意义，而且能导致审美领域的某种交叉和重构。

基于身体美的这种特性，身体美学不仅要求身体作为美学的主题之一，而且重申从身体的本性出发探讨身体和与之相关的审美现象。这首先要让身体成为身体自身。它不能再被分割，变为不同的美的领域中的一个碎片，而是要独立出来，显示为完整的有机的身体。其次要从身体自身出发来理解身体。因此我们不能只是从自然、社会和艺术等不同的角度来解释身体，而是要从身体的角度来透视身体自身。最后以此为基础去观看身体在自然、社会和艺术中的相应的审美表现。

什么是身体美学？身体美学最容易被人想象为一切对于身体的美学研究。如此理解的身体美学就具有十分宽广的意义，它甚至可以被认为是伴随着美学自身的产生和发展。但现代和后现代的身体美学具有独特的意义。它不只是关于身体的美学，也是从身体出发的美学。由此可以看出，身体美学的意义不是单一的，而是多重的。关于身体的美学和从身体出发的美学主要基于对身体自身的不同理解。

一般关于身体的美学可能既包括了对于身体的身体化的理解，也包括了对于身体的非身体化理解。非身体化的理解是最惯常的和多方面的。首先是身体的意识化和心灵化。人们认为身体和心灵虽然是不同的，但又统一于人自身。在这样的统一体中，身体是受心灵支配的。其次是身体的道德化。在道德的教化中，身体得到了规训。一个道德化的身体就成了善的身体或者是恶的身体。再次是身体的宗教化。一个被神灵充溢的身体是富有生命的，一个没有神灵庇护的身体只能走向死亡。最后是身体的政治化。在政治的王国中，不同的身体扮演不同的角色。这也同时导致政治的身体化，有人是首脑，有人是口舌，有人则只是手脚。在这种种对于身体的非身体的解释中，思想具有一种同一性，即身体与心灵不同，而且被心灵所规定。如果一般关于身体的美学基于这种种对于身体的非身体的理解的话，那么所谓的身体美学就不是身体美学，而是心灵美学或者意识美学。心灵或者意识在此只不过获得了一种独特的形态，亦即感性的形态。

严格意义的身体美学不只是关于身体的美学，也是从身体出发的美学。当思想从身体出发的时候，它所思考的就不是非身体，而是身体自身。它是作为一个现实给予的身体而呈现的。这样一个事实表明，身体自身是肉体性的。作为肉身，它是存在，而不是虚无；是物质的，而不是精神的。当然比起矿物和植物，人的肉体的存在具有特别性，它是血肉之躯。而与一般的动物相比，人的肉体是一个人性化的肉体。但任何一个人的身体既是自然赋予的，也是文化生成的。

但这样的身体究竟意味着什么？如果身体直接表现为肉体性，那么它虽然与心灵相关，但也具有自身的独立性。它可能受心灵的支配，也可能不受心灵的支配，甚至反过来支配心灵。当身体是自律的时候，它就必须从意识和心灵的绝对规定中解放出来。一个与心灵不同且具有独立意义的身体是一个活的生命。但作为其根本的生命活动是欲望性的，它是欲望自身并且指向欲望之物。身体在生活世界里最基本的欲望就是吃喝和性行为等。身体的经验总是个人的、特别的、差异的，不仅男女性别表明了两性的身体的差别，而且每一个人自身的身体都是他样的。它是唯一的，且是不可替代的。同时每一个人在每一个年龄的身体也是他样的。人的身体性决定了人是具有生命的存在，但也是走向死亡的存在，由此也是一个生病、衰老和痛苦的存在。在从生到死的生命历程中，任何一个身体都是不可重复，也是不可能死而复活的。身体在根本上是一个偶然性的存在。

从身体出发的美学正是对于身体的身体性的美学思考。它试图在审美的领域里凸显由身体性所规定的个体性存在的意义，也就是人的不可替代和不可重复的唯一性，以及由此出发所建立的相关身体性的共生关系。

身体的美学意义是在现代思想中被发现的。因为现代思想的主流是思考存在的不同意义，所以它们都是“非”理性主义和“反”理性主义的，并由此是广义的感性主义和审美主义。在后现代美学的多元话语中，关于身体及其欲望的话语成为了主导性的话语之一。这在于它自身是无规定性和非确定性的，后现代的身体美学不同于现代的身体美学。现代的身体是现实给予的，后现代的身体是话语构建的；现代的身体是被存在规定的，后现代的身体是被欲望所规定的。

参考文献

[1] 朱光潜著．西方美学史．人民文学出版社，1979 年版

[2] 朱光潜著．朱光潜全集．安徽教育出版社，1987 年版

[3] 朱光潜著．朱光潜美学文集．上海文艺出版社，1982 年版

[4] 彭富春著．美学原理．人民出版社，2011 年版

[5] 彭富春著．哲学美学问题．武汉大学出版社，2005 年版

[6] 李泽厚．论美感、美的艺术——兼论朱光潜的唯心主义美学思想：美学论集．上海文艺出版社，1980 年版

[7] 李泽厚著．美的历程．安徽文艺出版社，1994 年版

[8] 宗白华．美学散步．上海人民出版社，1981 年版

[9] 王受之著．设计现代设计史 1864—1996．新世纪出版社，1995 年版

[10] 王朝闻主编．美学概论．人民出版社，1981 年版

[11] 王旭晓著．美学原理．上海人民出版社，2000 年版

[12] 朱立元主编．美学．高等教育出版社，2001 年版

[13] 刘叔成等著．美学基本原理（第三版）．上海人民出版社，2001 年版

[14] 杨辛，甘霖著．美学原理．北京大学出版社，2003 年版

[15] 陈望衡著．当代美学原理．武汉大学出版社，2007 年版

[16] 李龙生著．设计美学．合肥工业大学出版社，2008 年版

[17] 叶朗著．美学原理．北京大学出版社，2009 版

[18] 彭锋著．回归——当代美学的 11 个问题．北京大学出版社，2009 年版

[19] 王德胜编．美学原理．高等教育出版社，2012 年版

[20] 李凯尔特著，纪亮译．文化科学和自然科学，商务印书馆，1986 年版

[21] 蔡仪．新美学．群益出版社，1949 年版

[22] 高丰著．中国器物艺术论．山西教育出版社，2001 年版

[23] 李建盛著．希望的变异——艺术设计与交流美学．河南美术出版社，2001 年版

[24] 滕守尧著．审美心理描述．中国社会科学出版社，1985 年版

[25] 舒芜，陈迩冬等编选．中国近代文论选．人民文学出版社，1959 年版

[26] 马永健著．后现代艺术 20 讲．上海社会科学院出版社，2006 年版

[27] 中共中央马克思恩格斯列宁斯大林著作编译局编．马克思恩格斯选集．人民出版社，1995 年版

[28] 外国文学研究资料丛刊编辑委员会编．外国理论家作家论形象思维．中国社会科学出版社，1979 年版

[29][古希腊]柏拉图著，朱光潜译．文艺对话集．人民文学出版社，1963 年版
[30][古希腊]亚里士多德著，陈中梅译注．诗学．商务印书馆，1998 年版
[31][古希腊]柏拉图著，徐学庸译注．理想国．商务印书馆，1986 年版
[32][德]康德著，邓晓芒译．判断力批判．人民出版社，2002 年版
[33][德]沃尔夫冈　韦尔施著，陆扬，张岩冰译．重构美学．上海译文出版社，2002 年版
[34][德]黑格尔著，朱光潜译．美学（全三卷）．商务印书馆，1996 年版
[35][德]黑格尔著，范扬，张企泰译．法哲学原理．商务印书馆，1961 年版，第 205 页
[36][德]马克思著，刘丕坤译．1844 年经济学哲学手稿．人民出版社，1979 年版
[37][德]海德格尔著，孙周兴选编．海德格尔选集（上）．上海三联书店，1996 年版，第 239 页
[38][德]席勒著，冯至，范大灿译．审美教育书简．北京大学出版社，1985 年版
[39][德]伽达默尔著，洪汉鼎译．真理与方法（上册）．上海译文出版社，1999 年版
[40][德]恩斯特·卡西尔著，甘阳译．人论．上海译文出版社，1985 年版
[41][美]彼得·基维主编，彭锋译．美学指南．南京大学出版社，2008 年版
[42][美]海斯，穆恩，韦兰著，费孝通等译．世界史（上）．三联书店，1975 年版
[43][美]苏珊·朗格著，滕守尧等译．艺术问题．中国社会科学出版社．1996 年版
[44][美]凯·埃·吉尔伯特，[德]赫·库恩著，夏乾丰译．美学史（上卷）．上海译文出版社，1988 年版
[45][前苏联]卡冈著，凌继尧等译．美学教程．北京大学出版社，1990 年版
[46][英]维特根斯坦著，郭英译．逻辑哲学论．商务印书馆，1985 年版
[47][英]科林伍德，吴国盛等译．自然的观念．华夏出版社，1990 年版
[48][英]马尔科姆·巴纳德著，王升才等译．艺术、设计与视觉文化．江苏美术出版社，2006 年版
[49][法]霍克海默，阿多诺著，渠敬东，曹卫东译．启蒙辩证法．重庆出版社，1990 年版，第 148—149 页
[50][法]利奥塔著，谈瀛洲译．后现代性与公正游戏．上海人民出版社，1997 年版
[51][法]杜夫海纳著，韩树站译．审美经验现象学．文化艺术出版社．1996 年版
[52][法]阿尔贝·加缪著，杜小真译．西西弗的神话．三联书店，1998 年版
[53][波兰]罗曼·英伽登．审美经验与审美对象．见 M．李普曼著．当代美学．光明日报出版社，1986 年版
[54][日]笠原仲二著，魏常海译．古代中国人的美意识．北京大学出版社，1987 年版

[55][日]今道友信著，李心峰等译．美学的方法．文化艺术出版社，1990 年版

[56][日]小形研三，高原荣重旧著，索靖之等译．园林设计．中国建筑工业出版社，1984 年版

[57]T.W,Adoron, Aesthetic Theory,C.Lenhardt trans.(London, Boston& Melbourne: Routledge & Kegan Paul, 1984)

[58]Allen Carlson, Aesthetics and the Environment: The Appreciation of Nature, Art and Architecture (London and New York: Routledge, 2000)

[59]Eugene Hargrove, Foundations of Environmental Ethics, Englewood Cliffs, NJ: Prentic Hall, 1989

[60]Yrj.Sep.nmaa : The Beauty of Environment, 1993,Steven C.Bourassa: The Aesthetics of Landscape, London: Belhaven Press, 1991, Arnold Berleant , Environment and the Arts, Burlington: Ashgate Publishing Company.

[61]Leo Lowenthal . Literature, Popular Culture, and Society . New Jersey: Englewood : Englewood Cliffs, 1961:10.

[62]George Dickie, Art and the Aesthetic: An Institutional Analysis (Ithaca, N.Y.: Cornell University Press,1974)

[63]George Dickie, The Art Circle (New York: Haven, 1984)

[64]George Dickie, “Defining Art: Intension and Extension” , in Peter Kivy ed., The Blackwell Guide to Aesthetics (Oxford: Blackwell, 2004)

后记

坊间各种美学原理、导论、概论类教材不下百种，其中不乏优秀教材，本没有必要再增加一种，在我校的美学原理课程教学中，我们曾选用过多种美学教材，尽管各有千秋，但在使用过程中，学生还是有一些不适应的情况。主要原因在于，我们是专业艺术院校，学生比较习惯形象思维，对美学理论中的概念、范畴、体系，理解和掌握起来都有一些困难，为了适应教学对象，我们逐步形成了我校美学理论的教学方法，主要是在了解美学的基本知识体系和基本原理的基础上，加大对作品的美学分析，让学生结合作品和各种美的对象的赏析来加深对美学的体会，提升审美感受力和艺术鉴赏力。同时，也注重对当代美学的介绍和分析，因为当代美学观念和当代艺术思潮的联系比以往任何时候都更为紧密，当代美学在很大程度上就是艺术哲学。经由当代艺术与当代美学的关联，也使学生体会到美学理论能对艺术现象进行分析和解释，提高学习美学的兴趣。

本教材先由刘茂平拟出提纲，主要由李珊写出初稿，刘茂平审读以后提出修改意见，再由李珊修改完善，最后由刘茂平定稿。

由于教学繁忙，教材并未达到设想的理想状态，只能一边使用一边完善，再行修订。

教材在写作过程中，参考了很多专家的研究成果，对现有教材也有多方面的参考，囿于教材的体例，书中并未一一注明，在此，谨致谢忱。

湖北美术出版社的王开元总编辑长期支持湖北美术学院的教材建设。为本教材的出版，责任编辑刘姗也付出了辛勤劳动，在此一并致谢。

编者

2014年5月